项目管理核心资源库·敏捷项目管理

[美] 艾伦·沙洛维（Alan Shalloway）
盖伊·比弗（Guy Beaver）   著
詹姆斯·R. 特罗特（James R. Trott）

王雪露 译

精益–敏捷项目管理
实现企业级敏捷
（钻石版）

LEAN-AGILE SOFTWARE DEVELOPMENT
Achieving Enterprise Agility

电子工业出版社
Publishing House of Electronics Industry
北京·BEIJING

Authorized translation from the English language edition, entitled Lean-Agile Software Development: Achieving Enterprise Agility, 1E, 9780321532893 by Alan Shalloway, Guy Beaver and James R. Trott, published by Pearson Education, Inc, publishing as Addison-Wesley, Copyright © 2010 Pearson Education, Inc.

All rights reserved. No part of this book may be reproduced or transmitted in any form or by any means, electronic or mechanical, including photocopying, recording or by any information storage retrieval system, without permission from Pearson Education, Inc.

Chinese Simplified language adaptation edition published by Pearson Education Asia Ltd., and Publishing House of Electronics Industry Copyright © 2020.

本书中文简体版专有出版权由 Pearson Education Asia Ltd.授予电子工业出版社，未经许可，不得以任何方式复制或抄袭本书的任何部分。

本书中文简体版贴有 Pearson Education（培生教育出版集团）激光防伪标签，无标签者不得销售。

版权贸易合同登记号　图字：01-2011-5768

图书在版编目（CIP）数据

精益—敏捷项目管理：实现企业级敏捷：钻石版 /（美）艾伦·沙洛维（Alan Shalloway），（美）盖伊·比弗（Guy Beaver），（美）詹姆斯·R.特罗特（James R. Trott）著；王雪露译. —北京：电子工业出版社，2020.1

书名原文：Lean-Agile Software Development: Achieving Enterprise Agility

ISBN 978-7-121-37212-4

Ⅰ.①精… Ⅱ.①艾… ②盖… ③詹… ④王… Ⅲ.①企业管理—项目管理 Ⅳ.①F272

中国版本图书馆 CIP 数据核字(2019)第 263409 号

责任编辑：刘露明
文字编辑：刘淑敏
印　　刷：河北鑫兆源印刷有限公司
装　　订：河北鑫兆源印刷有限公司
出版发行：电子工业出版社
　　　　　北京市海淀区万寿路 173 信箱　邮编 100036
开　　本：720×1000　1/16　印张：15.75　字数：265 千字
版　　次：2020 年 1 月第 1 版
印　　次：2020 年 1 月第 1 次印刷
定　　价：78.00 元

凡所购买电子工业出版社图书有缺损问题，请向购买书店调换。若书店售缺，请与本社发行部联系，联系及邮购电话：(010) 88254888，88258888。

质量投诉请发邮件至 zlts@phei.com.cn，盗版侵权举报请发邮件至 dbqq@phei.com.cn。

本书咨询联系方式：(010) 88254199，sjb@phei.com.cn。

自序

如果你和我一样,认为这里没有任何实质性的内容,因此可以略过去读下一部分,这是一个错误——除非你在本系列的其他书中已经读过本部分,否则请在正式开始阅读本书时花一点儿时间和我一起来阅读本部分。(如果你在本系列的其他书中已经读过,请跳过这几页直接阅读本书的主体内容。)

请你和我一起来回忆一个故事,这是一个已经被多数人熟知但并不能时常想起的故事。这个故事说明了这个行业陷入困境的原因,并细述了来龙去脉,详细解释了推出 Net Objectives 产品开发系列,尤其是出版本书的原因。

我从 1970 年起就已经开始从事软件开发了。对我而言,40 多年前的事情依然历历在目。软件开发工程拥有无穷无尽的魅力,它总是激发我去寻找能将事情做得更好的方法,它也让我有勇气去直面自己实际能力有限的事实。我热爱这个行业。

在我的整个职业生涯中,也曾把兴趣放到其他行业上,尤其是工程和建筑业。工程和建筑业曾面临一些重大事故,如比萨斜塔、塔科马海峡大桥和哈勃望远镜等。起初,工程师们并不了解问题是由其他原因引起的,因此,他们仍尝试着去提高操作技能,试图从失败中吸取经验教训。当他们最终找到原因并全面掌握了做事情的方法时,几个世纪已经过去了。

今天,没有人在建桥时不去考虑桥梁建设实践(应力、压缩等因素),我们的软件工程师在编写代码时却仍以"客户喜欢什么"为基础,以很少或不收到同事的抱怨为工作的基本原则。为什么我们是以这种方式来工作呢?

这只是故事的一部分,还有许多其他原因是与我们为什么称之为"Net Objectives 产品开发系列"有关的。Net Objectives 的作用非常突出,这一系列丛书都出自 Net Objectives 员工或观点与我们一致的同行之手。为什么称其为产品开发？因为从事软件开发时最重要的是，记住软件开发就是真正的产品开发。

就软件本身而言，它没有什么内在价值。软件的价值体现在交付的产品及其服务上，因此，可以将软件开发视为产品开发的一部分——我们正是遵守这样的准则去开发和设计产品，满足客户需求，同时提升公司战略目标的。

玛丽（Mary）和汤姆·波彭代克（Tom Poppendieck）在他们合著的书《实施精益软件开发：从概念到实现》(*Implementing Lean Software Development: From Concept to Cash*)（2006）中写道：

> 它是软件中嵌入的活动与过程，是软件开发中的实际产物。软件开发只是全部产品开发过程的一部分。因此，从现实意义上说，我们可以称软件开发为产品开发的一个子集。因而，如果我们了解了精益软件开发，那么我们就能更好地发现优质产品开发的构成。

换言之，软件本身并不重要。它的价值体现在它所做出的贡献上，对商业、消费者及用户而言，那才是最重要的。因此，从事软件开发时我们必须始终牢记，通过查看我们的工作增加了何种价值才是最重要的。从某种程度上来说，这些其实我们都懂。但在实际工作过程中经常需要我们去面对公司"单独"委派的任务，它们使我们远离产品开发上的协作，远离创造价值的工作。

实施有效产品开发的最好的方法，或者也是唯一的方法，是运用周密的精益原则组合去指导企业，运用敏捷实践去管理团队和技术（测试驱动开发、设计模式）。这也是 Net Objectives 产品开发系列丛书出版的原动力所在。

长期以来，这个行业承受了不断轮回交替的过程：从最初的没有过程到有太多的过程，然后再回到没有过程；从采用重量级方法集中研究企业控制到建立训练有素的团队专注于做手头的项目。现在，将管理层与个人结合在一起，最大限度地提高整个企业的商业价值的时机已经成熟。我们坚信，精益原则能够指导我们去实现这个目标。

精益原则告诉我们，要重视工作系统，为提高速度和质量（这将降低成本）坚持不懈地改进系统。这就要求：

- 企业要将具有最大商业价值作为软件开发的方向。
- 团队拥有自己的系统并持续不断地改进系统。

- 管理层培训并支持团队工作。
- 认可高品质的工作。

在软件开发行业中，这些要求看似遥不可及，但确实潜力无限。精益原则能帮助我们实现前3项要求，而在编程技术和对设计的理解还远不够成熟的情况下，精益原则还能通过第4项要求给予我们鼓励和帮助。

利用专业知识、良好心态和工作技能改进我们现有的分析和编程的方法。精益、敏捷、模式及测试驱动开发方法教会我们要重视客户价值。我们将助力于全面提升软件开发全过程：从现有的只是一个技能开始到真正专业软件的实现。我们拥有的专业知识能够完成这项任务，我们所需要的是一个全新的态度。

Net Objectives 产品开发系列旨在帮助我们养成这种态度。我们的目标是将管理层和个人结合在一起，达到"全局优化"。

- 整个企业：整合企业、团队和个人以最佳状态合作。
- 整个产品开发过程：不只包括开发，也包括维护和集成。
- 全部时间：不只包括当前，也包括将来。我们需要为得到可持续的投资收益率而工作。

本书在系列丛书中扮演的角色

斯科特·贝恩（Scott Bain）的《浮现式设计：专业软件开发的演进本质》（*Emergent Design: The Evolutionary Nature of the Software Profession*）旨在解决技术实践提高的问题，本书则致力于解决产品及项目管理问题。我认为本系列丛书中所有的书都应当基于这样的信念：原则（规则）必须服从实际的效果与效率。

敏捷技术已经日渐成熟。我们发现，它的作用已经超过了单纯地下达开发指令的阶段，其更大的作用在于让团队去解决它们自己的问题。虽然敏捷技术的两个作用是显而易见的，但由于客户总会提出更多的需求，使产品变得更加复杂，这就需要管理层更加密切地参与项目，帮助团队解决面临的问题。虽然开发团队扮演的是实际交付软件价值的角色，但如果它们面临的是公司架构和企业文化问题时，那么它们就不具备解决问题的权力，此时就需要管理层伸出援手。

我们相信精益思想可以为管理层和团队提供一种全新的合作理念。我们相信下一代敏捷方法将会以这样的方式呈现：更倾向于协同合作，而非在项目进展顺利时保持中立，在项目遭遇瓶颈时消极对抗。因此，本书旨在帮助组织提升软件开发能力，以达到一个接近专业级别的软件开发水平。

新旧世纪交替之际

我认为软件行业目前正面临着一个前所未有的危急时刻。由于行业不断地扩张，软件渐渐成了人们日常生活中的重要组成部分。但是软件开发者正面临严重的问题：陈旧且难以维护的代码——让软件开发变得困难重重；超负荷工作——使程序员不停地运转而没有片刻休息。虽然敏捷方法已经为许多团队带来了巨大的转机，但仍然有更多用户的需求没有得到满足。以精益原则与敏捷实践为指导，我们相信这有助于为问题找到答案。

我希望这套丛书对你来说是有价值的指南。

艾伦·沙洛维（Alan Shalloway）
Net Objectives 公司首席执行官

本书由王雪露、杨锴和兰广宇翻译。

前言

本书的诞生基于对软件开发技术的需求和认知。本书将从项目管理和实施过程的角度来扩展软件开发的知识库，创建一种新的软件开发基准。集成的敏捷方法花了不到 10 年的时间就改变了软件开发的过程。虽然敏捷方法可应用于所有的软件开发过程，但其重点通常是对开发团队和项目本身的管理。现在敏捷方法已从早期试用阶段进入了初期成熟阶段，因此，敏捷方法要在完全不同的环境下进行灵活的运用，这是敏捷目前亟待解决的新问题。

- 许多公司正尝试首次采用敏捷方法。
- 已经使用敏捷方法的公司正在扩大使用规模。
- 某些职能不全的公司也在开始采用敏捷方法。

新环境下敏捷方法的扩展应用为其自身带来了新的要求。这就需要深入理解什么是敏捷及需要怎样的工具去应用敏捷。这两个问题密切相关。许多敏捷方法早期采用者曾从大量书籍中学到一整套实践方法——主要以团队敏捷为导向。遗憾的是，很少有书籍去解释敏捷方法有效的原因。这些书籍的大量篇幅充斥的是体现敏捷基本准则的最佳实践，多数情况下是应用在团队一级的一套实践理论。

我们需要对敏捷有更加广泛的应用，需要对敏捷有更大范围的认知，也需要解释敏捷实践有效的原因。当所有敏捷方法均独立于精益思想涌现出来的时候，精益思想为敏捷方法的有效运用提供了一些线索，这也是为什么大多数敏捷方法是与精益思想相兼容的。当人们应用原则与实践去形成统一认识的时候，真知就形成了。我们在本书中使用术语"精益—敏捷"，因为它代表了我们的观点：高效运转的敏捷方法必须应用于精益环境中。

本书满足了两方面的要求，既让你理解为什么采用敏捷方法来工作，又让你学会将学到的原则与实践应用到企业之中。本书是在前人工作的基础上完成的，特别要指出的是这些人士：大卫·安德森（David Anderson）、肯德·贝克（Kent Beck）、简·克莱兰·黄（Jane clelannd-Huang）、阿里斯泰尔·科伯恩（Alistair Cockburn）、吉姆·科普林（Jim Coplien）、沃德·坎宁安（Ward Cunningham）、W. 爱德华兹·戴明（W. Edwards Deming）、马克·德恩（Mark Denne）、罗恩·杰弗里斯（Ron Jeffries）、丹尼尔·琼斯（Daniel Jones）、迈克尔·肯尼迪（Michael Kennedy）、科里·拉扎斯（Corey Ladas）、大卫·曼（David Mann）、鲍勃·马丁（Bob Martin）、瑞克·马格里奇（Rick Mugridge）、泰奇·欧诺（Taichi Ohno）、玛丽·波彭代克（Mary Poppendieck）、汤姆·波彭代克（Tom Poppendieck）、唐·赖纳特森（Don Reinertsen）、彼特·斯科尔特斯（Peter Scholtes）、肯·施瓦布（Ken Schwaber）、杰夫·萨瑟兰（Jeff Sutherland）、詹姆斯·沃马克（James Womack）、艾伦·沃德（Alan Ward），还有很多人在此不能一一列举。本书融合了精益、敏捷、极限编程、Scrum 和其他原则而创建出来的协同组合的重要理论，为企业的需求提供深入而广泛的解决方案。

我想给曾经亲自为我提供过帮助的几个人致以特别的感谢：

- 玛丽和汤姆·波彭代克帮助我启动了精益培训，他们为我量身定制的综合改进意见是我个人发展中的无价之宝。
- 大卫·安德森的建议和灵感使我能够突破通常都不敢尝试的思路，从而能够向前走得更远。
- 沃德·坎宁安聪明而且谦逊，他对本书的最终出版起了不可估量的作用。
- 艾伦·切达拉沃达（Alan Chedalawada）虽然没有直接参与本书的写作，但他的思想构成了本书中所展现的大量新知识的基础，并且许多思想都是首次呈现。
- 感谢埃米尔·科尔斯基（Amir Kolsky）和肯·普（Ken Pugh）对验收测试驱动开发作用的深刻见解。

一本书的一个作者去感谢本书的另一个作者，虽然看上去很奇怪，但我必须感谢詹姆斯·R. 特罗特——我最亲密的朋友之一。如果没有他的鼓励和勤奋工作并使我保持专注，就不会有本书的问世。

艾伦·沙洛维
Net Objectives 公司首席执行官

作者简介

艾伦·沙洛维

Net Objectives 公司（一家从事面向对象业务做咨询和培训的公司）的创始人和首席执行官，具有 40 多年的从业经验，艾伦是业界的思想领袖。他除了在企业范围内教授精益、看板、Scrum、设计模式和面向对象的课程，还帮助企业采用精益和敏捷的方法实施转型。艾伦开发了培训和指导精益—敏捷的方法，他在帮助客户获得长期生产率增长上做出了很大的贡献。他经常受邀在全球著名会议中担任演讲人，是《设计模式解析》的首席作者，目前正在撰写《敏捷开发人员的基本技能》一书。他拥有麻省理工学院计算机科学硕士学位和埃默里大学数学专业硕士学位。

詹姆斯·R. 特罗特

Net Objectives 公司资深顾问。20 多年来，他运用面向对象和基于模式的分析技术，在知识管理和知识工程领域积累了丰富经验。他是《设计模式解析》的合著者。他是反思性实践、知识管理和流程改进领域的培训师和导师，是国际救援和发展机构的知识管理顾问。他拥有俄克拉荷马大学应用数学硕士学位、工商管理硕士学位和希望国际大学的跨文化研究文科硕士学位。他是某大型航空公司的副技术研究员，还曾在能源、银行与金融、软件开发与人工智能等行业就职。

盖伊·比弗

Net Objectives 公司副总裁、资深顾问、技术执行官。他拥有大、中、小型企业精益—敏捷成功的实践经验，是精益、敏捷和 Scrum 技术开发领域公认的专家，有能力引领、管理和激励企业实现生产率与质量的显著提高。他在软件工程和跨行业信息技术，包括金融服务、国防及医疗保健行业内有超过 25 年的从业经验。他拥有维克森林大学物理科学硕士学位。

目录

引言 ... 1

第 1 部分　拓宽视野

第 1 章　精益软件开发——敏捷开发者指南　16

精益 ... 16

精益应用于组织的多个层级 ... 17

精益思想的快速回顾 ... 18

将复杂程度和返工工作量最小化 ... 21

快速—灵活—机动 ... 25

价值流图 ... 28

精益超越敏捷 ... 32

第 2 章　敏捷的商业案例　35

敏捷的益处 ... 36

第 3 章　大局观　51

以达到企业级敏捷为目标 ... 52

达到企业级敏捷 ... 52

如何为组织创造真正的价值 ... 54

第 4 章　精益组合管理　62

项目面临的挑战 ... 63

项目组合 ··· 65

精益组合管理 ··· 67

精益组合管理的益处 ··· 69

精益组合管理方法 ··· 72

更短的计划周期 ··· 76

评估和跟踪进度 ··· 77

第2部分　精益项目管理

第5章　超越Scrum　　　　84

学习一种新方法 ··· 85

定义一种方法而不被其限制 ··· 86

定义过程 ··· 86

原则和实践为专业化打开了大门 ·· 89

知道你在哪里 ·· 89

Scrum是一种框架 ··· 91

对Scrum的误解、不正确的观点和Scrum的局限性 ··················· 91

精益思想提供了必要的基础 ··· 99

引入看板软件工程 ·· 103

选择方法 ·· 110

第6章　迭代0：准备第一次迭代　　　　116

为迭代1做准备 ·· 117

迭代0清单 ··· 120

第7章　精益—敏捷发布计划　　　　123

发布更改计划 ··· 124

发布计划会议示例 ·· 130

特别说明 ·· 139

第 8 章　企业团队的可视化控件和信息发射器　142

可视化控件和信息发射器 143
精益—敏捷可视化控件 144
用可视化控件管理依赖关系 154
好的可视化控件 157

第 9 章　精益—敏捷软件开发中的 QA 角色　159

概述 160
QA 在循环最后是内在的浪费 162
测试前置改善结果 163
当客户需求不明确时 165
规格说明书和"神奇"的文档 166
验收测试驱动开发 167

第 10 章　成为敏捷企业　171

想去何处 172
如何到达 172
转型时期的指南 174
从何处开始 175
持续过程改进的重要性 180

第 11 章　精益—敏捷开发中管理者的角色　182

精益—敏捷管理 183
构建环境 183
精益—敏捷兼顾管理的办法 184
在团队内部创建知识 185
寻找根本原因 186
敏捷软件开发不是无政府状态 188
缺乏管理等于缺少成功 189

用精益思想提高管理 ·· 190

第12章　产品协调小组　193

　　　让团队协同工作 ·· 194
　　　产品协调小组 ·· 198

第13章　精益—敏捷中的软件架构和设计角色　203

　　　避免过度或过少设计 ·· 204
　　　为改变而设计 ·· 206
　　　软件开发中的设计角色 ··· 207
　　　软件设计中的管理角色 ··· 207

第3部分　回顾过去，展望未来

第14章　认识精益　210

　　　丰田：首个伟大的精益实例 ······································· 211
　　　精益的3个主体 ·· 213
　　　来自精益—敏捷教练们的深刻见解 ······························ 215
　　　精益宣言：快速—灵活—机动 ···································· 219
　　　下一步 ··· 223

附录A　团队评估游戏　228

附录B　精益—敏捷软件开发模型　231

引言

"我们不能用产生问题的思维方式去解决问题。"

—— 阿尔伯特·爱因斯坦

本书的目标之一就是要给读者提供一个更好的角度去学习精益与敏捷知识,以及精益与敏捷在软件开发中的实践应用。这就需要读者对敏捷的根源、软件开发的"钟摆"过程、重要的范例与实践,以及务实主义有所了解。精益为读者提供了学习的前进之路。

本书通过讲授精益思想与软件开发的结合过程,带领读者超越敏捷提供的标准实践方法。虽然敏捷方法经常被应用于实践中,但其通常只对团队层级有效,至于该如何应用于企业层级很少被提及。这或多或少有些历史原因,在本书中会涉及这些内容。精益—敏捷是敏捷软件开发的入门知识,它运用精益原则为敏捷的实践行为提供了指导。

或许你会以两种方式来看待敏捷:敏捷是一套价值观和信仰体系,实践者需要判定该如何应用敏捷;敏捷是一套实践理论,实践者需要证明敏捷实践具有良好的效果。实践者通常会将两者结合起来,信任敏捷宣言指令并运用 Scrum[①]或极限编程[②](或两种都使用)作为他们工作的基本原则。这种工作方法会面临双重挑战——一个来自敏捷的根源,另一个来自敏捷实践本身缺乏理论基础——我们将稍后讨论。

---

① Scrum 是一种当下流行的敏捷过程,由杰夫·萨瑟兰和肯·施瓦布创建,通常应用于团队层面。具有自组织和跨职能特点的团队在迭代开发过程中也称 Scrum 为冲刺(Sprints)。

② 极限编程是团队围绕以软件工程为核心的迭代开发过程,最常见的是测试驱动开发、配对编程和持续集成。

本书将提供给你的帮助

本书旨在改变你对软件开发的看法。之所以这么做是想让你能够以更少的付出去解决难以解决的问题。我们的指导原则之一是，要以商业利益为驱动为企业客户提供最大的价值，交付的价值（软件）能为企业带来最大的利益回报。对一个 IT 开发团队而言，这就意味着需要面对内部或外部客户。

同时，我们将探索什么是软件开发及软件开发过程应如何管理。我们将在整个项目过程中——从软件开发到软件配置，直至项目完成之后持续的软件支持和软件改进的整个项目过程——来甄选出需要完成的工作，从而研究对客户有用的实践方法。

我们将以贯穿本书的原则为驱动，为你提供大量实践方法，让你可以将这些方法应用于精益软件开发之中。本书不会简单地给你提供一种答案，它会帮助你思考，以便你能够自己去解决问题，找到解决方案并应用于你所在的公司和所处的环境中，为你的客户交付合格的产品。

敏捷的根源

敏捷宣言的开发是软件行业的一个突破性事件。敏捷软件开发宣言如图 0-1 所示。敏捷宣言有 12 条原则，描述了支持敏捷软件开发的基本思想，如图 0-2 所示。

软件开发的钟摆过程

敏捷宣言是一份强有力的声明。它与软件开发业中大多数人的意图保持一致，说明了我们必须要以一种不同于以往的方式来从事软件开发。可持续改进的软件通过构建大型计划并使用命令和控制管理[①]来实现。当宣言成文之后，它为

---

① 需要向军事专家们致歉，他们恰当地应用这些术语来表达上层谋划愿景和下层执行的含义。而我们借用这些术语来表达多数敏捷人员所理解的意思——高层人士告诉低层人员如何去完成他们的工作。

探索新的、更好的开发软件方法提出了一种可能性。遗憾的是，它也存在很大的漏洞——没有描述该如何实现宣言中的承诺。

> **敏捷软件开发宣言**[①]
> 我们一直在实践中探寻更好的软件开发方法，同时也身体力行地去帮助他人。由此我们建立了如下价值观：
>
> | 个体和互动 | 胜过 | 过程和工具 |
> | 可工作的软件 | 胜过 | 详尽的文档 |
> | 客户合作 | 胜过 | 合同谈判 |
> | 响应变化 | 胜过 | 遵循计划 |
>
> 尽管右列各项有其价值，但我们更重视左列各项的价值。

图 0-1 敏捷软件开发宣言

> **敏捷宣言的 12 条原则**
> 我们遵循以下原则：
> - 我们最重要的目标是通过持续不断地及早交付有价值的软件使客户满意。
> - 欣然面对需求变化，即使在开发后期也一样，通过敏捷过程掌控变化以维护客户的竞争优势。
> - 经常交付可工作的软件（相隔几星期或一两个月），倾向于采取较短的周期。
> - 业务人员和开发人员必须紧密合作，项目中的每天都不例外。
> - 激发个体的斗志，以他们为核心构建项目，为他们提供所需的环境和支持，辅以信任，从而实现目标。
> - 不论团队内部还是外部，传递信息效果最好、效率最高的方式是面对面的交谈。
> - 可工作的软件是进度的首要度量标准。
> - 敏捷过程倡导可持续开发。发起人、开发人员和用户要保持步调一致。
> - 坚持不懈地追求技术卓越和良好设计，敏捷能力由此增强。
> - 以简洁为本，努力减少不必要的工作量。
> - 最好的架构、需求和设计出自自组织团队。
> - 团队定期地反思如何能提高效率，并以此调整自身的行为。

图 0-2 敏捷宣言的 12 条原则

缺乏细则说明并不是敏捷宣言的缺点。敏捷宣言的目的在于以更好的方式为软件开发构建目标愿景，宣言需要结合一定的历史背景理解才有意义。在宣言发

---

① 版权所有© 2001 Kent Beck, Mike Beedle, Arie van Bennekum, Alistair Cockburn, Ward Cunningham, Martin Fowler, James Grenning, Jim Highsmith, Andrew Hunt, Ron Jeffries, Jon Kern, Brian Marick, Robert C. Martin, Steve Mellor, Ken Schwaber, Jeff Sutherland,, Dave Thomas；这份宣言可以以任何形式自由复制，但是要注意它的完整性。

表前的十几年，软件管理的原则和方法像钟摆一样，在自由形式与命令控制之间来回摆动着，从几乎没有过程到有太多过程，每次摆动都是为了回应另一个问题带来的挑战。

在 20 世纪 60 年代，一些大型系统的开发都遭遇了失败，这更加坚定了人们对于更好的软件开发工程方法和更好的软件过程控制的需求。从某种程度上说，这个时期软件开发并不是一种新的行为，但软件行业在当时来说还是一个新兴的产业，人们对大型系统的开发还普遍缺乏经验。到了 70 年代，将软件作为工程学的想法浮出水面。我们开始采用结构分析与设计、自顶向下程序设计和结构化程序设计（goto 声明被认为是糟糕的形式）等方法来开发软件。当时值得软件行业注意的事件是瀑布模型的出现。随着软件行业的不断成长，逐渐形成了设计、编程和管理的一套标准软件开发方法。到 80 年代，个人计算机和第四代语言使小型软件项目的开发蓬勃发展，小规模团队开发出了比大型团队更多的软件，原型设计开始受到开发人员的欢迎。此时人们推崇速度为王，最快就是最好。

但是这个时候也常常会遭遇很多质量问题。由于进入市场的速度是如此重要，以至于产品的稳定性常常被忽略不计。这就带来了各种各样的软件产品的失败。由于任何人都能轻易地进入市场，如果产品质量不过关，那么率先发布的产品的竞争力就会丧失。在这样的时代背景下，大量失败的软件产品的出现触发了对软件开发过程严格控制的思考。如果我们不能找到一种特殊的方法完成项目，那么最好去严格控制软件开发的过程。

嘀嗒，嘀嗒，钟摆继续摆动，甚至比从前更快了。

20 世纪 90 年代给我们带来了软件能力成熟度模式（Capability Maturity Model，CMM）。千禧危机主导了 10 年中的最后几年时间，它强调的是计划为先。90 年代也给我们带来了互联网，互联网技术再次为小团队的工作提供了巨大的便利，商业域名技术的繁荣促进了软件业的飞速发展。于是相同的情况再次发生，小型团队在快速扩张之初即获得巨大的成功，但随之而来的需要面临的问题就是，所开发的软件难以维护。

到了 21 世纪，人们推出了敏捷方法——让小型团队与客户一起并肩作战，快速开发软件。同样，这种方法的运用过程也经历了许多成功与失败。

钟摆继续摆动着。我们能做些什么去阻止它呢？或者我们是否能够最终找到一种平衡？

敏捷宣言是软件人员的一种尝试，他们试图去发现这种平衡。我们应尊重我们的团队、我们的客户，并围绕业务去开展工作。过程可能是好的，但如果过程不能帮助团队完成工作，那就不能算好过程。

遗憾的是，由于世界杂乱无序，导致了敏捷宣言中的承诺并不能被完全地实现。宣言本身显示出了这种潜能，但它没能提供一种可实施的方法来阻止钟摆的运动。事实上，宣言只是一种用于判断团队工作的法则。我们摒弃了企业管理层的掌控，因为那种掌控似乎带来了命令控制式管理的倒退。因此摒弃管理层命令与控制的方法看上去似乎是合情合理的。

要使团队工作有效率，就必须有一种平衡命令与控制管理的方法来管理团队，精益就提供了这种方法。要想进一步去理解其中的原因，我们必须首先检查我们思维中存在的信念、原则和范式。

原则和范式

原则是一种综合的基本法则、学说或假设。它可以存在于个体层面，也可以被公众拥有，甚至还可以被公众广泛地应用。举例来说，个人原则可能与个人的品行或其生活方式相关。公共原则可能包含道德、宗教信仰，或者一种被公众接受的正确的生活方式。广义的原则可应用于一切情况，它具有超越个人信仰的影响力，其实正确的应该称其为广义法则。自从一种通用的法则（法律）开始被人们遵循之后，这种法则就常常以指导的形式存在。例如，精益原则其中一个最有名的原则是"消除浪费"，虽然这并不是一条法律规则，但作为一项行为规则，同样是应该遵守的。

范式是假设、价值观、信念和实践的组合，它定义了如何评估现实状况，如何看待实际形势。它是一种世界观，描述了真理的特性。范式往往能持续很长时间。（不妨考虑一下，有多长时间人们曾相信地球是宇宙的中心？）范式是由特定的人组成的团体或群体所共享的。在软件世界里，瀑布型、Scrum 和精益—敏捷，每种方法都拥有它们自己的范式和开发软件的方法。

当某一范式为某些人定义了什么是事实和真相之后，要想改变根植于他们头脑中的范式就变得相当困难。它需要个体和团队团结在一起，与构成范式的假设、价值观和信仰做斗争，并重新评估这些范式在实际意义上与"事实"是否真正一致，或者是否需要对范式做出一些修改。

我们拥有的范式会制约我们的思想和行为，因此，未经事实检验的那些范式会让我们的思想产生更多的局限性。

务实的方法

软件开发人员都是实用主义者（实用主义是我们世界观的一部分）。我们支持超越理论上的"正确"去实施软件开发。这并不是说这些理论是错误的，而是说如果我们要相信理论的话，那么前提必须是理论要立足于实际的工作，为实践服务。

因此，考虑到这一点，我们推荐采取一种务实的方法来评估这些基本范式，作为软件开发人员的我们拥有这些评估方法。所谓务实的方法，就是无论我们做什么工作，都要先采用科学的方法去检验：首先提出一种假设，然后用实验去验证该假设是否具有可行性，或者是否应该被废止。如果实验支持了我们先前的假设，那么我们就有证据证明假设是正确的；如果不支持，那么假设不正确，就必须被修正。

我们建议，在软件开发的世界里，过程必须与假设——实践软件开发方法的最佳方式——一致。如果我们获得了好的结果，那就证明我们的过程（我们事先假设的过程）是正确的；如果我们获得了不好的结果，则证明过程需要改进。

批判过程，团结协作

首先要明确一点：我们批判的只是过程，不涉及个人。很多团队陷入失败的泥潭之中，因为它们遵循着一个劣质的过程或一种糟糕的管理方法，并且过分相信这一过程。他们始终认为过程是正确的，并且一直坚信："只要正确地执行这个过程，就不会有这样的问题发生。"又或者，有多少已经失败的项目是因为团队决定遵循自己的方式而不考虑大量的业务需求？他们认为管理者是阻碍，是必须被绕过的官僚主义者。

管理层看上去更倾向于过分重视过程而低估团队的价值。一些团队认识到了管理层作为至关重要的因素正推动着过程的运作，另一些团队却希望从管理层的命令与控制中脱离出来，以便它们能够独立地完成工作。团队在这两种意见之间进退两难，大家在工作方法上没有取得一致的意见。

我们需要的是一个对过程的全新态度，以及如何去管理过程。过程必须被设计用于协助团队实现管理层设定的目标。过程应帮助团队完成工作：在团队中落实责任制，指导团队成员工作。团队将是其自身过程的管理者——它们将创建、维护和改进这一过程以便使过程能够获得持续不断的改进。过程本身是动态的，是团队发生变革的基准。

精益提供前进方向

这可能吗？有可能！精益可以提供给我们所需要的原则，但是我们不要盲目地去遵循这些原则。盲目的遵循是不会起作用的。我们应该把精益作为一个行为指南，并运用我们自身的经验去改进过程。

如果你已经从事软件开发多年，我们邀请你和我们一起使用假设与检验的方法去验证过程：运行"回顾性实验"[①]，回顾你过去拥有的项目经验，用这些经验来验证或中止我们将在开发过程中所要采用的过程。这样做比将来在项目中尝

---

① 回顾性实验是艾伦·沙洛维创建的一个术语。它是通过查询历史记录来验证或推翻目前提出的假设。例如，有人提出采用"编码规范帮助"，实际是假设了规范编码的规则会给我们带来更好的程序代码。回顾过去的历史，看看什么时候这种假设是真的（假设成立），什么时候是假的（假设不成立）。如果证明假设不成立，那么你可以修改条件，看看是否存在一种情况能够使假设成立。通过利用过去的经验，我们能够了解和测试出我们对假设的理解是否正确。

试用新的过程更加务实、有效，也减少了很多痛苦。你将能够相对快速地检验出该过程是否有效。

这么做将会建立起一个务实的"理论"——关于为什么和如何做软件开发工作的理论。我们认识到简·L. A. 范·迪·斯内普斯切伏特（Jan L.A. van de Snepscheut）和尤吉·贝拉（Yogi Berra）提出的意见的确是真理："在理论上，理论与实践是相同的；但在实践上，它们是不同的。"同时，我们也认同库尔特·卢因（Kurt Lewin）提出的概念，有时候"没有什么比一个好的理论更具有实用性"。换句话说，当理论与实践不匹配时，就没必要去遵循理论；但是，一旦你在实践中无法确定该如何去做的时候，试着去理解理论提供的方法，它可以在你不熟悉的领域为你提供一定的指导。

这些务实的方法也包含了我们发现的这些原则（或法则），这些原则可以适用于任何环境，例如，超负荷工作原则——在任何情况下，如果同一时间分配给员工大量的工作任务，都会降低员工的工作效率。

原则可以引领众多实践。然而，实践必须根据使用的环境或情况做出相应的改变，除非这项原则已经经过实践的检验，否则完全依赖原则去工作是行不通的。只有当你处于之前曾经经历过的情境中，才有可能安全参照原则去工作。将成熟的理论与适当的、曾经经历过的实践以恰当的方式结合起来就能产生可行性实践。

评估范式

当我们开始学习范式的时候，是通过研究瀑布模型和敏捷框架的基础知识来学习一些核心理念。这些核心理念如图 0-3 和图 0-4 所示。这是应当普遍遵循的原则吗？或者说，它们是未经检验但必须去遵循的范式或规则吗？

我们认为在软件开发中敏捷的核心理念比瀑布模型的核心理念更有帮助。敏捷理念对改进软件开发工作是有效的，但这还远远不够，要遵循敏捷原则必须遵循敏捷理念，就需要采用精益方法来实现，而这就是精益的用武之地（这就是精益思想需要涉足的地方，我们要利用精益思想将敏捷的核心理念运用到软件开发之中）。

> - 项目开始之初，为了开发出合适的软件产品，必须要事先了解所有需求。
> - 项目开始之初，客户必须精确地描述他的需求。
> - 项目结束之前，不需要接受客户的反馈。
> - 经理、开发人员和客户通过查看文档了解里程碑的完成情况，评估项目状态。也就是说，在项目完全结束之前，只需提交合适的文档，不递交已完成的、经过测试的软件。
> - 将团队划分为分析、设计、编码和测试小组，组与组之间的信息互不干涉。
> - 不同角色间的工作交接可以通过记录每步所做的工作文档来有效完成。
> - 项目结束时做软件测试，以达到要求的质量。
> - 管理层可以要求某项工作在某个时点完成。
> - 让员工同时做很多项目，使每名员工总是保持忙碌状态，这是获得100%生产率的好办法。

图 0-3 瀑布模型的核心理念

> - 项目开始之初，不可能知道所有的需求去开发合适的软件产品。
> - 项目开始之初，客户无须精确地描述他的需求，他可以在项目进展过程中进一步澄清需求。
> - 尽可能地经常接受客户反馈，给开发人员尽可能多的反馈，以指导他们的工作。
> - 可工作的编码是最精确的反馈方式，能够有效地反映开发的进展情况。
> - 各个小组在一起协同合作，使成员间信息的延误和损失最小化。
> - 将测试移动到开发周期之前，改进开发人员、客户和测试人员之间的交互，借此进一步改善代码的质量。
> - 管理层可以设定开发工作的期望值，但不要求具体如何实现。
> - 团队每次只实施一个项目，从而改善团队的生产率。

图 0-4 敏捷的核心理念

我们并非无所不知

虽然软件开发与其他类型的产品开发并不完全一样，但我们仍然可以从其他行业的产品开发中学到大量的知识。尤其是精益生产有基于数十年的生产制造经验，可以提供给我们大量的参考信息，这对敏捷团队尤其适用。事实上，Scrum——一种最受欢迎的敏捷方法，就是基于精益原则产生的。遗憾的是，在软件行业中对精益的了解并不广泛，开发团队会因此失去精益可以提供的有潜力的开发指南。而且，如果没有精益知识的基础，对管理层提出的诸如此类的问题"为什么某些原则会对软件开发有用"等，软件开发人员将无法给出恰当的解释。精益提供了一套全新的理念，能够对这些问题做出解释，如图 0-5 所示。但是问题依然存在：即使这些理念是真的，我们该如何清楚地展示与理念一致的良好实践呢？

> - 大多数错误是由系统内部某个人的工作造成的，而不是这个人本身的原因导致的。
> - 做这项工作的员工是理解和改进系统最好的人选。
> - 对等模式是一个不被接受的过程。
> - 着眼于整个项目的完成过程比试图确保每步尽可能高效更加有用。
> - 我们对成功的衡量标准必须与时间总量相关，从刚开始构思到最终为客户交付有价值的产品为止。
> - 管理层必须与团队一起协同合作来改进工作方式、提高工作效率。
> - 把工作量限制在团队的工作能力范围之内，团队的工作就是最有效率的。
> - 通过在过程中最小化每次的工作量来提高团队的工作效率。
> - 评估步骤时我们必须着眼于全局优化而不仅仅是改进过程中的某个步骤。
> - 为了减少浪费，这些都是软件开发中必须遵循的原则。

图 0-5　精益核心理念

当然，仅仅信奉精益原则并不能加快软件开发的速度。让我们先来看看这些理念，然后决定哪些是可以应用在实际情况中的原则。我们建议采用回顾性实验来检验这些原则。

精益能够提供比敏捷宣言更多的东西

幸运的是，精益能提供比范式或宣言更多的东西。它提供了一套基于自身权限和实践下的原则。虽然这些原则不能从精益生产中取得后直接应用于软件开发（具体的软件开发行为必须基于环境而发生改变），但是精益原则可以非常容易地被应用于软件开发。通过学习精益原则，可以清楚地体现敏捷宣言的含义——高效的软件开发，并且我们还能将精益原则应用在两个层面上——企业层和团队层。

我们将会看到由精益提供的管理范式。该范式不鼓励管理层命令和控制团队。开发人员也无须向管理层反复强调：他们是技术人员，不能也不应该被管理。相反，为了一个共同的目标——获得软件开发的最大回报——管理者和开发人员应在一起协同合作。精益提供了这样一种管理范式：在合作的基础上，通过重视团队工作的过程——该过程必须是使团队能够顺利完成任务的最好过程——来管理团队。通过这种管理，过程不再是强加于团队的东西，而是被团队灵活应用、使他们的工作更有价值和更令人愉快的东西。

精益管理范式结合了概念、工具和实践，提供给双方（管理者和开发人员）一种合作方式去提高管理的可视性、管理的方向和团队的生产力。

超越精益

当然，精益不总是那么有吸引力。但我们的体会是，精益与其他有用的范式、理念和其他领域的原则是一致的。例如，我们从房屋建筑学原理和软件设计模式这两门学科中都能学到，应该以一种全局观做产品开发。那就是说，不要试着从一个小的需求去开始设计产品，要把全局观深刻牢记在脑海中。遗憾的是，这是一项许多敏捷实践者和顾问们早已忽略的内容（可能是由于传统敏捷项目总是存在于较小的项目中）。

在本书中，我们吸收了部分来自非精益的实践原则，但是这些非精益的实践原则在其他方面是与精益的中心原则"全局优化"保持一致的。尤其是我们将看到的在下面这些领域中的实践行为：

- 企业重视产品组合管理和团队合作而非只关注团队，因此需要提供一种工作方式去取代 Scrum-of-Scrums。
- 重视产品交付价值而非项目本身。
- 管理着眼于全局的需求，并将它们与需求分析和产品设计结合在一起。
- 代替以收集素材为目标的发布计划，推动以商业价值为目标的发布计划。

总　结

本章探索了敏捷的根源。它开始于敏捷宣言，是一种实践原则，具有历史背景（管理层试图命令和控制开发团队，而开发团队想应用自己的知识来完成工作的历史背景）。这需要适当的过程去加以理解：既是管理层的工具，又是团队驾驭知识技能的一种能力。

为了更好地理解这些在软件开发中每个人需要掌握的包括检验过的核心范式、原则和实践，精益—敏捷提供了一种新的方式，它是根植于精益生产思想的坚实基础之上的，是与敏捷实践完全一致的。

试一试

这些练习最好通过与公司中某位同事的交谈来完成。每次练习完成之后，去请教其他同事，看看是否还存在其他可以改进的地方，以便帮助你获得进一步提高。

- 查看在图0-3中列出的瀑布模型的核心理念，哪些是真的？
- 查看在图0-4中列出的敏捷的核心理念，哪些是真的？
- 查看在图0-5中列出的精益核心理念，哪些是真的？

第 1 部分

拓宽视野

"计算机科学中关于计算机的知识不会多过天文学中对望远镜的阐述。"

——E. W. 迪杰斯特(E. W. Dijkstra)

什么是软件开发

软件开发与工程学或土木建筑学比较,它们的共同之处:由开发人员提取需求并开发供客户使用的产品。它们的区别:与其他学科不同,软件开发工作不能一开始就将需求清楚地确定下来,也不能在一开始就制定出清晰的软件开发方法。完成软件开发的方法是在过程中发现需求。该方法优于在早期计划过程中就对需求做出明确定义的方法。

我们通常将软件的实现看作软件开发的最终目标,其实这样是不正确的。软件只是一种工具,是客户用来达到目标——获得商业价值的一种工具。软件产品能帮助客户做事情(例如,会计软件使企业能够按时间顺序保留财务账目）。在 IT 组织中，软件产品可以为企业提供服务和开发产品。软件开发被认为是发现需求、决定如何开发和开发软件产品的过程。敏捷方法相比瀑布模型的优势在于：它结合在过程中发现的需求，用一种渐进的方式去完成软件开发的 3 个步骤。

这种需求发现的过程有助于减轻软件项目中存在的灾难性风险：市场风险、产品质量不能满足市场需求、技术风险、实施过程不能满足产品质量的需求。

唐·赖纳特森在 1997 年曾经说过："通常来说，大多数产品的失败都是由市场风险造成的。这并不是因为市场工作人员与设计者相比技不如人，而是因为市场风险导致的问题比技术风险更加棘手。"

❑ 软件开发团队和流程

在向企业推广敏捷方法时，通常是以向一个单个的部门介绍敏捷方法开始。这种方式在早期有些意义，但企业对敏捷很快就有了更加广泛的应用需求——为整个企业服务。因此必须要考虑整个企业的价值流[①]：客户—管理层—产品增值—开发团队—客户部署。

如图 1-1 所示，客户群是整个价值流的起点。在商业产品开发中，客户群还应包括外部客户。在 IT 组织中，内部员工使用软件工具开发商业产品。初步构思来自客户确认的需求，并通过管理层、产品经理、产品负责人和其他相关方（如市场人员）来共同讨论。这些人在下图中位于客户群的下方，由他们共同决定开发哪些产品，或者对哪些产品进行升级，或者给予哪些支持。他们启动项目并提供产品开发的预算。开发团队直接对应着拟开发产品、增值产品或服务支持（组件）工作。开发工作完成后，产品部署是由支持团队和管理层共同合作完成的（支持团队和管理层是最初启动项目的群体）。

[①] 可暂时把价值流看作一组行动链，从客户输入或需求开始到产品部署和使用产品为止。

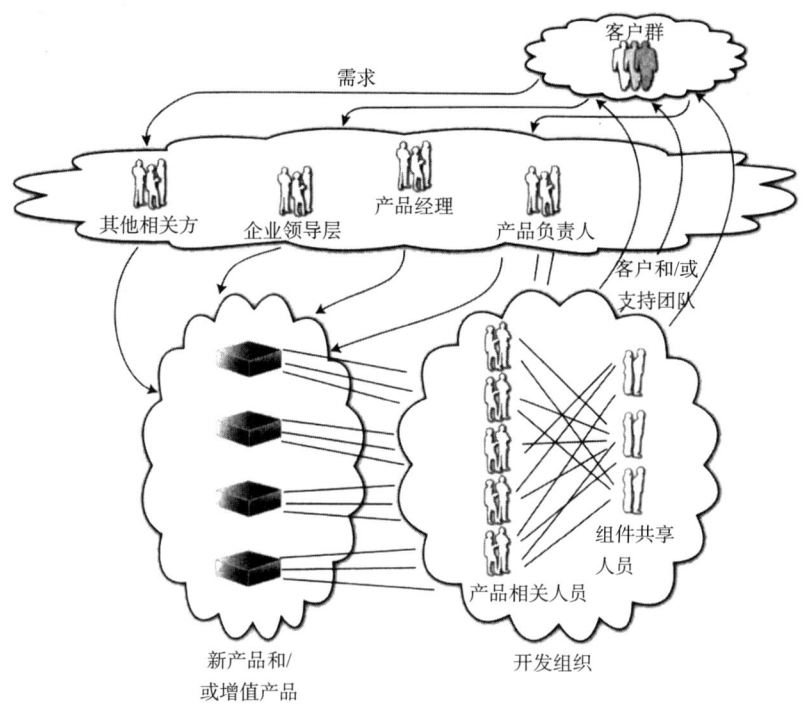

软件开发价值流

总　结

本部分描述了软件开发的价值流。在开发团队开始着手开发产品前应绘制价值流图，图中标示的先后顺序非常重要。与实施执行阶段相比，许多项目实际上是在启动阶段耗费了更长的时间。因此，缩短项目启动阶段的时间是缩短产品上市时间的一个关键：

- 选择正确的开发产品或增值产品，最大限度地提高投资回报，使团队高效工作。
- 从全局着眼，从项目的具体工作着手。
- 为软件开发或软件增强功能部署开发人员。

第 1 章

精益软件开发——敏捷开发者指南

"时间是一个人可以花费的最宝贵的东西。"
——狄奥佛拉斯（Theophrastus，公元前 372—287 年）

本章概要

本章介绍了精益软件开发的基本原则，开发系统中快速—灵活—机动的概念，价值流图的益处，以及利用精益原则指导敏捷团队工作的方法。

知识点

- 大多数错误均源自系统本身而非个人。
- 精益思想把敏捷方法扩展应用到了软件开发中，有助于在创建商业价值的同时最大限度地精简开发过程和加快开发速度。
- 精益原则重视商业价值、开发速度与质量。

精益

精益是丰田公司在汽车生产和汽车研发时所使用的丰田生产方法的名称。在软件开发领域，汽车的生产和研发都与我们无关，那我们为什么会对精益感兴趣呢？原因很简单，丰田生产方法背后所包含的原则在我们的现实生活中无处不在。虽然它并不是包治百病的灵丹妙药，但原则是通用的，只是具体的做法可能有所不同。

  原则是潜在的真理，不随时间或空间的改变而改变，实践是在特定情况下对原则的应用。当你从一种情况变化到另一种情况后，实践也要有所不同，实践应随着情况的改变而改变。

这种原则推动了精益方法在软件开发中的应用，为期待实现高效软件开发的人们带来了有效的指导。在本章中，我们以敏捷实践的观点来描述精益思想，取代了对精益思想本身的枯燥描述，阐明了通过利用敏捷实践如何来表现精益思想的基本方法。当一位敏捷实践者发现他正处于一种无法遵循标准敏捷实践的尴尬状况中，那么如何利用精益思想带领他走出困境？相比标准敏捷执行的实践情况而言，精益思想也经常会面临不同的问题。但是通过对需求的进一步明确，敏捷实践者在改进方法方面更具有解决问题的能力。

精益应用于组织的多个层级

  本书为企业的项目经理或项目成员提供了定义产品、开发产品及交付产品的技术解决方案。本书提及的"企业"指的是价值流中所有参与产品开发、产品增值、产品维护或客户服务的部门。在 IT 组织中，"企业"包括业务人员和 IT 部门；而在一个生产型企业，它还包括市场部门、销售部门、物流部门、售后服务部门和市场开发部门。

  精益企业包含了相互协调工作的业务部门、管理部门和交付团队，它们共同协同工作，维护产品的价值流，使产品可以按照业务优先级进行交付，如表 1-1 所示。每个部门都非常重要，都必须同等对待，要重视以精益思想为指导的实践行为。精益就像一把三条腿的椅子，任何一条腿被忽略，椅子都会摇摇欲坠。

表 1-1 精益企业的构成

部门	必须参与的工作
业务部门	不断优化和分解企业的增值需求

续表

部　　门	必须参与的工作
业务部门	管理业务需求组合 发布计划
管理部门	公司跨职能团队提供端对端交付增值任务的功能 管理价值流团队 帮助消除障碍
交付团队	每天都在一起工作，并交付经过全面测试和集成的代码 学会如何交付业务增量需求 精通验收测试驱动开发和重构

对于想要了解如何才能使企业顺利过渡到精益企业的读者，以及想要了解精益和精益思想并试图使其发挥作用的业务人员，无论你是否具有敏捷实践的经验，本书都可以提供指导。在本书中可以学习从精益思想到应用敏捷原则改进企业生产流程的知识，这是整个知识体系的一个起点。

精益思想的快速回顾

精益思想的建立基于以下几个基本原则：

- 多数错误源于系统本身，因此必须对开发的系统加以改进。
- 为了改进系统，必须尊重员工。
- 过早开始会造成浪费。只在需要的时候完成需要做的事情，这就是所谓的"准时制"或 JIT（Just-In-Time）。
- 精益思想通过消除开发过程中的延误来缩短产品的上市时间；使用 JIT 方法做事情比让大家一直忙碌更加重要。

以上原则是所有理论的基础，其他原则只是这些原则的引申。前两项组成了 W. 爱德华兹·戴明（W. Edwards Deming）管理理论的基础。戴明因指导日本人如何生产高品质商品而被日本人广为称颂。日本人从戴明那里学到了什么？我们又能学到些什么？丰田引入了 JIT 的概念，JIT 构成了精益思想的重要组成部分。

❏ 查找错误的根源

当问题产生时，我们一般倾向于批评责任人。例如，当发生坠机事件时，一般我们会下意识地自问自答："这是谁的错？"是飞行员的错吗？（责怪他。）是航空公司的错吗？（责怪它们。）还是制造商的错？（责怪它们。）是飞机的部件有缺陷吗？（责怪制造商。）但是你觉得这样做公平吗？当我们指责别人的时候，我们自己是否就正确呢？可能只有在这种情况之下，人们才会发现，造成或至少是促成问题发生的根源其实是自己。

下面是一个来自软件开发的典型例子。假设你负责为现有的系统开发一项功能，目前只提供给你一份分析人员编写的文档，你需要参照这份文档来开发软件。因为没有机会和实际使用软件的客户进行交流，所以你完全依赖这份文档进行软件开发。当你编写完代码、完成测试，然后将新功能展示给客户的时候，客户却表示："这并不是我所想要的功能！"

你会责怪谁？不明就里的客户，编写系统分析文档的分析人员，没有按照规范写出编码的自己，还是没有对系统做出恰当测试的测试人员？如果用心去体会，你可能认识到，没有人应该被责怪，问题的根源其实是你与这些人的合作方式。换句话说，每个人以特定的角色独立工作于当前系统中，不存在反馈机制，或者即使存在也是低效的，信息传播经常出现错误。一个敏捷系统的所有开发人员是作为一个团队一起工作的。客户、分析人员、开发人员和测试人员互相讨论，共同确定客户的需求，思考应该如何去更好地满足他们的需求。这是一个更好的系统。当错误产生时，敏捷系统致力于提出好的方法去提高信息沟通的过程，同时不断减少错误的数量。

改善沟通是敏捷的主要目标。遗憾的是，敏捷实践往往只强调了局部层面的沟通：团队内的沟通、团队与团队之间的沟通、团队与客户之间的沟通。在改善团队与团队之间的沟通上，敏捷实践只提供了极少且略微相关的一些支持，实际上敏捷实践几乎没有提供贯穿整个企业的、沟通上级与下级的价值流。另一方面，通过重视创建端到端沟通的价值，精益实践推动了基于这种大前提下的沟通方式，它提供了一种人人参与产品开发的环境。这促使公司中不同层面的沟通更加频繁，强调了持续的过程改进、全局优化、尽早交付与频繁交付。精益思想有助于消除由于浪费导致的延误。

☐ 尊重人

那么谁应该参与持续改进系统的实践呢？是管理层，还是普通员工？对亨利·福特来说，他的答案是管理层。对他而言，管理层是比普通员工更具有智慧的人群，只有他们才是可以被足够信任的，只有他们才是有能力去决定该如何改进汽车制造工艺的人。亨利·福特很少尊重普通员工的知识技能。

首先，福特的策略是提供一个非常完善、固定的汽车制造流水线，只生产一种类型的汽车，没有任何灵活性。想想福特著名的论断："人们可以选择他想要的任何一种颜色，只要它是黑色。"其次，现实中大多数过程并不是固定的，常常需要更改。流水线上的员工能比管理层更好地了解在局部条件下不断变化的环境因素，因为他们拥有第一手资料——生产现场的知识——生产线上需要改变的过程。最后，在那个年代，工作的价值只是员工养家糊口的方式，福特不会因为贬低了员工而受到惩罚。而今天，金钱已不再是选择工作的第一要素，缺乏尊重将无法留住高素质的员工。[1]

尊重人——尊重管理层和员工，在过程中允许灵活性，持续的改进过程，吸引和留住高素质员工。软件开发过程中，尊重人包括前面提到的所有这些概念，团队所做的工作是为软件开发过程负责。这个过程演变为对如何以最佳方式做软件开发的认知。当认知改变时，这个过程即被改变。因此，过程就是基准，团队成员以他们了解的最佳途径去开发软件，并且他们知道如何不越过给定的限制范围。

---

[1] 实际上，由于很难留住员工，福特公司不得不求助于高工资来吸引员工。在本案中，培训人才的时间极短，因为福特公司认为流水线上的工作需要的知识很少。这种简短的培训（通常不到15分钟）不可能应用在软件开发的工作中。

将复杂程度和返工工作量最小化

所有开发人员都明白的一个道理是，应该将软件开发的复杂程度与返工工作量尽量最小化。这里必须澄清一点：我们所说的最小化，并不是指彻底消除。虽然复杂程度与返工工作量并不能被完全避免，但精益原则有助于降低常规状态下的复杂程度与返工工作量。

❏ 消除浪费与推迟决策

消除浪费是精益实践者的首要原则。软件开发中的浪费是指程序设计的代码比系统实际需要的代码更加复杂。当复杂的代码产生缺陷的时候，就会带来浪费。浪费对软件开发项目来说是无用功，系统哪里出现了浪费，精益实践者就必须去检查系统，查看该如何消除浪费。类似的错误将有可能以一种或多种形式在系统中重复、持续地出现，直到我们在系统中完全修正了这些错误为止。

推迟决策意味着要在适当的时间——在"最后负责任的时刻"做出决定：不能太早，决策太早使你不能获得所需的足够信息；不能太晚，决策太晚会使你承担更高成本的风险。推迟决策是以一种主动的方式来规划过程——要么等到需要去做工作的时候再去做；要么就先去工作，等系统获得足够信息的时候再去推翻前面的工作。这项原则可以用于指导需求调研、系统分析和系统设计及编程的过程。

在需求与分析阶段推迟决策

可以将决策看作我们做决定的行为，也可以指时间的花费。一旦花费了时间决定去做某件事，那么这个决定就不能被撤销，也就是说，不能让时光倒流。在创建需求的时候，我们应该问自己：应该在什么地方花费时间？需要与客户讨论所有的需求吗？答案显然不是。有些需求比其他需求更加重要。应该从与功能相关的需求开始，因为这些需求对企业而言更重要，另外，还有那些如果不尽早处理就会引起技术风险的需求。

上面提到的这些需求对企业来说是很重要的，尤其是代表了客户最大价值的需求，对企业来说就是重中之重。敏捷方法指导我们去分析客户最重视的需求来处理软件开发项目。这是迭代开发的基本原理之一。但那些只对客户来说重要的功能还不足以用来指导我们去甄选应该做的工作任务，我们还必须注意系统的架构风险。另外，还需要问问自己，哪些需求被忽略将会造成系统出现问题。如果有，这也是我们必须要注意的需求。

在设计与编程阶段推迟决策

当需要处理一些客户并不十分清楚的需求时，我们倾向于采用以下两种方法：一种方法是，只关注当前最简单的需求，不去处理任何将来的需求；[1]另一种方法是，预计未来可能发生什么需求，为这些存在可能性的需求创建系统接口。这两种方法都会面临不同的问题。第一种方法会导致代码很难更改，某些程序员编写代码时没有考虑代码的可变性，这就会发生代码难以更改的情况；第二种方法会导致设计的代码比系统需要的代码更加复杂。发生这种情况是因为开发人员和我们大多数人一样，他们也很难预测未来的事情。因此，当他们去预计该如何处理将来需求的时候，他们常常会在代码中放置很多的接口（类、方法），而这些接口（类、方法）除增加了系统的复杂性外，实际上并没有什么作用。

可替代以上两种方法的另一种方法称为"浮现式设计"，软件中的浮现式设计具体表现在3个方面：

- 利用设计模式过程的思想，创建灵活多变的应用程序体系结构。
- 设计模式要实现的功能仅限制为当前的功能。
- 编写代码之前编写自动化验收和单元测试，既提高了思维过程，又创建了测试工具。

使用设计模式使代码易于修改。只编写当前需要编写的代码，使代码的复杂程度保持在较低水平。自动化测试既提高了设计能力，又使系统能够被安全地修改。浮现式设计的这些特点综合在一起，使开发人员可以对一些任务推迟做出决策，直到真正理解了需求为止。

---

[1] 我们不是参照极限编程的指令去做这些可能是最简单的事情。这些指令是以其他行为为背景来设定的。遗憾的是，这些指令经常被曲解：做最简单的事情，无须关注未来需求的处理。

❑ 利用迭代开发最小化复杂程度与返工工作量

导致代码复杂的最大原因有两点：
- 编写多余的代码。
- 编写紧密耦合的代码。

通过迭代开发，我们可以防止编写多余的代码。也就是说，迭代开发有助于发现客户的真正需求，以防止开发无用的需求。浮现式设计能够用"使用中的代码"去解耦"使用过的代码"，而不必增加开发过程中不必要的复杂性。

❑ 创建知识

创建知识是敏捷过程中不可缺少的一部分。我们分阶段做需求调研，只要发现客户的需求，就去创建这部分需求。通过这种方式，我们可以快速地交付有价值的软件，并防止创建价值小的（或无价值的）需求。我们认为，与需求调研阶段相比，软件开发阶段是一个更好的发现需求的过程。软件就其本身而言并没有什么真正的内在价值，它的价值来自交付的产品和服务。因此，更有效的方法是把软件开发看成产品开发的一部分——我们使用的发现需求及开发产品以满足客户需要的行为，同时也推动了公司的战略目标。

用这种方式来审视软件的作用，很显然软件在 IT 部门中扮演的角色就是一个用于支持公司产品与服务的工具；软件在软件公司扮演的角色则是使用软件去做产品支持和为客户的需求做产品开发。软件是一种端到端的工具，用来为客户增添价值——要么直接为开发的产品提供价值，要么间接通过软件去支持产品的售后服务来提供价值。软件开发因此应该被看作产品开发的一部分。

产品开发可以分为以下 3 个步骤[①]：
1. 发现客户需求。
2. 知道如何开发产品。
3. 开发产品。

在软件产品的开发过程中，我们看上去花了很多时间在讨论第三个步骤；然

---

① 当然，这是一个简化的步骤。

而，实际开发过程中是在前两个步骤上花费了更多的时间。想象已经完成了一个软件产品的开发项目，但是在项目的最后时刻丢失了所有的源代码。如果你想重建这个你曾经做过的系统，那么需要花费多长时间呢？我们指的重建是基本重建而不是试图改进，唯一需要注意的是，你可以忽略那些不必要的需求。大多数开发人员声称，首轮的代码编写其实只花费了不到20%～50%的时间，那么，在剩下的50%～80%的时间里都在做些什么呢？答案是"发现客户需求"和"知道如何开发产品"。

创建知识也意味着要知道如何开发软件去满足客户需求的过程。通过这种方式，可以更加容易地改进软件产品。

❑ 快速交付与频繁交付

采用迭代开发的另一个原因是为了向客户快速交付有价值的软件。这样就可获得更好的市场渗透力，为客户赢得更高的商业信誉，获取客户更强的忠诚度和其他无形的资产。无论如何，它能为软件公司收回早期的回款，使软件公司可以用初期发布的软件产品的收入去支持后续的开发工作。

这项原则通常被称为"快速交付"，但我们觉得把它看作"消除延误"似乎更为恰当。延误代表了浪费，消除延误将实现更快交付，但重点是为客户增加价值而不是消除延误。消除延误的结果是促使项目更快地发展（从开始到结束）。当快速交付的好处变得显而易见的时候，以可持续的方式去消除延误就成了一种必需。

❑ 品质为先

为了保持软件开发的速度，开发团队必须将品质植入过程和代码中。构建过程的品质是为了让开发团队消除浪费去创建或改进开发过程。要做到这一点，一种方法是在编写代码之前，与客户、开发人员和测试人员一起共同定义验收测试方案。这种方法改进了围绕以需求为中心的对话，可以帮助开发人员了解系统需要开发出怎样的功能。

构建代码的品质也是通过使用前面介绍的消除浪费的方法来实现的。许多开发人员花费很多时间去探索如何修正报告的系统错误。如果没有自动化测试，错误就会一直慢慢地累积。同时，劣质代码和难以理解的代码也会造成时间的浪费。

全局优化

精益思想来自一种规模化生产的状态，它的一个大的转变就是放弃了优化每个步骤的理念，相反，其更加重视提升生产过程中的效率，即从生产周期开始到结束去优化整个价值流。换句话说，让每台机器都尽可能高效地工作是不太可能的，而我们所能做的是最大限度地提高整个生产流程的效率。着眼于全过程——从一开始（构思概念）到结束（生成最终的消费品）。

优化每个步骤的问题在于，在每个步骤都有可能产生大量的库存。在软件的世界中，这些"库存"表示的是部分完成的工作（例如，完成了需求调研，但没有做软件设计、编码或系统测试）。精益思想证明，单件流（重视制造一件完整的产品）是一种比集中制造其所有组件速度更快、更有效的方法。在这种方法中，库存表示隐藏在过程中的错误。在物理世界中，库存可能代表的是建筑结构中的错误；在软件的世界里，库存代表的是隐藏在软件开发过程中的对客户需求的误解，或者集成的错误（编码、测试，但没有集成代码），或者许多其他的错误。库存数量越大，出现漏检错误的可能性就越大。

快速—灵活—机动

精益的一个首要目标是要快速和可持续地进行全局优化。这可以概括为"快速—灵活—机动"，这是沃麦克（Womack）和琼斯（Jones）在 2003 年提出的词组。也就是说，从获得一个想法到启动一个开发过程，再到尽可能快地将软件产品交付到客户手中，改进整个开发过程的一个至关重要的因素就是清除流程中的障碍。

敏捷实践中创建素材最基本的方法是获得需求规格说明、设计、编码和测试（完成—完成—完成），直到完成最后一个迭代。Scrum 方法就是项目成员每日在站立会议中陈述"我做了什么工作，我将要做什么工作，我在工作中遇到了什么问题"，在陈述中直截了当地反映过程中需要改进的问题，并消除使过程减缓下来的任何障碍。

❏ 重视时间

大规模生产重视机器的利用率，精益则更重视时间。换句话说，精益更重视缩短从提出概念到交付有价值的软件的整个过程的时间，而非如何利用资源。从精益的角度看，如果我们坚持持续地改进过程，专注于更快的生产速度，那么制造成本就会降下来。我们将因更少的错误和更少的浪费而获得更高的产品质量。遗憾的是，实际的工作方法通常都只注重直接降低成本，但这未必会为提高产品质量或加快开发速度带来好处。

在精益世界里，我们致力于消除延误造成的浪费，软件开发中的延误包括：

- 从需求被陈述出来开始到需求被证实是正确的为止所花费的时间。
- 从代码被编写出来开始到代码被测试为止所花费的时间。
- 从开发人员询问客户或系统分析人员问题开始直到他得到回答为止（延误尤其会产生在用电子邮件交流来代替面对面沟通时）所花费的时间。

请注意这些延误同时代表了风险和浪费。这是因为，延误的增多引起问题的成倍增加，从而产生了浪费。看看这些不断增加的延误，这也恰好说明了重视资源利用的做法是错误的。由于许多项目成员常常处于等待某些信息或等待某些核心技术人员的状态中，为了充分利用这些等待时间，他们会被要求同时参与多个项目。例如，当一个开发人员发出电子邮件和分析文档时，必须等待接收人的响应，在这段等待的时间里，他将会有另一个项目的工作去做。每个人都工作在多个项目中，当然这进一步增加了沟通与其他事情的延误。这还没有计算在不同项目间相互切换所带来的低效率造成的那部分延误。

在汽车制造业，利用精益生产的方法解决了这个难题——创建工作小组去管理其自身的过程，通过任务的优先级拉动管理工作。在软件世界，精益反映在创建自我引导的团队，从产品库存中将团队所需的所有资源（如分析人员、开发人员和测试人员）拉出来供其使用。

❑ 准时制（JIT）的反思

标准的生产制造流程与准时制之间是并行的关系，同样，瀑布模型与迭代开发之间的关系也是并行的。在瀑布模型中，我们将收集到的所有"原材料"（需求）进行大批量的处理。所需的团队资源（数据库管理员、设计人员、开发人员和测试人员）可以在不同时间为项目提供服务。因此，用批处理的方式来工作（分析、设计、编码、测试）使我们能够将资源进行重复利用。由于瀑布模型要求必须一次性完成所有的工作，因此在项目启动之前，我们必须付出巨大的努力去了解，究竟项目需要做些什么（类似于瀑布重分析）。而在准时制中，我们只需明白我们当前需要做的工作。这类似于用敏捷方法获取一个素材，仅在需要创建和验证素材之前去做素材分析的工作。

通过执行项目每个步骤中少量、完整的工作任务，JIT 使我们有能力在每个小型工作任务结束的时候改变其开发方向而开发人员不用去做任何无用功。精益生产的其中一条宣言就是最小化在制品（Work-In-Process，WIP）库存。敏捷方法也致力于达到这一点。

当然，实现 JIT 并不容易。它需要一个平稳、低误码率的过程。然而，这需要让过程中的缺陷更加明显地暴露出来，使缺陷能够更容易被看到，从而更加容易被解决。与之相对的是成就 Scrum 的基本方法：消除单件素材流的障碍。

JIT 还有其他优点。它不仅揭示了过程中的问题，而且能在问题产生影响之前将问题暴露出来。在大规模生产中，错误往往只有在生产的后期阶段才会被发现。如果在生产的每个步骤中都产生了大量库存，那么在错误被检测出来之前，这些大量的不良库存就会不断累积起来。在软件项目中，人们发现，需求中的错误会造成延误。例如，开发人员去开发或测试错误的需求，从而导致了资源的浪费——它既不能给客户增加价值，又增加了系统的复杂性（因为不需要的功能通常在系统中永远不会被删除）。如果我们可以把一项已经完成的编码工作的小型需求为客户进行快速部署（或至少演示），那么我们既可以获得客户的反馈意见，又能够了解我们开发的产品对客户是否有价值。

因此，JIT 为开发人员提供了软件开发指南。我们可以把敏捷当作 JIT 原则的实施方法。直到需要开发一个素材之前，我们才对该素材做充分的分析；在每个阶段真正需要之前,才去做分析、设计、编码和测试等具体工作,这有助于找到阻碍项目过程的原因。JIT鼓励我们去开发小批量的任务,它提供了让客户快速反馈的基本平台。

图1-1描述了瀑布模型从输入到输出的一系列步骤。

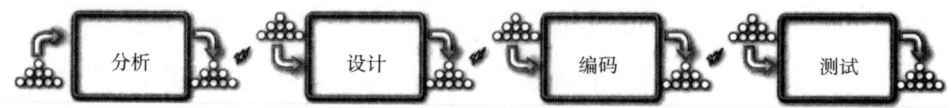

图1-1 瀑布模型的一系列步骤

表1-2比较了制造业中的隐性成本与软件业中等价的成本。请注意,在软件业中,开发成本通常更高,因为软件中"在制品库存"会比大多数制造业库存质量降低得更快。

表1-2 制造业与软件业中隐性成本和风险的比较

	制造业规模生产	瀑布模型
隐性成本	交通费 库存管理和储存成本 库存资金成本	项目切换成本 存在大量需要处理的问题,导致劳动力超负荷运转的成本 培训新人去开发软件的成本
风险	需求更改之后生产仍按原计划继续进行,导致生产了客户不需要的产品 库存过时 一旦发生错误,就会带来巨大的延误	由于需求不清晰或客户更改了需求,生产出客户不需要的产品 如果一条生产线断裂,知识就快速退化,所有在制品全部浪费 需求中的错误在项目进度后期被发现 已完成的代码中的错误在项目进度的后期被发现

价值流图

价值流是一组为客户增加价值的活动,从最初需求开始到价值的交付为止。

价值流开始于最初的概念，流过项目的各个不同阶段到达一个或多个开发团队手中（敏捷方法开始的位置），直至最终交付。

价值流图是精益实践者用来分析价值流的精益工具。价值流图包括画出价值流的过程图形，并利用这些图形来寻找浪费。价值流图的重点是改进从开始到结束的全部过程所花费的时间，同时项目在未来也要保持一定的速度（也就是说，不能以未来发展为代价而去走捷径）。

价值流图的好处之一在于，它能清楚地显示全局的状况。大多数敏捷实践者都在关注改善团队的性能。遗憾的是，在许多情况下，其实团队并不是项目面临的主要问题的原因所在，即便有时看上去似乎是这样的。价值流图呈现了通过识别浪费去"全局优化"的方法，这些浪费的行为包括延误、多任务、工作超负荷的员工、返工、后期发现的问题等，这些浪费行为严重影响了产品的质量，并使交货速度变得缓慢。

❏ 运用价值流图获知造成问题的根本原因

在我们开设的一堂精益软件开发课程上，有两名学生来自中型公司开发团队。他们的公司认为，是低劣的代码使公司的项目存在很多问题，因此，他们将这个问题归咎于开发团队。简单地说，当公司的产品被安装在客户端机器上时，系统就会遇到问题，需要被修复，因此放慢了新任务的开发进度。这两名学生来参加精益软件开发课程的目的就是寻求帮助，因为他们不能只是通过简单地雇用更多的开发人员来解决问题了。

课程开始的时候，学生创建了一个"公司现状"的价值流图，如图 1-2 所示。

图 1-2 中显示的回送发生在客户遇到问题需要开发团队返工的时候。该队列（三角形所示）表明，工作往往处于开发人员和部署人员相互观望的胶着状态。当开发团队即将开始做下一个项目但被迫回到前一个出错的系统中去解决问题的时候，回送在此时就会中断。

从某种意义上说，价值流图并没有提供什么新的信息。它只说明了已知的情况：开发人员遇到系统质量问题时必须做大量的返工。但是，价值流图展示了看待问题的全新视角。首先，它展示了整个开发过程（包括市场营销）；其次，价

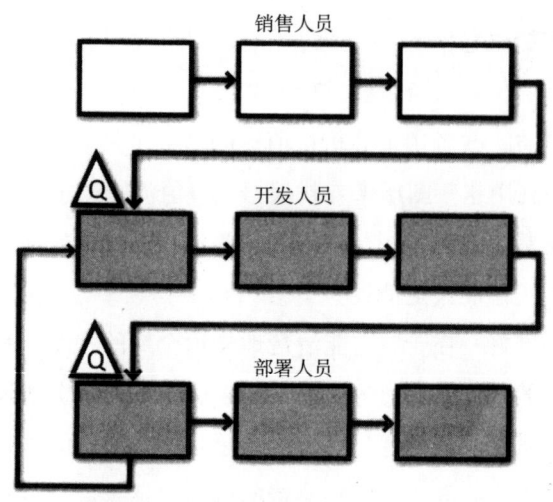

图 1-2 "公司现状"的价值流图

值流图提出了造成问题的根本原因，即在客户现场的系统出现故障的原因。也就是说，我们利用价值流图找出问题，再利用精益思想找出导致问题产生的根本原因。

对问题产生的根本原因的分析通常使用精益的 5 Why 分析法。该技术归功于丰田佐吉（Sakichi Toyoda）——丰田公司的创始人。5 Why 分析法是对一个问题连续以"5 个为什么"来自问，基于一个问题不断地去探索其原因和结果的关系，直到深入问题的本质。

在该案例中，对他们公司遇到的问题可以运用这种技术进行分析。

问：为什么我们不得不对这套系统进行返工？

答：因为程序不能在我们客户的服务器上正常运行。

问：为什么程序无法在客户的服务器上运行？

答：因为代码被设计成一种运行方式，而服务器被配置成另一种方式。

问：为什么客户的服务器与预计的方式配置得不一样？

答：因为客户服务器的配置没有遵循我们提供的服务器配置指南。

问：为什么客户服务器的配置不遵循我们的服务器配置指南？

答：因为他们不知道服务器配置指南。

问：为什么他们不知道？

答：由于销售人员——确保客户知道的这套指南的人没有告诉客户。

问：为什么销售人员不告诉我们的客户？

答：因为当一个客户准备决定购买产品的时候，销售人员通常会倾向于闭上嘴巴，只等拿到签署的合同就完事。完成交易是销售人员最重要的事情。

这一系列问句说明了很多问题。首先，并不是真的总是问 5 个为什么。5 个问题往往是不够的，有时你必须不断询问，直到找到根本原因为止。在这个事例中，是销售人员没有告诉客户，服务器必须按照一种特定的方式来配置。其次，问题可能并不是你认为的那样。在这个事例中，公司认为是代码质量出现了问题，实际上，问题来自代码不能灵活地运行在配置错误的服务器上。再次，问题的根源并不总是出现在你认为的地方。在这个事例中，该公司认为这是开发团队的问题（这就是为什么两个来自开发团队的人出现在这里的原因），但实际上，问题来自销售部门。

这暴露了敏捷方法中的一个致命的不足：总是将问题聚焦在团队层面上。其实问题可能与团队无关——尽管许多敏捷专家认为应该从改进团队开始。价值流图使我们能纵观全局，并由此对公司问题源自团队的假设提出质疑。

课程结束时，两名学生创建了自己的"将要"价值流图，也就是他们应该如何去做的价值流图。这份新的价值流图要求客户必须运行服务器配置检查。

针对这份"将要"价值流图的变化做出的讨论非常生动有趣。有人担心销售人员不喜欢这项新规定。毕竟，销售人员要想让客户愿意付钱，但在付款之前又必须让客户去做一些额外的前期工作。这似乎违背了销售人员希望尽快完成订单的愿望，他们不希望存在任何阻碍交易的事情。

但是，价值流分析着眼于大局，重视客户反馈。他们认为，大多数客户将会看到，公司是负责任的，并把客户的利益放在第一位。如果因此失去了一些不想做出前期承诺的客户，这也是正常的。让所有的客户选择，要么按照新的流程执行，要么不再合作，公司将因此冲破瓶颈，并且能够更加迅速地提供更多的价值。由此可以看出，问题不是在于没有足够多的客户，而是在于过程中的浪费。实际情况是，该公司因此拥有了更多的客户。

这同时说明了一个问题：单纯运用指标和业绩奖励机制有时候可能适得其反。销售人员业绩奖励的评定是通过系统的销售数量确定的，其实业绩奖励应该基于最终被安装完成的系统数量才对。指标和奖励如果只是关注价值流的某一部分，那么往往会事与愿违。

最有趣的是，这家公司在不改变团队所做工作的前提下使团队绩效得到了很大的提高。

❏ 结果

实施"将要"价值流图在整个公司内部引发了热烈的讨论。每个人，包括销售人员都开始关注效益。开发人员很高兴，因为不需要对他们使用的方法进行不必要的更改了。

数月后，该公司做了第二轮价值流映射。这次是把以前的"将要"价值流图作为起点。由于有了对过程的更好理解，公司应用了精益原则去推迟决策——只要实用，并转移重要的服务器下游分析，对开发人员来说这样做正是时候。他们可以清楚地看到，在什么地方工作能最大限度地改善对开发的需求，同时又不会对销售人员的工作产生不必要的妨碍。这减少了他们工作流中的延误，甚至还能完成更多的工作！有趣的是，公司并没有因此而失去任何客户。开发人员巧妙地提出了预配置系统的"规定"，预配置系统是安装服务器之前的一个步骤，作为公司的一项服务提供给客户。

精益超越敏捷

精益原则是历经了时间考验的，精益为敏捷实践在新情况下的应用提供了指南。精益告诉我们，应该把重点放在开发时间上而非资源的利用上。精益提醒我们要重视全局优化，而不是试图让每个步骤都尽可能高效。

敏捷通常只关注项目、团队、软件，这种关注缺乏远见。精益引领我们超越敏捷——关注整个企业，研究如何选择增值产品，以及如何在公司结构下组织团队工作。敏捷方法通常无法为这种情况提供帮助：系统缺乏良好结构而开发团队又必须为该系统工作。这为公司带来了不利的影响。

总　　结

精益告诉我们，通过重视支持开发团队的过程来重视改进开发软件的系统。因为开发人员比任何人都更加了解他们开发的软件，所以需要开发团队自己去开发和改进过程。

精益为软件开发提供了 7 项原则：

尊重人；

消除浪费；

推迟决策；

创建知识；

快速交付；

品质为先；

全局优化。

精益的一个根本目标是快速—灵活—机动。也就是说，它将开发过程看作一条非常繁忙的生产流水线，凡是慢下来的流水线都会导致浪费。在软件中，浪费包括延误、错误、误解和等待资源，通过消除过程中的障碍，可以改进我们的过程。

为减少延误与浪费，价值流图是一个重要的工具，用于分析过程。

至此，精益为敏捷团队提供了指南。实际上，Scrum 可能被看作精益原则的体现。理解精益有助于实施 Scrum。精益也可以被应用于整个企业之中，这有助于在整个企业中实施 Scrum。

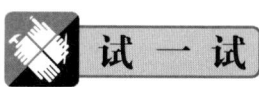
试　一　试

这些练习最好通过与公司中某位同事的交谈来完成。每次练习完成之后，去请教一下其他同事，看看是否还存在其他可以改进的地方，以便帮助你获得进一步提高。

- 在你所在的公司，实现一个构想——从业务章程（该文档用于建立商业案例和项目的目标）到有价值的产品交付（月，年）大约需要多长时间？这是任何新系统都应尽量缩短的开发周期。
- 批量处理的做法在项目中是延长还是缩短了项目的周期时间？
- 在你的公司里，是什么妨碍了更少量、更频繁的交付？
- 你如何影响公司，使延误的成本能够清晰可见？

以下著作为本章的主题提供了有益的参考。

Bain. 2008. *Emergent Design: The Evolutionary Nature of Professional Software Development.* **Boston: Addison-Wesley.**

Kennedy. 2003. *Product Development for the Lean Enterprise: Why Toyota's System Is Four Times More Productive and How You Can Implement It.* **Richmond, VA: Oaklea Press.**

Poppendieck and Poppendieck. 2006. *Implementing Lean Software Development: From Concept to Cash.* **Boston: Addison-Wesley.**

Reinertsen. 1997. *Managing the Design Factory.* **New York: Free Press.**

Womack and Jones. 2003. *Lean Thinking: Banish Waste and Create Wealth in Your Corporation.* **2d ed. New York: Simon & Schuster.**

第 2 章

敏捷的商业案例

"战斗中并非强者总是获胜，比赛中也并非捷足总能先登，然而我们可以按照这种方法去做决策。"

——C. 摩根·科弗（C. Morgan Cofer）

本章概要

本章重点讨论的是敏捷的商业案例，介绍敏捷带给团队和企业的六大益处。本章通过一个财务模型展现演进式开发有效的原因。

知识点

敏捷方法不只对团队有用，它也能应用于产品管理、项目管理，以及团队不能掌控的技术问题的管理，精益——敏捷方法可以在以下这些方面提供有效的帮助：

- 让客户自己来阐述他们的需求，由你对需求进行正确的分类。客户提出的某些凭空想象的需求大都存在问题。
- 浮现式设计是一种敏捷技术，强调在开发过程中不断演进。当软件开发在应对不断变化的市场环境时，公司要领先于竞争对手率先对产品做出调整并尽快获得投资回报。
- 增量交付为客户提供了更多的商业价值。

> - 相对瀑布模型而言，精益—敏捷方法为管理者提供了更好的对软件开发的可视化管理。
>
> 精益—敏捷方法可以解决以上问题。但是，需要团队注意掌控一些事情：
> - 延误和系统颠簸，这些是软件开发过程中的障碍。
> - 资源与产品规划。
> - 代码质量、编码标准和将来的更新计划。

敏捷的益处

尽管人们对敏捷方法众说纷纭，但最重要也是必须在脑海中时刻牢记的一点是，敏捷首要驱动力必须而且一直都是让客户增值，使企业受益。使团队更加敏捷是没错的，这是企业走向敏捷的一部分，但更重要的是，要实现企业级敏捷。让企业能够响应市场的需求和变化，快速提升竞争力，以有限资源实现商业价值的最大化，最终使企业突破商业瓶颈。如果没能做到这些，我们就要质疑为什么要采用敏捷方法，或者是否我们并没有正确使用敏捷方法。

敏捷将通过下列方式，使企业和团队受益：
- 快速提升商业价值。
- 帮助客户明确需求。
- 促进基于知识的产品开发和更好的项目管理。
- 激励团队和允许早期的失败（从失败中学习）。
- 重视以产品为中心的开发。
- 提高团队效率。

以上的每项都非常重要，我们将在下面的章节中一一阐述。不过，各项之间也要协同作战，相互影响和激励，共同为企业带来更大的价值。

❏ 快速提升商业价值

无论你身处 IT 部门为内部客户开发软件，还是你所在的企业为外部客户开发软件产品，都是通过快速交付产品给客户带来巨大价值。精益—敏捷方法会让你受益匪浅，具体包括以下几个方面：

- **投资回报**　客户越早开始使用产品，企业就能越早收回投资——不管是直接让资金回笼，还是满足企业的需求。
- **提高客户满意度**　同样的道理，客户也愿意更早获得新的功能或改进的功能，使他们能更快地将产品投入使用。
- **市场定位**　维护或提升市场竞争力的最佳方式是，先于竞争对手推出有价值的产品功能，使产品看起来更新颖，具有满足客户需求的能力，为企业赢得信誉，增强客户的忠诚度。当今世界上，竞争一般来自更小、更灵活的（如敏捷）公司，所以快速发布产品显得比以往任何时候都更加重要。
- **低风险**　快速响应，缩短客户的反馈通道，尽早发现项目中的问题，及时修正产品或放弃产品，以减少企业的损失。
- **更大的利润空间**　更快地收回投资成本，更快地发布产品，通过增量交付更小的版本，进一步降低成本。此外，如果产品在市场上起主导作用，那么它通常能以更高的价格销售。

软件的财务模型

假设你正在响应一份建议邀请书（Request for Proposal，RFP），它说明了以下要求：

- 范围。
- 截止日期。
- 质量。
- 成本。

建议邀请书中要求以上 4 项内容都不能修改。也就是说，你既不能使产品的标价过低，也不能为了不被取消资格而提供更好的质量。那么如何在竞争中胜出呢？可能在你脑海中会浮现出"诚信"二字，但诚信与否在客观上又很难界定。那么还有什么其他方法呢？

马克·德恩和简·克莱兰·黄在他们的著作 *Software by Numbers*（2003）中为读者提供了有价值的指南，图 2-1 就是基于他们在书中提出的观点提炼而来的。

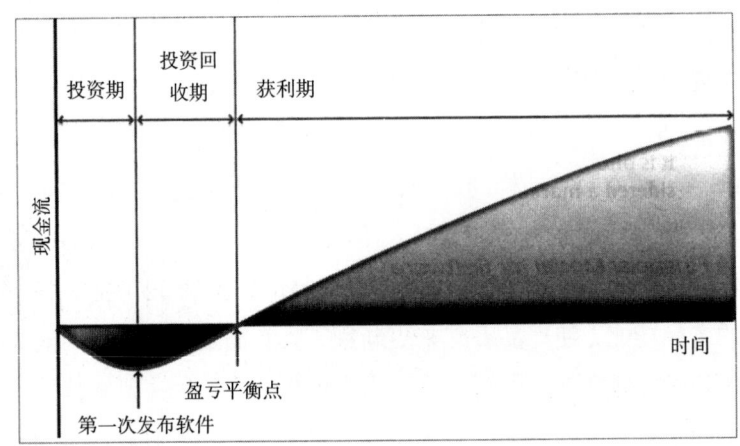

图 2-1　一个成功的应用程序开发项目

图 2-1 显示了一个典型的、成功的软件项目的成本和回报。在图 2-1 中，投资期代表了开发软件所花费的时间，表示的是在产品获利之前，项目工作正在进行。投资回收期开始于客户从产品中获得回报时。

观察图 2-1 中的曲线，是不是可以考虑分两个阶段来发布同一个产品呢？在每个阶段只发布包含一半功能的产品。假如开发团队可以在一半的时间段里开发和发布第一阶段的产品功能，在剩下的时间段里发布第二阶段的产品功能。那么每次发布都会产生一个类似图 2-1 所描绘的财务曲线。除非它们在不同的时间出现。例如，对于一个为期 10 个月的项目，产品包含 100 项功能，你可以在项目的第 5 个月到达时发布 1～50 项功能，在第 10 个月达到时发布 51～100 项功能。图 2-2 描绘了这两条相互叠加的曲线。

每一半的产品发布都会为公司贡献一定的价值和收益。如果你就职于产品公司，那么你就会从前一半发布的系统中获得收益；如果你在 IT 部门工作，那么你就能为你的内部客户提供新的价值。通常情况下，首次发布的一半系统能提供超过一半的价值（记住二八法则，"80%的价值来自 20%的工作"），但是，也有可能由于没有价值而被退回，一直到系统全部完成之后才获得收益（例如，你不能部分地发布飞机制导控制系统）。假设我们处于前一种情况下，其中一半的系统为客户提供了一半的价值。图 2-3 显示了这两个阶段产生的总净收益。

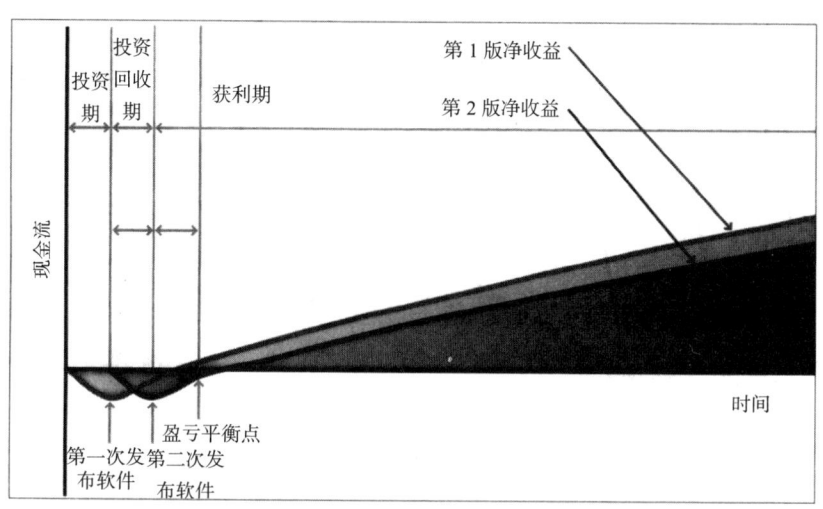

图 2-2　分两个阶段开发一套系统

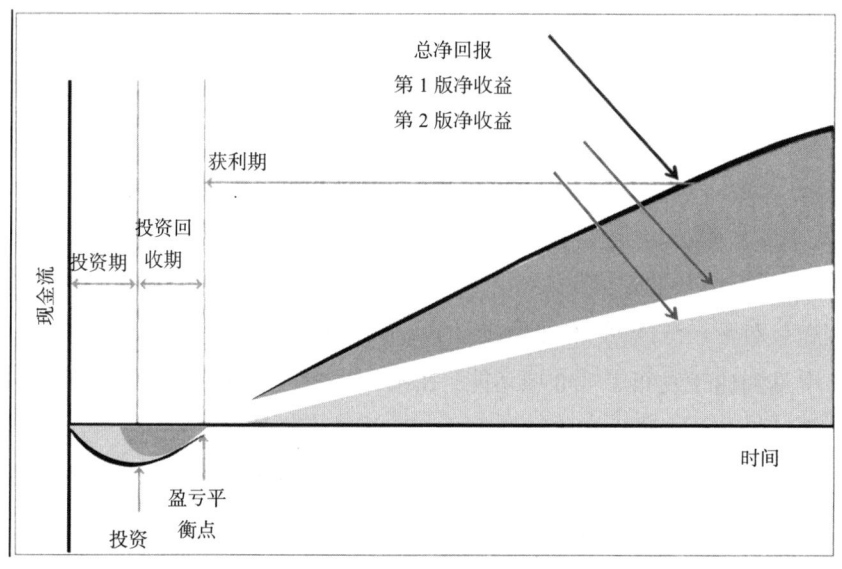

图 2-3　分阶段完成一个成功的软件项目的净收益

图 2-4 比较了两种策略：单次发布策略，产品的所有功能都通过一个发布包交付；分阶段（迭代）发布策略，产品的功能完成一部分后就进行交付。单次发布策略相比分阶段发布策略而言，企业必须等待更长的时间才能实现收入。在收到回款前，企业必须自筹资金；更为重要的是，盈亏平衡点显著提高，导致最终

的利润大大减少，企业实现的整体价值较少，对客户也是如此。太多的延误实际上可能阻碍企业进入市场或拓展市场业务。

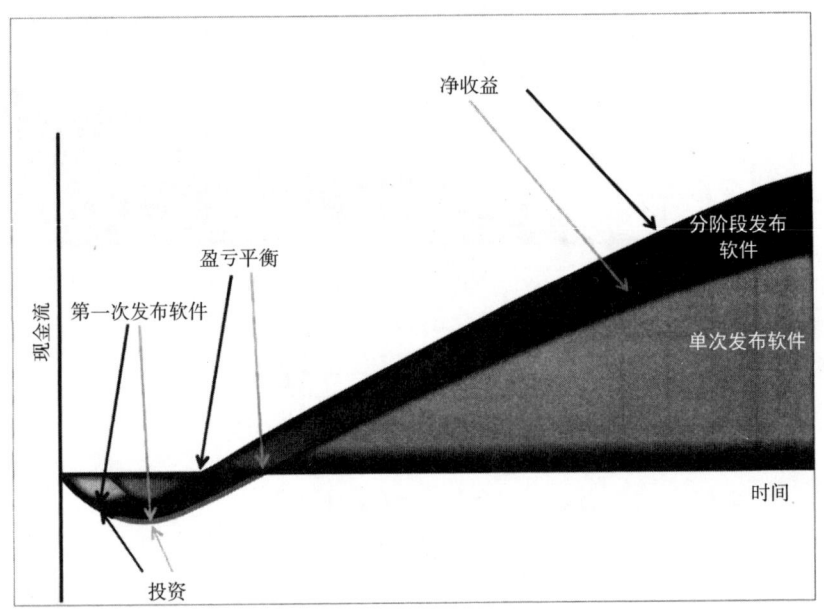

图 2-4　比较两种发布策略的利润和盈亏平衡点

功能越早发布意味着每个人能够越早获得价值：利润、市场渗透和效用。此外，它还有助于客户认清产品最终的功能设置，因为客户对产品了解越多，就可以越少地去臆测那些想象中的需求。

当然，还有其他需要考虑的因素，如送货和安装成本。即便如此，这里体现的只是保守估计的情况。例如，在许多大型项目中，前一半要求的功能通常代表了整个项目价值的 80%。在这种情况下，第一条曲线就会比图 2-2 中所显示的倾斜得更高一些。

虽然不是所有的软件都可以分阶段交付，但通常很多时候是可以这么做的，尤其是在 IT 部门。如何确定产品中哪些功能可以被快速交付呢？德恩和克莱兰·黄（2003）建议，确定"最小可市场化功能"（Minimum Marketable Features，MMF）（来自货币市场基金组织的定义）。最小可市场化功能是对市场有价值的最小量级的功能。

因此，这就可以进一步采取行动：首先计划要交付的功能，使企业和客户可以尽快获得最大的价值。增值是精益核心思想中坚定不移的重点。

❏ 帮助客户明确需求

开发人员经常抱怨客户不明白自己究竟想要什么。他们常常不断地改变主意，不知道需要软件应该为他们做哪些事情，提出的需求常常既不准确又不完整。

由此推断，如果开发人员所说的上述情况是真实的，那么一定是客户有问题。但经过深入研究，我们发现其实开发团队也难辞其咎。请看下面的案例分析。

CASE 案例分析：开发组件

艾伦正在开发一套系统，该系统由4部分组成：计划、估价、资源管理和功能交付。开发该系统的目的是研究一套软件开发的方法，开发和发布每个组件，直至产品最终完成，如图2-5所示。从4个迭代交付所贡献的价值的角度来看，部分交付是一件好事，因为这样可以让客户提前使用组件。

初始化开发序列

图2-5 初始化开发序列的时间框架

遗憾的是，很明显客户其实并不真正了解系统中相当复杂的组件计划。起初，艾伦认为，如果每个组件都能分期交付，那么客户将会预先知道系统需要哪些功能。因此，他对开发团队提出要求："我们先开发一半的组件模块，再看看客户是否能为软件提供有价值的反馈信息。"这要求客户至少需要了解系统的一半需求。先交付每个组件的一半功能，发布组件，接着进入下一个组件开发另一半功能，再发布，直到每个组件的一半功能完成。然后重复这个过程去增加没有开发的功能。考虑到客户能够通过使用每个模块一段时间后，应该知道该如何描述模块中剩余的功能。这就是图2-6所示的情况。

迭代开发序列

先创建和交付一半功能，接着返回开发剩下的一半功能

图 2-6　分阶段开发组件

然而，开发团队对此的反应却是令人失望的："是的，我们可以做到先提供一半产品功能供客户使用，以便客户能够通过试用前一半组件来挖掘他们的需求。①但我们的客户甚至连前一半的需求都不知道！"这就提出了一个简单的问题："客户真的一点都不知道自己的需求吗？"这个问题使艾伦恍然大悟。真正的问题其实出在开发人员的态度上，他们持有这种态度有多久了？难道客户真的不能确定所有事情吗？实际情况并非如此。即使客户一时不能确定所有的需求，但其中的一部分需求是能够由客户来确定的。这合乎逻辑，因为客户通常会掌握他们领域的 20%~25% 问题的答案。

这就引出了一个更为有用的问题："客户知道系统的每部分吗？"客户知道系统的核心需求或他们关注的额外需求吗？事实上，客户通常知道系统的核心需求，这些需求摆在项目和产品增值的首要位置。换句话说，客户其实知道我们应该从什么地方开始开发产品。

重要见解：从客户所知道的需求开始开发产品。

因此，艾伦再次询问开发团队，开发和交付的组件占系统组件的 25% 是否会比较有价值。他们回答说："是的。"这就演变成图 2-7 所示的项目计划。

建议的开发序列

图 2-7　一次创建 25% 的组件，如此循环直到完成整个项目

这已成为我们的一种基本方法：

基于客户所知道的那部分需求来启动系统开发，即使只得到了 20% 的清晰的需求说明。我们先做一点开发，然后展示给客户看，接

---

① 我们并不建议你总是分期交付，这就是为什么我们总要询问开发团队意见的原因。但是应该尝试寻找机会，一旦有机会就分期交付。

着从客户的反馈中获得更清晰的需求,然后再重复这一过程。这就是解决不断变化的需求的最好方式。

客户会经常改变主意,这大都是因为开发人员要求他们去推测和尝试确定那些他们还不知道的需求。那么会发生什么事情呢?在这种情况下,开发出来的产品必然会有不足之处。请注意"推测"这个词从没有被正式使用,但由于有获取更多信息的压力,客户不得不这么做。

而实际情况是,客户通常会知道一些他们想要的东西,至少他们知道在当前来说最重要的产品功能是什么。大多数客户不能做好的事情是去推测自己未知的需求(例如,这是一个为期 6 个月的项目,请告诉我"从现在起直到今后的 6 个月,你都需要些什么"),推测需求是有风险的。

为减少风险的不确定性,敏捷技术运用了很多短迭代的方法来反馈信息。当客户对系统有更多的了解时(系统看起来像什么,系统能做些什么),客户对他们真正需要的东西就有更加清晰的想法,可以提出更加精确的要求。随着时间的推移,产品设计就会逐渐浮现出来。

精益产品开发是更加重视交付有价值的软件的产品开发方法。它引导团队重视客户提出的最清晰的需求,即产品的核心功能,因为产品的核心功能与业务流程是密切相关的。对于已经开发出来的那部分功能,即使还不能自动运行,或者当前的开发做得很差都没有关系。客户至少可以通过运行这些功能来反馈信息,具体描述对这些功能的需求:他们不清楚的功能是哪些,他们推测的功能又是哪些。这里面包括了用户界面、深层次的功能需求及其他装饰性功能需求。通常,这部分装饰性的功能对客户来说价值是最低的,但是对客户和开发人员来说是最养眼的部分,因而这部分功能最有可能让开发团队偏离研发轨道。

精益原则是利用所有的时间来创建知识。一定要重视交付的价值!从一开始就与客户明确核心流程,让他们获得相关经验和知识之后,再去开展下一项工作。

相比在项目开始阶段就试图去明确每项具体需求的做法而言,这是一种更好的产品开发方法。这种方法即使不能用于分阶段发布,对于分阶段开发也仍然有用。首先我们要重视先去获得客户最清楚的那部分需求,然后针对这部分已经完全明确的需求去做开发。请为客户考虑一下,不要再强人所难,逼迫他们去推测需求，而是应当投放更多的精力去关注使用哪种方法才能让客户满意。这对开发人员降低开发风险也有帮助，尽可能少地去开发不必要的功能，更重要的是能开发出一套相对简单的系统。

将业务和客户融入计划，为实现在多迭代开发中更快地交付产品，使用分阶段开发去增加产品的价值，这就是精益思想的体现。

❑ 促进基于知识的产品开发和更好的项目管理

使用精益—敏捷方法做产品开发最明显的优势在于，可以在项目初期阶段就知道该如何去做这个项目。而在非敏捷项目中，在没有进入项目的测试阶段之前，你不会知道代码质量究竟如何，这通常还会带来项目时间延后的问题。而在第一个测试员去测试产品之前，你也不会知道客户对产品的反馈。通常测试行为发生在项目循环计划中靠后的位置。在很多情况下，项目得到的这些反馈实际上仅仅对开发下一个版本有用，如图2-8所示。

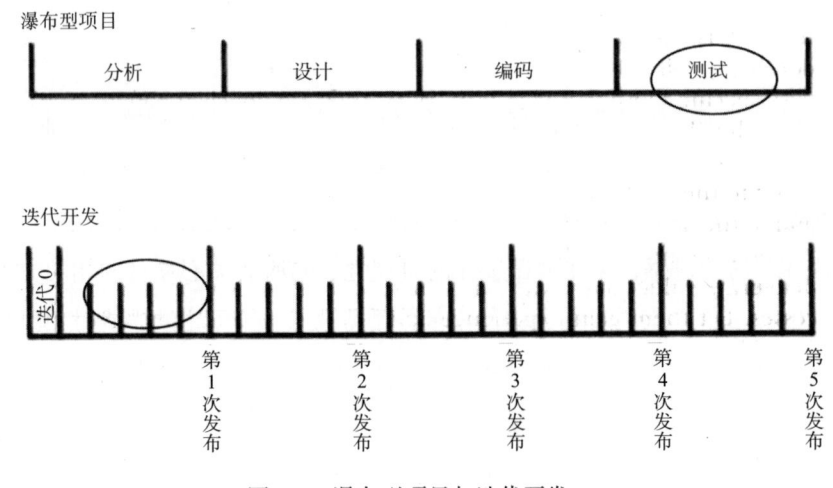

图 2-8　瀑布型项目与迭代开发

这种反馈包括对系统开发速度的反馈，以及对正在开发的内容是否满足客户需求的反馈。在瀑布型项目中，虽然客户可能看到正在研发的系统，但通常很难将客户的反馈意见纳入系统中。面向敏捷的开发过程能使开发人员利用反馈信息来快速更新系统。

我们大部分人都曾有这样的经历，一个项目在刚开始的 6 个月做得非常好，到第 7 个月时就产生了延误，并且是在客户没有提出任何新需求的前提下出现的延误。除非你没有使用源代码控制，否则这样的情况是不可能出现的（可以备份前一个月的源代码，这样项目只是落后计划 1 个月）。而现实状况是，项目不能如期在 6 个月完成了，而且事先大家对此还一无所知。一直等到项目的最后再来尝试补救，但对一个有时间限制的项目来说，到这个时候来做任何事情都已经太迟了。

设想一个为期 10 个月的敏捷项目，项目开始 2 个月后发现进度滞后。在早期你或许还能有很多选择，如增加更多的人力资源、调整业务范围、重新设置项目截止日期，甚至还可以取消该项目。但如果问题发现晚了，项目就彻底陷入了泥潭，此时提供给管理层调整的机会就很少了。许多项目的结尾被我们称为"死亡行军"。管理层对此表现得既非常愤怒又焦虑不安。这种愤怒通常又会带来恐惧，当恐惧在许多非敏捷项目中迅速蔓延时，管理层就会感觉研发团队的工作已经失去了控制。当开发团队过多地依赖客户做出的预测和假设，而不是自己去承担责任时，这样的情况就会发生。

精益—敏捷项目与非敏捷项目的不同之处在于：项目计划的方式、系统测试的作用与项目带给项目成员的紧迫感。它为项目经理带来了新的挑战。项目经理必须促进团队和客户之间的沟通，必须管理项目的可持续发展，并让项目成员保持一种持续的紧迫感，保证项目过程的可视性，向所有关心项目的相关方展示真实的项目进度。这些要求对项目成员来说颇具挑战，然而这种挑战对项目具有正面意义。

短期计划周期

敏捷的神话之一是不用做计划。事实上，其实你在不断地做项目计划——只是相比你过去习惯的做项目计划的方式来说，是以较小的增量和更多的人来做计划。为发布做计划，在每个迭代之前做计划，为每日站立会议做计划。开发团队可以利用 15% 的时间去做某项计划。不同的是，在项目层面，是为已知的事件做出计划，例如，过 2~4 周再做下一次迭代计划，为我们今天的工作做计划等。为已知的事件做计划整体上比为未知的事件做计划容易得多。这就是精益—敏捷项目更容易做计划的原因所在。

测试改进开发过程及产品质量

一个关键的精益原则：精益求精，不断提高。在精益—敏捷项目中，强烈推荐由测试来驱动开发任务的完成。为了缩短发现并修复缺陷的周期时间，在开发过程早期就要开始做测试工作。这样在迭代结束时就能够交付已经完成测试的代码，使发现的任何缺陷不会为项目带来严重的后果。

完美测试意味着测试不仅仅是找到错误那么简单，还需要更进一步找到错误的原因并从根本上消除错误。分析错误的根本原因是测试组合工作中的一部分。这种测试方法不同于通常的做法。其中，消除缺陷是通过制定严格的规范，在软件开发完成后的每个单独阶段进行例行测试，用以消除开发和测试之间的延误。精益—敏捷项目管理使风险管理变得更加容易，许多错误源头其实只是来自开发人员对客户需求的误解。将验收测试前置（至少先定义，如果不能执行的话）改变了客户、开发人员与测试人员之间的沟通方式，通过在执行层面和需求层面的讨论来改善对话内容，有助于开发人员明白客户真实的意思和真正的需求。

无惧计划

在精益—敏捷项目中，会让人总是有一种紧迫感，因为项目周期很短，所以必须与客户保持紧密联系以确保项目能够按截止日期完成。然而，真正实施项目时很少让人感觉恐慌或恐惧，即便项目真的遇到了挫折，也不会让人感觉项目失去了控制，并且还有助于避免让管理层在项目失控时感到愤怒和恐惧。因为管理层能够在精益—敏捷项目早期就获得信息，对于项目是正运行在轨道上还是正处于危机之中，他们都可以根据获得的信息适当地做出调整，所以管理层不会由于一个长期项目在结束时缺乏进度信息而感到惊讶（令管理层惊讶始终是一件坏事情）。相对更多传统项目的管理方法而言，敏捷开发团队承受的压力总体看起来是适度而健康的。传统项目在前期的工作量会比较少，到关键时刻工作量随即上升（每周需要耗时80个工作小时以上），当项目遭遇瓶颈的时候，项目成员又会对将要产生的后果感到恐惧和压力。在传统项目的开发速度和工作环境中，项目不能长期保持健康运行；而在精益—敏捷项目中，项目总是处于控制之中，并且随着时间的推移,项目管理会更加具有可持续性。

❏ 激励团队和允许早期的失败(从失败中学习)

根据客户的反馈,精益—敏捷项目管理能帮助他们明确需求,并坚定了项目必将满足其需求的信心。这种反馈也可为开发人员提供帮助。

当开发人员与企业和客户一起为共同的目标并肩作战时,开发人员就会喜欢上他们的工作,并且能使开发人员更有激情,也会对使用产品的客户产生积极的影响。短迭代开发及与客户的密切合作都会给项目带来很多良好的反馈,并使产品快速地占领市场。这是对开发团队的巨大激励。

在这个过程中,客户与开发人员能快速地发现哪些功能没有正常运转[①],哪些假设是无效的,什么是他们尚不知道的功能。这些信息对项目来说是一种很好的推动力。虽然这些信息对开发人员不是好消息,但至少它能向开发人员及时指出项目中存在的风险。没有什么比在项目的最后阶段发现一个重大缺陷更糟糕的了。

通过在早期获得客户对开发团队工作方法的反馈,开发人员可以据此做出快速变化并避免浪费。有时候,这种反馈已超过其过程与项目的进展。如果项目的进展比预期进度慢,那么管理层可以选择增加更多的资源、缩小项目范围、推迟结束日期,甚至可以用在早期取消项目等方法来推动项目的进展。以机动的项目管理方法和精益思想为动力,能够尽早叫停一个错误的项目或一个需要更多成本的项目,这是每个项目成员的兴趣所在。它可以防止项目在进行半年或一年之后,才发现由于没有相应的业务需求做支持,项目将面临被取消的危险。项目被取消的感觉实在太可怕了,特别是当开发人员正在做客户要求的工作,而且恰好又是做得很好的时候,一旦项目被取消,所有的努力都将付诸东流。归根结底,项目工作必须与业务需求紧密结合。

---

① 在敏捷社区中,我们更愿意称"快速失败"为从失败的项目中"快速学习"。这可能包括从你过去经历过的失败项目中学习,但也可能你没有失败的经历。如果你没有失败的经历,当然最好不要去刻意的失败!但如果你经历过失败的项目,那么相信你会学得更快……并且有能力去迅速纠正失败。

❏ 重视以产品为中心的开发

假设你正在做一个项目，以下情况是真实的：

- 没有从产品的分步发布中获得收益，在产品发布之前，必须完成全部生产过程的研发。（这种情况并不少见。）
- 客户能提供完美而清晰的需求。（这种情况几乎不会发生，即使二次开发，客户也依然会有更好的想法。）
- 管理层相信开发团队会开发出所需的产品，虽然该项目没有通过迭代进行控制。（这种情况有时发生。）
- 开发团队需要完全理解敏捷方法。这里没有学习曲线。

那么你仍然要采用敏捷和迭代的方法来做项目吗？答案是肯定的！

为什么呢？这是因为分阶段开发软件使开发人员能够充分利用各自的优势，所有的开发人员在项目结束时会学到更多的技术，这些远远超过了他们在项目开始时拥有的知识。如果你为项目预先做了所有的设计，项目中就会有倾向于过度设计的架构，可能包括超过用户需求的设计。这就增加了系统的复杂性，为了保证项目生命周期，开发团队不得不耗费精力去解决过度设计的问题。

精益增加了对管理扩展的需求，加深了做浮现式设计的理解，在贝恩的著作 *The Evolutionary Nature of Professional Software Development*（2008）中对浮现式设计进行了详细的描述。

❏ 提高团队效率

很多开发团队需要共同面对的一个问题是，关键的技术开发人员通常需要同时参与几个项目，这降低了他们的工作效率；同时由于他们总是在不同的项目中不断地切换任务，这又分散了他们的注意力。因为项目在创建之初的延误，导致每个项目都需要他们伸出援手。这种现象在大型项目中往往更严重，会有更多的人在同一时间里工作在不同的项目中，这就大大降低了团队的效率。

通过制订高优先级别的企业或客户解决方案，精益帮助我们最大限度地减少项目花费的时间。对大多数传统行业的企业来说，它们会先围绕按顺序安排的任务、较小的任务、高价值的任务来工作，然后再启动新的需求。在这些企业中，人员总是保持一种忙碌的状态（以最大限度地提高人员效率），并鼓励专家们不计后果地去启动更多的项目。精益的方法是，在开始新项目前，先结束当前的项目并交付给最终用户。简单地说，停止向等候队列中未完成的项目发放许可。由于能够更快地开发当前项目，这样就能降低对关键人力资源的竞争，仅此一点就能提升团队的效率。

总　结

本章介绍了敏捷带给团队和企业的六大益处：
- 快速提升商业价值；
- 帮助客户明确需求；
- 促进基于知识的产品开发和更好的项目管理；
- 激励团队和允许"早期的失败"（从失败中学习）；
- 重视以产品为中心的开发；
- 提高团队效率。

它还提供了一个财务模型，介绍了分阶段交付产品价值代替一次性交付最终版本的好处。除获得财务收益外，团队中的每个人包括客户和开发人员都可以更加快速地学习，当项目周期更长时，还可以将知识的学习纳入产品开发和项目过程中。

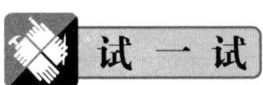

试一试

这些练习最好通过与公司中某位同事的交谈来完成。每次练习完成之后，去请教一下其他同事，看看是否还存在其他可以改进的地方，以便帮助你获得进一步提高。
- 如何让客户和相关方参与日常的产品开发？
- 是什么频繁地阻止了客户去反馈产品开发中的问题？

- 更少量、更频繁、可验证组件的交付将如何提高客户和相关方的提供反馈信息的能力?

推荐阅读

以下著作为本章的主题提供了有益的参考。

Bain. 2008. *Emergent Design: The Evolutionary Nature of Professional Software Development.* Boston: Addison-Wesley.

Denne and Cleland-Huang. 2003. *Software by Numbers: Low-Risk, High-Return Development.* Upper Saddle River, NJ: Prentice Hall.

第 3 章

大局观

"唯一可行的方法是在整个项目生命周期内对每个部分进行修改。"
——克里斯托弗·亚历山大（Christopher Alexander）

本章概要

本章将从企业层面讨论敏捷的目标，会涉及哪些内容呢？需要为企业创造的真正的价值又是什么呢？这一切将推动着开发人员为企业交付有价值的软件。

知识点

企业级敏捷要求查看企业整体的价值流——从构想到实现，从概念形成到最终生产出消耗品的过程。为了实现敏捷，必须对企业的几个主要方面加以关注：

- 确定将要开发或升级的软件产品是对公司的盈亏底线影响最大的产品。
- 企业资源与升级产品（项目）要相互匹配。
- 管理项目是以最高的质量和最快的速度去开发产品增强功能。
- 组织软件开发团队，使其以最有效的方式协同工作。
- 使用适当的软件工程方法，该方法既能支持项目管理，又能确保项目的长期可行性，并维持较低的开发成本。
- 营造学习氛围，使过程不断改进。

以达到企业级敏捷为目标

很多人会集中在团队层面上去介绍敏捷方法。这可能也是最容易开始实施项目的地方，但是团队敏捷通常不是发展中企业面临的主要问题。这并不是敏捷的最终目标。

敏捷的真正目标应该是达到企业级敏捷，也就是说，在整个企业实施敏捷。企业需要应对外部的竞争，需要更好地了解市场，需要了解自身的缺点，需要掌握不断变化的技术，还需要了解其他任何可能对企业产生不利或积极影响的事情。团队敏捷当然是必要的，但还远远不够。企业级敏捷也需要团队敏捷，但团队敏捷只是达到企业级敏捷的一种手段。企业级敏捷使企业能够比竞争对手以更快的速度为客户提供质量更高的产品和服务。这在任何行业中都是一种强大的竞争优势。

达到企业级敏捷

企业级敏捷要求查看一个企业完整的价值流。我们所说的"价值流"指的是交付软件解决方案的流程，从将软件产品交付给企业，到使用软件为客户开发出解决方案或最终产品的全过程。解决方案是由业务需求来驱动的。通过对价值流的关注，企业级敏捷清楚地表明了（通过市场机会、竞争威胁或业务需求来触发）贯穿产品部署和使用的整个生命周期。我们将致力于尽可能地缩短项目周期时间，并消除在此过程中产生的浪费和延误。

图 3-1 显示了软件开发的粗略时间轴。在某种情况下，假设由管理层来决定项目价值、成本以及是否应该启动项目。一旦项目获得批准，即分派工作人员进入项目，然后开始软件开发，接着是产品部署和软件支持。客户的反馈将贯穿整个开发过程，一旦产品部署完毕，一个新的反馈机制就会建立：用于接受关于客户如何使用软件和有助于体现业务真正价值的意见的反馈。

第 3 章 大局观

| 需求调研 | 项目批准 | 产品人员编制 | 项目开发 | 项目部署 | 支持与反馈 |

图 3-1　一份软件开发的粗略时间轴

遗憾的是，许多公司只专注整个时间轴的一部分。例如，一个客户聘请我们帮助他的公司实施敏捷。公司的项目周期通常是 6 个月。但当我们询问从构想的产生到项目的启动大概需要多长时间时，他们的回答是："两年。"那这就意味着项目从开始到结束的两年半时间里，开发工作实际只占用了 20% 的时间！

这是相当令人吃惊的。当然，客户并不仅仅是聘请我们来帮助解决这 20% 的问题，但这部分是他们要求的重点，因为他们的资金支出大部分是花在软件开发上。诚然，在这半年中，他们花掉了 80% 的预算。但精益告诉我们，需要把重点放在花费的时间上而非金钱上。着眼于消除延误，提高产品质量，以便在更快地进入市场的同时降低成本；着眼于降低成本通常会降低产品的质量和花费更长的项目时间。这种只重视降低成本而不是消除延误和提高质量的方法，一次又一次地减慢了开发的进度，同时也降低了产品的质量。即使重视开发时间也不会带来价值流的改善，因为它只是价值流的一部分。最重要的是检查所有的工作，从构思产品到产品实际部署完成的整个过程。如果我们只对客户的项目管理提供帮助，那我们就只是在少于 20% 的范围内——敏捷/Scrum 的椭圆形包括的那部分（见图 3-2）为他们提供帮助，我们也将错过改进的更大机会——改进项目启动前的步骤。

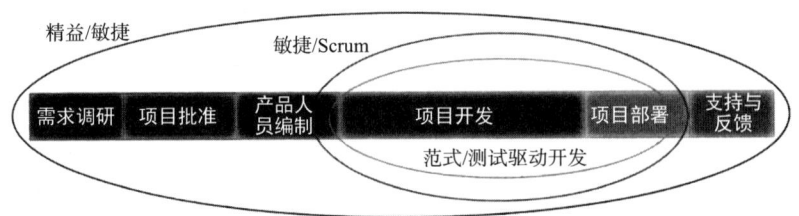

图 3-2　将精益、敏捷/Scrum 和技术方法应用于软件开发时间轴

这种情况反复出现。从理论上讲，敏捷可以被广泛应用，但在实践中，由于大多数敏捷专家主要关注团队本身或团队内部流程，所以他们将主要精力投放在项目级别和团队面临的挑战上。通常，他们会查看人员编制、项目和过程，并阻止通过他们在团队中的影响力去解决问题。他们认为，技术方法，如设计模式和测试驱动开发（Test-Driven Development，TDD）会帮助团队完成开发工作。Scrum和其他敏捷方法的确会使团队工作比以前更加有效，但同时也需要更多的指导，以解决整个公司内部多团队协同工作的问题。精益思想本身就提供了所需的方法和指导，以应对整个价值流面临的问题和挑战。

如何为组织创造真正的价值

为了改进软件开发方法，必须解决几个重要领域的问题：

- 确定将要开发或升级的软件产品一定是对公司的盈亏底线影响最大的产品。
- 企业资源与升级产品（项目）要相互匹配。
- 管理项目是以最高的质量和最快的速度去开发产品增强功能。
- 组织软件开发团队，使其以最有效的方式协同工作。
- 使用适当的软件工程方法，该方法既能支持项目管理，又能确保项目的长期可行性，并维持较低的开发成本。
- 营造学习氛围，使过程不断改进。

❑ 确定价值

许多公司是通过软件部门本身（IT公司的IT部门和在软件产品公司的产品开发部门）来确定软件开发步骤。这是一种错误的工作推动方式——本末倒置，应该由业务需求来推动软件的开发或增强功能的开发，因此，应该由该公司的业务管理部门来推动软件的开发过程。

问题并不是"我们的技术开发人员能做什么"（从软件开发的角度来看），而是"什么样的产品将给企业带来最大的商业价值"和"什么时候企业或客户可以开始使用它们"（从业务驱动的观点来看）。

最后一个问题是很重要的。因为软件发布并不意味着企业已经实现了它的价值，产品的发布和使用之间往往有一个滞后的过程。客户必须经过培训，产品必须经过运输，产品支持流程必须建立，市场营销和协调服务必须实施，直到所有这些步骤全部到位，才能体现软件的价值。相应的价值流必须扩展为从构想成形到价值实现的整个过程。

❑ 管理组织的资源

在不同的公司中，分配项目资源时遭遇的困难各不相同。玛丽·波彭代克和汤姆·波彭代克曾说，开发工作（来自员工的亲身实践）应重视产品而不是重视项目。而实际情况是，我们通常会用项目思维为开发工作设定良好的开端和结尾。项目中的全体成员通常只作为项目资源，他们的聚拢与解散往往只是为项目而不是产品的生命周期。在理想的情况下，同一个人应该为一种产品工作，并贯穿产品的整个生命周期。然而，由于人力资源是稀缺资源，因此让团队以最有效方式来合作就变得越来越困难。

许多项目在进行的过程中由于对资源的争夺太过激烈，以至于项目计划的制定要基于资源的可用性或政治影响力，而不是基于可提供的商业价值。我们还看到，在极端恶劣的情况下，项目团队根本不存在，只是有几个人临时凑在一起为一个项目工作，与此同时，他们中的某些人还会与其他人一起为其他项目工作。在这样的组织中，创建一个重视业务的观点往往能推动建立起一个有效的开发团队。这为防止人员利用率的低效提供了保障。

假设我们有一家公司，组织结构如图 3-3 所示，这是一个典型的公司组织结构图。根据项目的需要，资源被依次分配。例如，图 3-4 显示了如何将工作人员分配到项目 1 中（1 名业务系统分析师，1 名架构师，3 名 UI 设计人员等）。

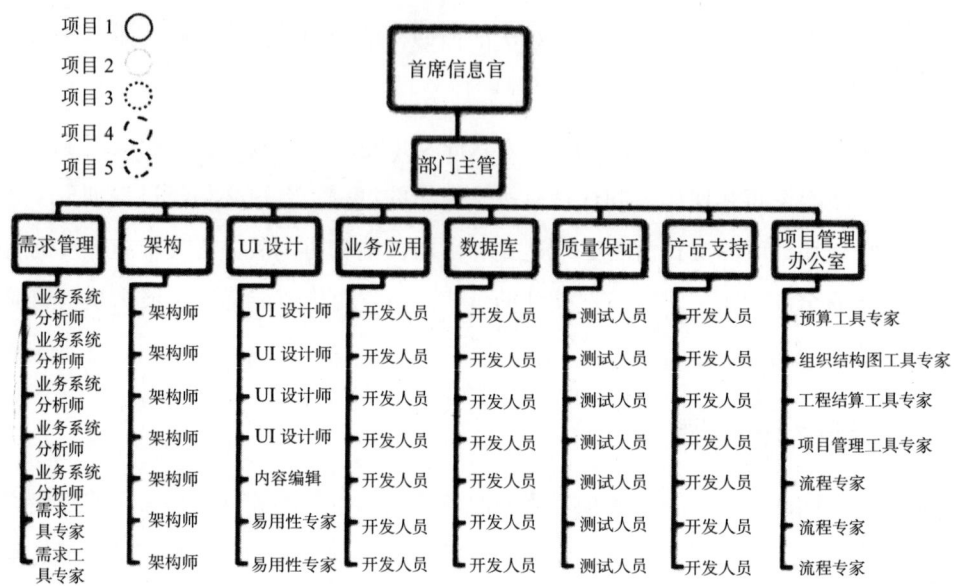

图 3-3 组织结构图

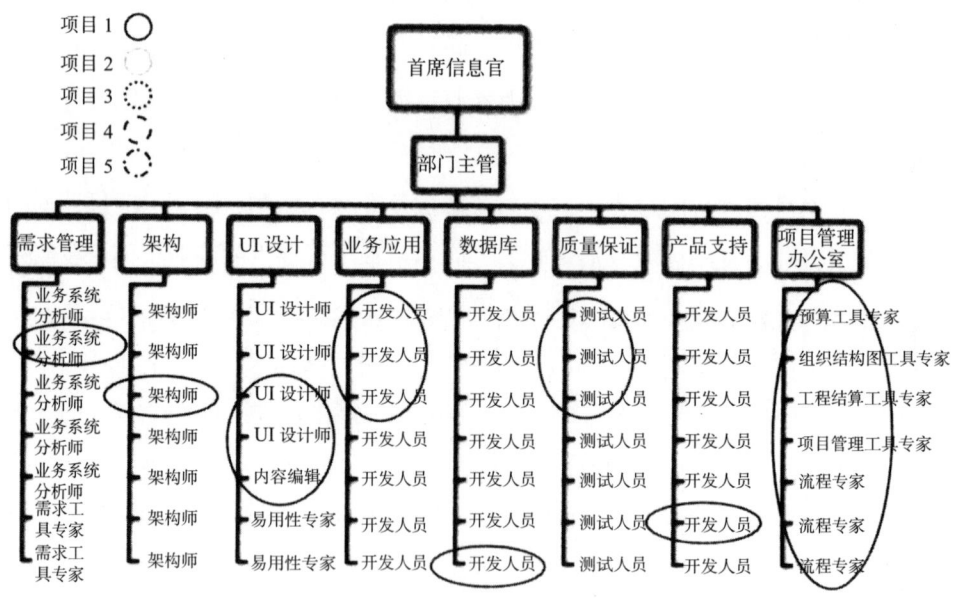

图 3-4 为项目分配资源

下一个项目也需要资源：1 名需求工具专家、1 名架构师、几名 UI 设计人员等。注意在图 3-5 中的新圆圈。

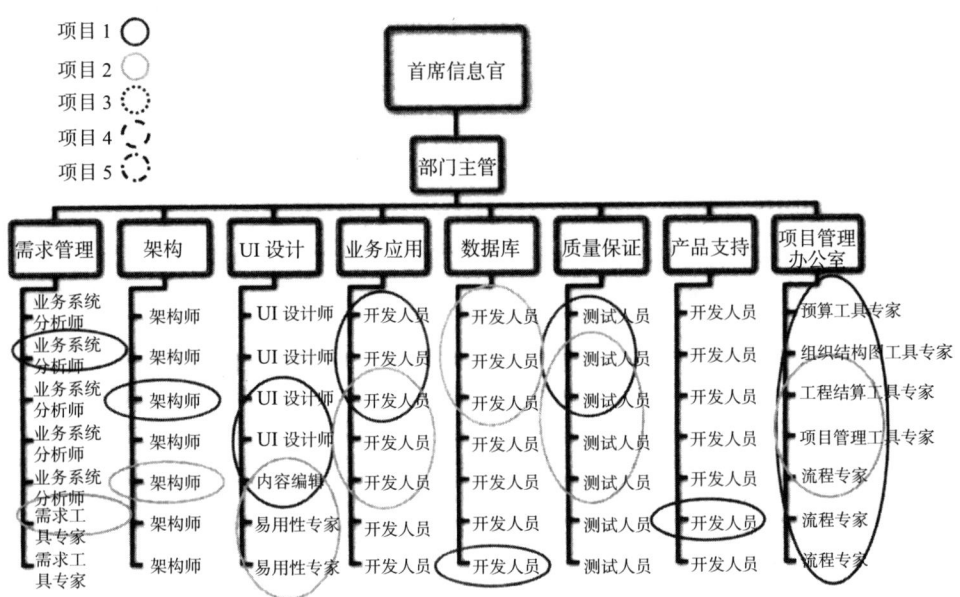

图 3-5　为另一个项目分配资源

继续按这种方式为项目配备工作人员，得到如图 3-6 所示的情景。

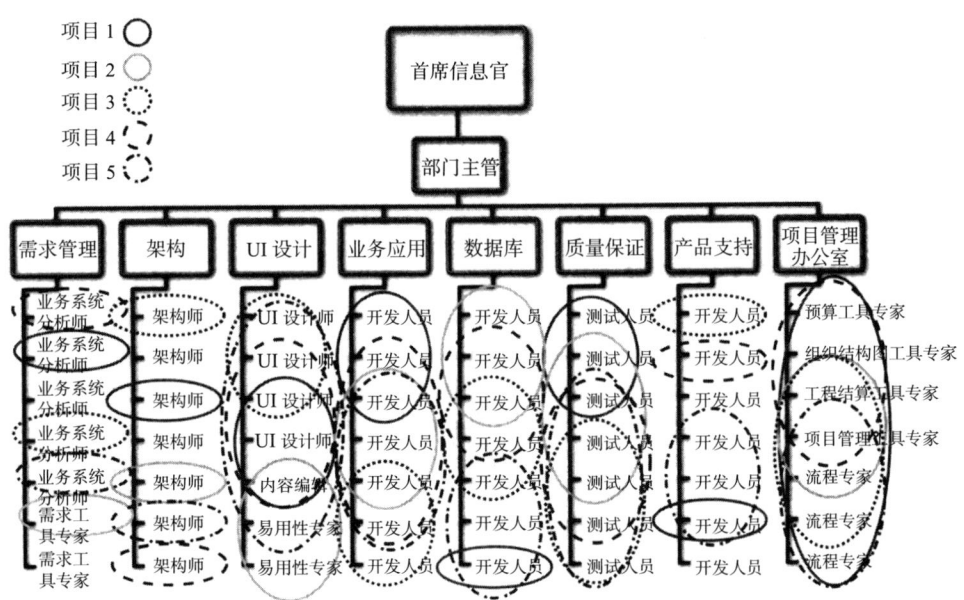

图 3-6　为所有项目分配资源

遗憾的是，这会导致许多问题，其中包括：

- 人员被分配到多个项目中。
- 我们要求项目能准时启动和停止，以便人力资源在需要时可被利用，也就是说，我们假设了一个可预见的未来。
- 受资源限制，真正的关键项目无法加速完成。

人们同时在多个项目中工作是第一个特别糟糕的问题。研究[1]表明，即使人们在同一时间参与两个项目，工作效率会下降20%；如果他们同时参与的项目多达3个——这种情况在 IT 公司中并不少见，那么工作效率将下降40%！他们对每个项目只能贡献自己20%的力量。这个问题对项目有重大的影响，但它往往被人们忽视。项目不断地中止、重新启动，再加上信息等待，造成了生产力上的巨大损失。

对关键员工来说，情况更加糟糕。他们肯定同时参与3个以上的项目。由于一些关键信息的拥有者在一些特定时间里会有多达五六个项目同时分散着他们的注意力，这就降低了他们的工作效率——这些拥有重要知识的技术人员本应该是最有生产力的。这是对项目的一种极大的损害，开发团队中的大多数人又不得不浪费时间去等待这些关键员工，这进一步降低了整个组织的生产力。

上面提到的第二个和第三个问题更具有挑战性，精益思想为此提供了一个更好的解决办法。

❑ 管理项目

一旦开始致力于产品开发或产品增强功能，并为它分配好了资源，我们就必须要切实有效地去管理项目本身。这是敏捷和 Scrum 方法的切入点。正如我们已经看到的一样，这些项目并不是孤立存在的，如果我们试图只是单独去管理项目，或者只是去协调项目，那么我们很可能就会错过各种机会，会使项目更加低效。

敏捷项目管理孤立的做法违反了精益中全局优化的原则。本书第 5 章介绍了如何将精益原则扩展应用到 Scrum 中，这远远比单独使用 Scrum 方法更加有效。

---

[1] 可参考阿拉尔（Aral）、布赖恩约弗森（Brynjolfsson）和范·阿尔斯泰恩（Van Alstyne）的研究，2008。

这里也有可替代 Scrum 的其他方法可供选择，包括 Crystal、特征驱动开发（Feature driven Development，FDD）和看板软件开发。这些方法都不错，它们可以用于解决团队面临的具体挑战，然而，这些方法和 Scrum 一样，不能通过自己去全面地解决全局的问题，[①] 它们不能应对整个价值流的需要。

❑ 使用适当的软件工程方法

虽然软件开发本身未必是限制组织发展的因素，但忽视软件开发的最佳做法最终会为组织的发展带来很大的障碍：代码质量差。软件代码必须写得很好，恰当的测试方法必须持续到项目的最后。经验告诉我们，运用设计模式做出有品质的软件设计和运用自动化前置测试是两种需要开发团队理解和应用的必不可少的基本方法。

CASE 案例分析：金融服务

我们中的一名顾问目前在一家大型金融服务公司的 IT 部门与开发团队在一起工作。他所在的团队正开发一个软件，用于支持该公司的消费者金融服务产品（例如，个人退休账户或货币市场基金）。该团队正准备升级一些软件功能，用以大大简化消费者对金融服务产品的使用体验。事实上，他们期望通过这些改进功能可以减少做软件支持服务的人员。

其中一项升级的功能是"基本"功能——当这些金融产品正常运作时，消费者通常使用的功能；另一项升级的功能是消费者处理复杂金融业务时使用的功能。正如你预想的那样，第二项功能要复杂得多。他们制订了 3 个计划去完成工作：

- 完成两项升级功能：9 个月
- 完成基本升级功能：6 个月
- 完成第二项升级功能（处理复杂的情况）：4 个月

---

① 这不一定是真正的看板，看板可用于包括价值流的开头部分。我们这里指的是，看板的方法只适用于管理开发团队。

> 另外，还需要额外的 1 个月，他们需要重构数据库模式，并要把数据从上一版本导入新版本中。

你期望企业会做出什么表示？

开发团队认为，分两步执行项目是个坏主意，因为它还需要额外再花 1 个月的时间去做额外的工作。这主要是从团队自身成本和项目的成本来考虑的，这看上去似乎合情合理。然而，企业看到了与此不同的方面。提前 3 个月发布第一批升级功能所节约的成本，将比多花 1 个月的开发时间更加重要。事实上，企业从首次发布中获得了很多收益，以至于企业甚至决定不再做第二项升级功能。这可以使开发人员去做别的事情，只保留软件支持人员继续处理复杂的业务，企业可以因此获取更多的收益。

只重视开发团队的开发速度其实是不够的，相反，你必须看到产品在全局中的作用——在整个价值流中的作用。这样做可以让企业看到所有可用的选择——为实现目标、实现更多的价值（和更多的金钱）和满足客户需求的更好的选择。敏捷方法可以很好地帮助团队，在软件开发中融入精益思想和最佳实践与技术方案，拓展企业的能力，以优化整个价值流。

总 结

从非敏捷开发到敏捷软件产品开发的转型，并不是孤立完成的。它是在更大的范围内——企业层面的灵活运用。企业级敏捷需要着眼于整个组织的价值流，从最初的概念开始，到客户可以使用该产品为止。

试 一 试

这些练习最好通过与公司中某位同事的交谈来完成。每次练习完成之后，去请教一下其他同事，看看是否还存在其他可以改进的地方，以便帮助你获得进一步提高。

- 产品开发人员是如何组织的？是按产品，按技能，还是按过程的活动？
- 从公司中抽样，统计平均分配给每个人或每个小组的项目平均数量。你能证明由于任务切换带来的生产力损失吗？
- 如何减少组织结构中的工作进程数量？
- 如何重组人员以减少项目冲突的数量？

 推荐阅读

以下著作为本章的主题提供了有益的参考。

Aral, Brynjolfsson, and Van Alstyne. December 2008. *What Makes Information Workers Productive*. http://sloanreview.mit.edu/smr/issue/2008/winter/12/ (accessed October 2008).

Bain. 2008. *Emergent Design: The Evolutionary Nature of Professional Software Development*. Boston: Addison-Wesley.

Collison and Parcell. 2004. *Learning to Fly: Practical Lessons from One of the World's Leading Knowledge Companies*. Milford, CT: Capstone.

Poppendieck and Poppendieck. 2003. *Lean Software Development: An Agile Toolkit*. Boston: Addison-Wesley.

Townsend and Gebhardt. 2007. *How Organizations Learn: Investigate, Identify, Institutionalize*. Milwaukee, WI: ASQ Quality Press.

第 4 章

精益组合管理

没有什么比有效地做那些根本不需要做的事更无效的了。

——彼得·F. 德鲁克（Peter F. Drucker）

本章概要

本章介绍了选择产品、估算产品开发工作量和开发增强功能工作量的方法。当前面临的挑战主要是如何恰当地选择项目，使组织可以实现最大投资收益率（Return on Investment，ROI），并向客户交付高品质、可持续发展的产品。为了实现这一目标，组织应使用产品组合的方法进行管理。经过研究，这种方法存在一些缺点（延误、陈旧），因此我们用一种更好的方法——精益思想来代替它。

知识点

本章的知识点主要包括以下内容：

- 精益产品组合应包括最小可市场化功能，使小型的产品增强功能能够被快速交付。
- 应组织开发团队，使它们能够有效开发产品和产品增强功能。
- 最小化工作进程以提高工作效率，同时降低风险。
- 增加客户价值，必须包括所有的产品线。

项目面临的挑战

在改进产品开发方法的过程中，软件开发其实只是项目面临的一半挑战。项目的另一半挑战来自要甄选出最重要的产品去开发。这种对产品的甄选方法被称为"项目组合管理"。

项目组合管理适用于从事产品开发的组织和 IT 组织。每种类型的组织都面临一些特定的挑战。但是，我们在这里描述的是一种通用的方法，它可以适用于这两类组织，当然还需要根据你所在组织的具体情况，对项目组合管理方法进行灵活运用。

❑ 术语介绍

本节介绍的术语将贯穿本书的其余部分。

企业

如同在第 1 章，我们提到"企业"是指产品价值流、正在构建的服务、产品增强功能、产品维护等活动中涉及的所有部门。在 IT 组织中，企业包括业务部门和 IT 部门。在产品开发组织中，企业也包括市场营销部门、销售部门、物流部门、售后服务和市场开发部门。

产品公司和 IT 公司

"产品公司"是指开发软件产品并直接从成品软件中获得收益的公司。客户主要来自公司外部，开发人员都是沿着产品线来管理的。相比之下，"IT 公司"是指以提供开发服务而不是直接提供软件成品的公司，依靠软件和应用程序的交付或管理产品和服务来获取收益的公司，如金融机构、医疗机构和保险公司。客户主要是内部员工，通常按照角色来管理组织机构和开发人员。表 4-1 说明了两种公司之间的差异。当然，这只是两种极端公司的情况；公司也存在中间派——既是产品公司又是 IT 公司的情况。

表 4-1 产品公司和 IT 公司的差异

	产品公司	IT 公司
客户	外部	内部
开发人员分配	沿产品线划分	按角色划分
开发对象	销售到外部市场的产品	被内部或外部客户使用的软件
如何制订计划	按年度，根据市场需求	按年度，根据业务需求
由谁来决定开发哪个产品或实施哪个项目	项目经理	管理团队，分别代表业务方和 IT 方

客户

客户是软件产品的最终用户，是为了某种目的去消费产品的人。软件公司的目标是为客户增加价值。

在 IT 公司中，客户通常来自本公司的业务方。软件的存在是为了向外部客户提供产品或服务以支持公司的业务。如果外部客户直接使用产品和服务（如银行的 Web 应用程序），IT 部门就代表了客户的业务方。

产品牵头人

我们使用"产品牵头人"一词来描述决定产品开发及产品升级的人。产品公司使用"项目经理"或"产品经理"，IT 公司可能把这个角色称为"发起人"。

项目

我们使用术语"项目"来代表固定的、将被执行的工作，是开发产品或产品增强功能需要做的工作。你可以使用"项目"这个词来代替"产品开发""产品升级"或"产品修复"，如果那样有助于引导你走进产品思维的话。

过程

"过程"对不同的人意味着不同的事情。在软件开发中，我们认为过程是一个协议，是关于团队将如何一起工作的协议。

团队将负责自己的过程。团队采用自己的知识去决定需要做哪些工作，并加入需要的企业标准作为补充。团队同意使用并改进自身的过程。

进程的存在是为了服务于人,帮助项目中的成员完成工作。没有哪个过程是完美的,当过程出现问题时,团队负责中止过程、改进过程、重新启动过程,不追究任何个人的责任。

项目组合

几乎所有的大型公司都有它们必须去管理的项目组合。项目组合旨在最大限度地提高软件开发的投资收益。在理想的情况下,最重要的项目将被选中,然后分配给开发团队,项目的组合越大,就越难管理。

❏ 项目组合管理

项目组合管理包括一个有规划的项目生命周期。组织使用项目生命周期来确定最大投资收益率的来源,然后定义计划去实现它。常见的是使用年度的项目规划周期。使用年度周期的一个意想不到的结果是导致了项目交付物和业务需求之间的差距不断扩大,使项目变成了一个与业务需求差距大、过时和相关性小的项目。年度周期使理想中的项目陷入了泥潭。

项目中的构想被看作项目的一种"在制品"。但是,只要构想还存在过程中的时候,企业就不会看到它的价值所在。因此,只有越快地把构想变成真正产品,才能越早地实现它对企业的价值。

是什么原因导致了过多在制品的产生呢?首先,规划小组是以宏伟目标作为项目的开始,在需求调研阶段他们紧张地分析调研业务案例,项目经理引领大家以价值为驱动,讨论为应对市场机遇或市场竞争威胁需要开发的功能和特性。

接着,进入技术分析阶段。当技术人员分析需求的时候,所有业务人员和开发人员之间高频率的交流就减少了。当技术人员把工作投入各种技术仓库(质量保证、中间层、用户界面及类似技术)后,技术整合就被推得越来越远[①]。这变

[①] 孤立地分析是一种"反式"精益——一种著名的违反精益原则的行为。

成了一种恶性循环——各部门的用户等待着业务人员回答他们的问题，这些问题使技术人员一直不停地忙碌着，技术人员越忙，他们回答下一个问题的时间就越长。

企业对这些延误是知晓的。如果他们预计需要较长的交货周期，那么可能优先结束一些长年累积下来的、优先级较低的需求（就像厨房里堆满大量锅碗瓢盆的洗碗池），以期望能先得到一些有用的功能可以使用。用户提出的需求越多，项目组合的规模就会越大。项目组合越大，就越难管理，进而导致更多的延误。以此类推，形成了一个恶性循环。

❑ **我们能使用批处理需求分析来避免出现的延误吗**

为了解决需求分析中的延误，技术部门往往会集中各种业务需求，把涉及的类似的技术问题划分在一起。然后，由技术分析师——他们总是供不应求——在同一时间里集中处理这些相同类型的问题（见图4-1）。这似乎能够高效地使用技术资源，但它大大延迟了整体交付的时间，并降低了整体效率。

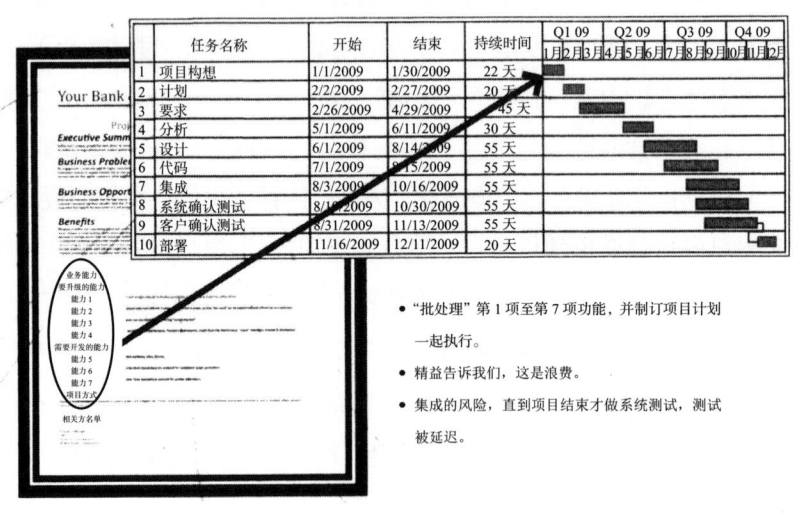

图 4-1 批处理业务需求

当分批处理需求时，先发布一个批次中最重要的需求，然后发布批次中次重要的需求，以此类推，直至批次最后一个重要需求被发布出去。但如果在一个批次中的某个部分需求存在着延迟,那么整个批次都将延迟。真正的问题是什么?

障碍主要是来自推动项目进度的项目规划上:该规划的目标是重视最大限度地降低成本和最大化资源利用率,而不是重视开发速度,实现快速消除陈旧且难以维护的代码。

❑ 我们能通过增加发布来避免出现的延误吗

一种缩小构想与最终交付产品之间——概念与最终消费品——差距的方法,是增加产品的发布频率。这种方法的好处是为企业提供了一份可预测的系统实现的时间表,展示了快速交付产品的轨迹。但是,如果认为构想与产品交付之间的时间有 12~18 个月的差距,就表示存在明显的延迟,我们要说,这种想法其实已经过时了。

精益组合管理

精益思想提供了一种帮助项目走出恶性循环的方法,该方法还能管理一个庞大的产品组合。我们首先考虑项目组合需求和开发团队需求之间的关系。图 4-2 显示的是两者之间的交流渠道和反馈机制。我们的目标是采用快速—灵活—机动的工作方式,同时选择的项目将给企业带来最大的商业价值。精益思想通过首先交付系统最重要的功能,尽量减少项目在制品库存,限制对企业来说较大规模的工作量使项目以可持续的速度进行。精益思想通过建立反馈机制和侧重价值而非注重提前计划一切事务的老方法,去关注软件开发中的风险。

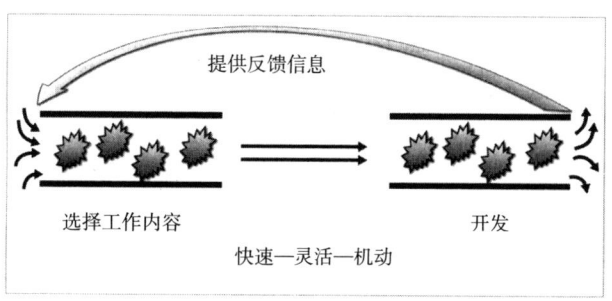

图 4-2 项目组合需求和开发团队需求之间的交流渠道和反馈机制

精益指示我们尽可能地选择较小的项目来开启工作。这并不意味着要从已确定的一批项目中挑出小项目，相反，它意味着要在规划的早期，把项目定义为能够做到且尽可能小的项目。这将确保企业在所有的时间里都能优先工作在重要的项目上。项目过大，企业将不得不承担功能捆绑的风险，而且这些功能对整个企业来说并不太重要。

这种方法为客户更迅速地提供价值，并以商业价值为基础排列出业务功能的优先级，然后在可视的组合工具下管理项目，这就是精益组合管理。

❏ 精益组合管理有效的原因

精益组合管理方法允许相关方和客户去定义和排列功能的优先级，为企业带来最高的投资收益率。精益组织结构使跨职能团队可以相互探讨，并打破业务功能和系统的逻辑关系，以建立最小的可市场化功能的软件解决方案。相对传统的基于任务和资源驱动开发的做法，精益组合管理方法是基于结果的验证方法。项目状态评审不是基于项目任务的完成，而是体现在对技术成果验证的基础上。

走出困境的方法是尽早交付。这种方法看上去需要更多的资源或需要降低产品的质量。精益思想认为，集中力量先提交产品最重要的功能，最大限度地提高团队的工作效率（通过消除任务的切换和等候时间）和效果（工作产品的最重要部分）。重点放在少量、畅销的功能上，以实现软件目标的方式去完成整个系统。避免多任务并行产生的成本及其随后的系统颠簸的成本，可以让一个敏捷团队的开发效率获得快速提高。此外，并行进行不太重要的项目不会使关键项目的实施速度减缓。还有一个额外的好处是，敏捷方法使用快速交付方法时的项目中存在的障碍被快速地暴露出来，这些障碍通常会隐藏在大瀑布类型的项目中，并且在项目转换交接的过程中还常常会带给人们项目还在可控范围之内的错觉。

❏ 确定计划发布

在项目领域的另一端，一些 Scrum 实践人员认为团队应该继续专注于工作在当前的迭代计划，永远不要去关注将来的迭代计划（或不用关注距离现在太远的工作计划）。这种态度使许多敏捷团队遭遇了失败。事实上，精益思想也同意 Scrum 的观点，不去关注太超前的迭代计划（只试图实现 JIT），但需要早期做出的决定仍须尽早做出。

精益的产品组合使优先级能被设置，并拟定了在发生权利和义务时的细节描述。价值被逐步实现。随着对需求越来越多的理解，知识也被纳入了未来的增值规划中。

因此，运用敏捷方法产生了一个学习型组织，带来了在可预见的能力层面的功能描述的评估。这些功能可以在迭代中提前被解构，它们实际上是通过建立精益流程来实现的——作为计划发布功能的概念来表达的。

❑ 使用增量交付现有系统

当更改现有系统时，也可以采用构建和升级的方法来交付工作。可能客户会声称，他们"希望保留旧体制中所有的一切"。这就意味着客户并没有做分析有价值的功能的功课。在现有系统的功能中，不可能每项功能都是真正有价值的。企业通过分阶段开发、商业价值驱动，以及开发团队只注重价值高、必需的功能而不是浪费时间去转换系统中的不必要的功能，去实现系统的增量交付。增量交付还使企业能应对市场的变化，抓住在转换项目过程中出现的商业机会。[①]

精益组合管理的益处

本节介绍精益组合管理带给企业的 4 种益处。

[①] 这确实需要技术部门了解敏捷的设计模式和测试驱动开发的方法。这些做法使团队能开发出容许变化的结构，并且有信心做出积极的系统设计变更。由于有了结构支持，自动回归测试套件将会核查系统，以确保实施的系统更改不会破坏现有的、已存在的结构。

❑ 速度与质量

软件开发企业应真正站在与商业客户同步的位置上,去帮助客户构建软件和确定最小的可市场化的功能,以便能够尽快发布软件产品。已成功完成精益—敏捷转型的企业会发现,试图快速交付软件的结果往往会暴露项目延迟的问题,这就是高效的产品开发过程中的障碍。这也促使企业做出调整去消除延迟,以便可以更加迅速地交付有价值的软件。当整个企业开始重视速度的时候,市场机会就可以被杠杆化,并且能够绕过威胁,其结果是使企业能够快速地累积资本,实现利润。为了适应这种情况,开发团队必须在项目一开始就把价值的交付和软件的质量视为一种可持续的行为,并通过短周期信息的反馈回路不断改进这种行为。一旦上市时间成为重点,就要积极采取行动减少延误,提升软件质量,因为这些延误是质量问题的原因所在。更短的交付周期在消除了浪费的同时,也降低了开发成本。

注重速度的另一个好处是,开发团队知道是在做软件的增强功能开发,因此他们可以避免去开发那些并不需要的功能。他们将开发出次一级复杂的系统,因为开发的系统较小,所以会带来更高的软件质量。创建更小、品质更高的模块为企业带来螺旋式上升的竞争实力,使未来的变化更容易在软件中表现出来。

❑ 业务需求的视线

企业可以将精益组合的功能定义在一个较高的水平,作为一组或一套打包的业务功能,以实施应对市场的策略。将功能与功能描述松散地映射在一起,这称为描述项目愿景的业务解决方案或一个典型的项目章程。调用这些功能的"业务特性"(见图 4-3),精益产品组合提供给整个企业和开发团队一个关注点,所有的业务需求都是瞄准了所从事的工作而去制定的,以最小化工作进程为目标,尽快完成每项功能。

精益产品组合可以跟踪项目报告。对企业来说,其真正价值是创建了一个可视的图形,在这些视图里面,业务功能被列出来,用于排列优先级和衡量技术上需要付出的努力(这些工作必须被不断地权衡)。

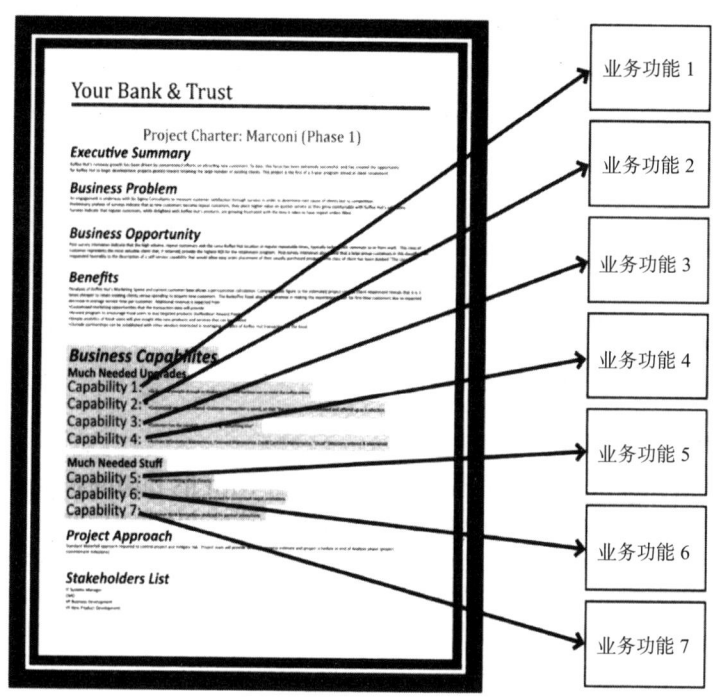

图 4-3　项目愿景的业务功能

❏ 最小化在制品数量

构建较小的任务块附带获得的一个好处是可以最小化在制品的数量，使敏捷团队能够形成良好的工作过程，陆续开发各项功能。当一项功能完成后，团队从优先级列表中拉出下一项功能展开工作，这使敏捷团队每次完成一种产品的开发或增强，确保团队的工作总是瞄准最高优先级的产品进行开发或增强。

关键资源在较小的任务块中更易于管理，这些资源是整个团队必须共享的资源。如果工作任务较小，可以减缓对这些珍贵资源的争夺，使系统颠簸成本最小化。

❏ 最大限度地减少中断

工作在小块任务中，中断也更容易处理。当团队成员同时参与多个项目时，一旦项目经理分配了一项紧迫的任务，团队成员就会临时中断当前的团队工作，转而去完成项目经理分配的任务。工作中可能不会感觉到明显的中断，或者中断产生的影响太遥远了以致现在无法感觉到。

当团队工作在更小的功能块时，就会具有更高的可能性，可以让项目经理的紧迫任务等到团队做完目前的小块工作后再去完成。这就规避了迫使团队不得不处理多任务的风险——团队在多任务中工作会增加系统颠簸成本和降低团队效率。

精益组合管理方法

精益项目组合管理的基本方法是从业务功能的分类开始，如图 4-3 所示。我们从收集项目愿景的方法转换到利用精益项目组合来管理业务功能，代替了在大型项目中的对业务功能进行批量处理，精益组织可以交付最小的可市场化的功能集。这就需要跨职能、不断整合的敏捷团队在团队能力的基础上找出优先排列的工作任务。

取得所有项目的所有业务功能之后，就可以制订产品开发计划，如图 4-4 所示。

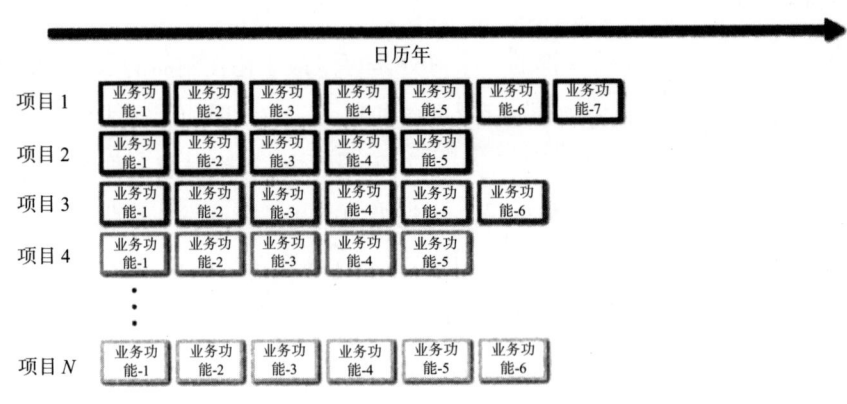

图 4-4　业务功能的开发计划

选择那些将返回的最大价值的业务功能，如图 4-5 所示。

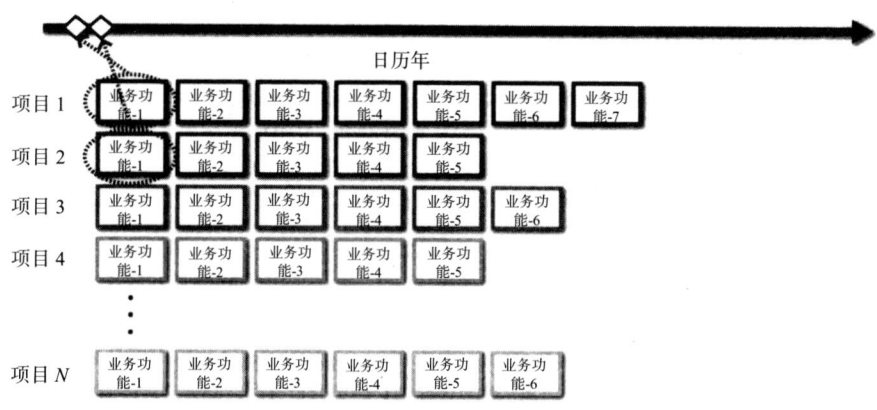

图 4-5 初始化业务功能的开发

只要对我们所在的领域和我们对项目的理解不发生改变,那么开发团队就可以继续使用这份时间表,就能够按照原定计划去开发下一个最重要的业务功能,如图 4-6 所示。

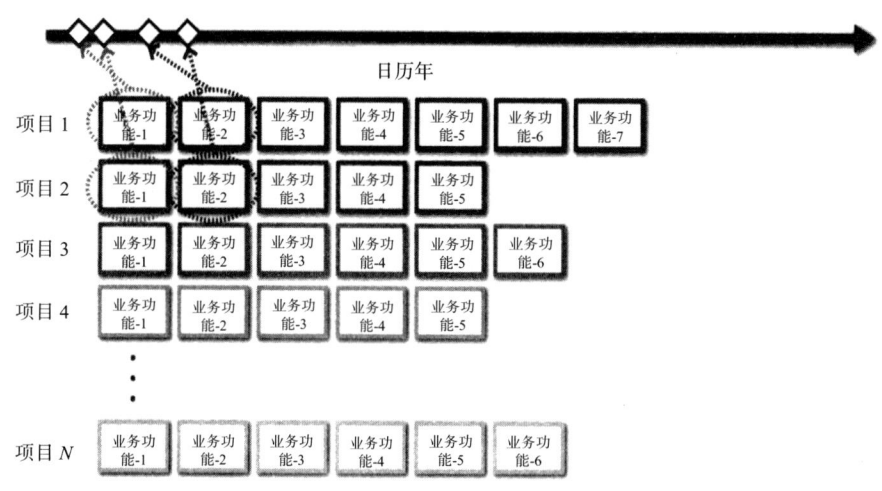

图 4-6 继续开发计划中的业务功能

在某一时刻,其他产品的业务功能可能变得比当前计划中的功能更加重要——商业状况总是瞬息万变的——一旦了解到该项功能更加紧迫的时候,我们就可以采用短周期发布,很容易就可以修改好计划,为这项功能排列出更高的优先级,在下次计划中即启动工作来开发这项功能,如图 4-7 所示的新业务功能。

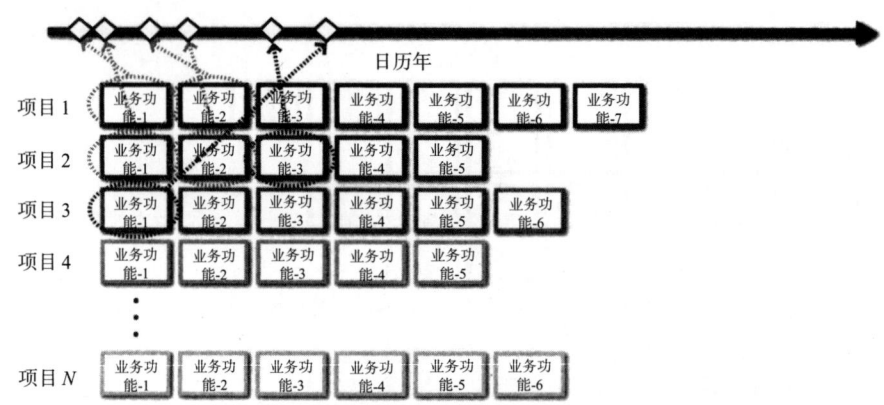

图 4-7　当另一种产品的业务功能能够带来更多的商业价值时就去开发这项功能

即使不是原计划中包含的功能，也只需在计划中插入新的功能并赋予高优先级，如图 4-8 所示。

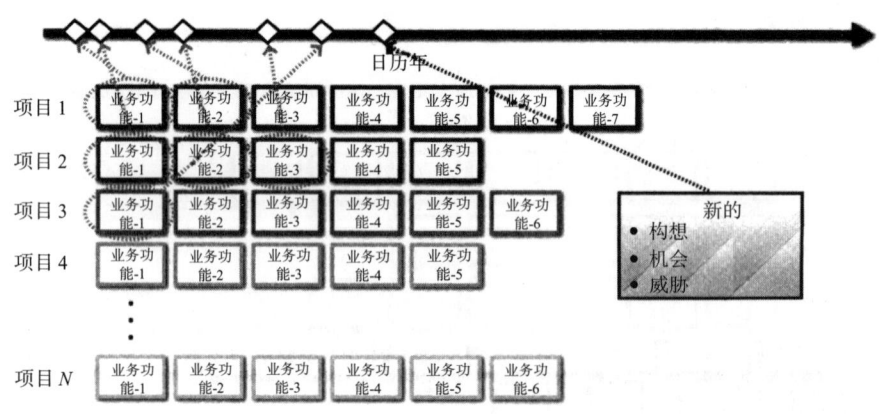

图 4-8　开发新的业务功能

问题的关键是要把重点放在那些用户迫切需要和对用户来说最重要的功能的开发上，避免开发不重要的功能。在以最有价值的业务能力为重点的迭代方法上，我们能够利用帕累托法则：20%的工作产生了80%的价值，图 4-9 说明了这一点。

通过这种方法，直接为每个团队积压的产品创建优先级。如图 4-10 所示，每个团队都有产品需求列表，列出每项功能和每项功能下的素材分类，在团队待办事项中列出每个功能的优先次序,该次序必须配合整体组合的优先次序。图 4-10 所示的重点是,高优先级的功能在左侧,低优先级的功能在右侧。图 4-10 显示了一个实际开发团队的产品需求列表情况。

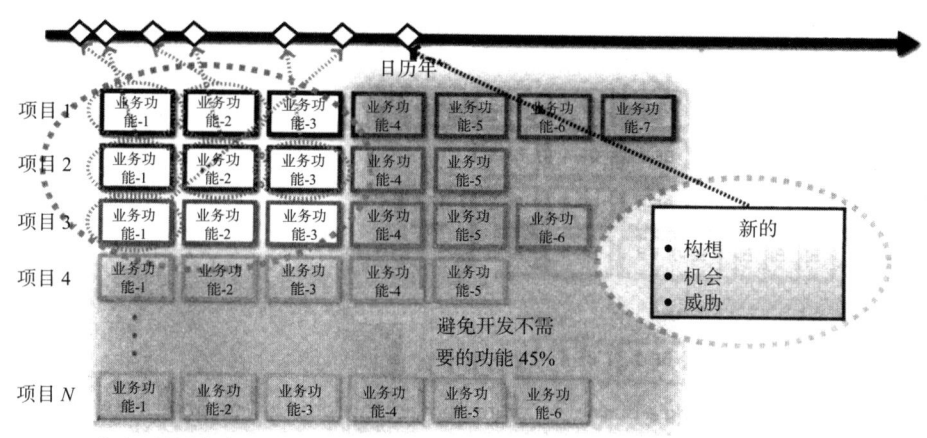

图 4-9 开发需要开发的功能,避免开发不需要的功能

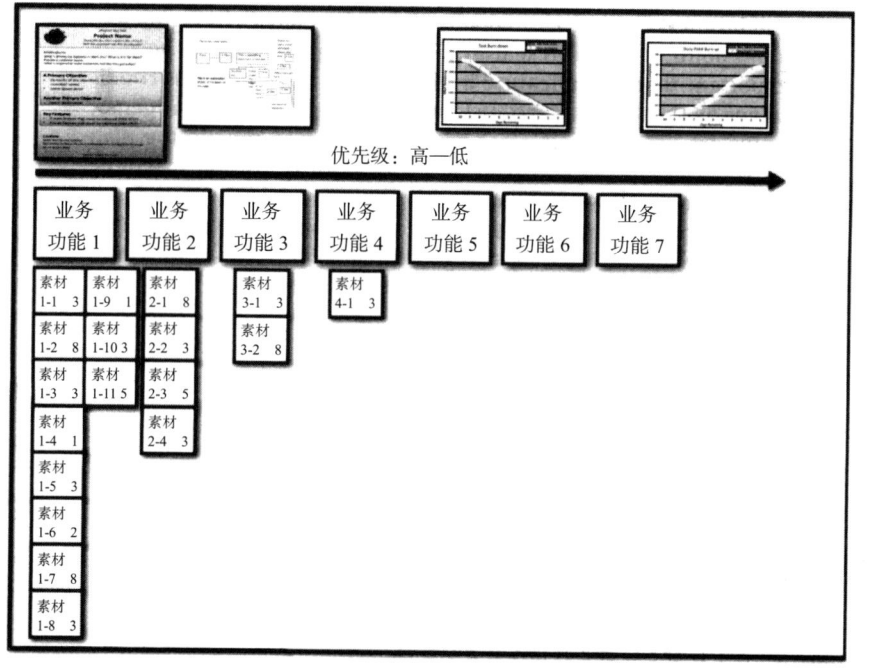

图 4-10 产品需求列表

更短的计划周期

图 4-10 显示了在最小的可市场化功能的基础上业务功能规划的极端情况。你仍然可以通过关注发生在每年定期规划周期中的时间延迟,去发现那些还远远没有被实现的重要价值。

一个典型的年度规划周期是从 7 月 1 日起至 12 月 31 日止。这意味着,是用每年的最后 6 个月去收集需求和为明年开始的工作制订计划。然后,到第二年的 1 月,如果还有任何新的需求,就放入"料斗"中等待,一直要到下一个规划周期来临。到第二年 7 月 1 日,再把这些新的需求编排到计划中。如果你曾在 IT 部门工作过一段时间,那么对这种做法就一点也不会感到奇怪。

但是,结果是什么呢?我们正在开发的需求可能已经陈旧了。要计算从一个构想形成到进入规划,直至完成所花费的平均时间,需要增加以下内容:

- 等待计划的平均时间。
- 计划花费的平均时间。
- 完成花费的平均时间。

如图 4-11 所示,假设一切任务在一年内完成,其中的每个步骤需要 6 个月,这意味着从构想到交付整个过程平均需要 18 个月的时间。

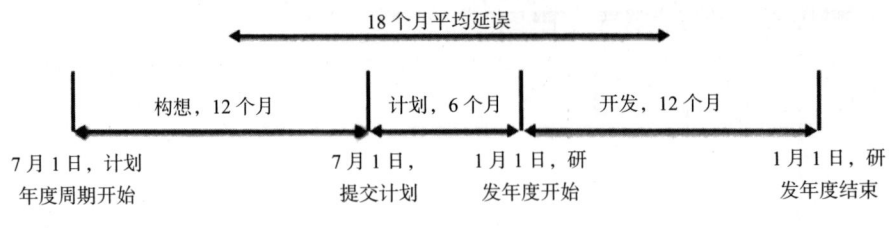

图 4-11 年度计划周期时间安排

如果取而代之的是季度的发布计划,那么会发生什么情况呢?每项功能等待计划项目的平均期限只有 1.5 个月。计划周期 3 个月,以一个季度的开发周期为限,到项目实施完成为止,平均时间为 1.5 个月。使用季度计划——即使使用相同的开发方法——可以降低构想和执行间的延迟,从 18 个月降至 6 个月(见图 4-12)。

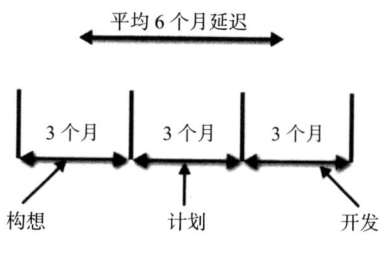

图 4-12 季度计划周期的准时与延迟

评估和跟踪进度

传统的项目组合管理通常是针对计划而不是针对创造的价值来跟踪项目进度。过程意味着完成各个工程阶段。在整个项目阶段——需求、分析、设计和建设阶段,有多少项目是刚开始能显示"绿色"状态——表示每个阶段被成功、及时地完成——但在进入发布阶段后,突然之间又变成了"红色"呢?

在精益思想中,最有价值的状态指标是可工作的软件。构建规模较小、功能完整的功能件简化了持续集成的原则。除此外,公开可工作的软件,否则直到开发过程晚期,许多不可见问题都不会自行暴露出来。这避免了长期的集成周期循环和隐性障碍,是防止浪费的绝佳方式。

通过建立一个业务功能的精益组合,企业可以集中去划分优先级,可以清楚地看到商业价值与成本。这是因为团队知道该如何为企业估算准确的项目支出,以确定最佳的价值。评估的有效做法是使用素材点(科恩,2005)。项目组合视图简化了预算决策,因为资金投入可以由项目组合中功能(伴随着功能成本)百分比来确定。一旦敏捷团队确立了自己的开发速度[①],策划者就可以建立精确的发布计划,为业务目标提供明确的上市时间。每次迭代可交付的软件如图 4-13 所示。

---

① 团队速度被定义为团队每次迭代可以完成的工作或素材点。

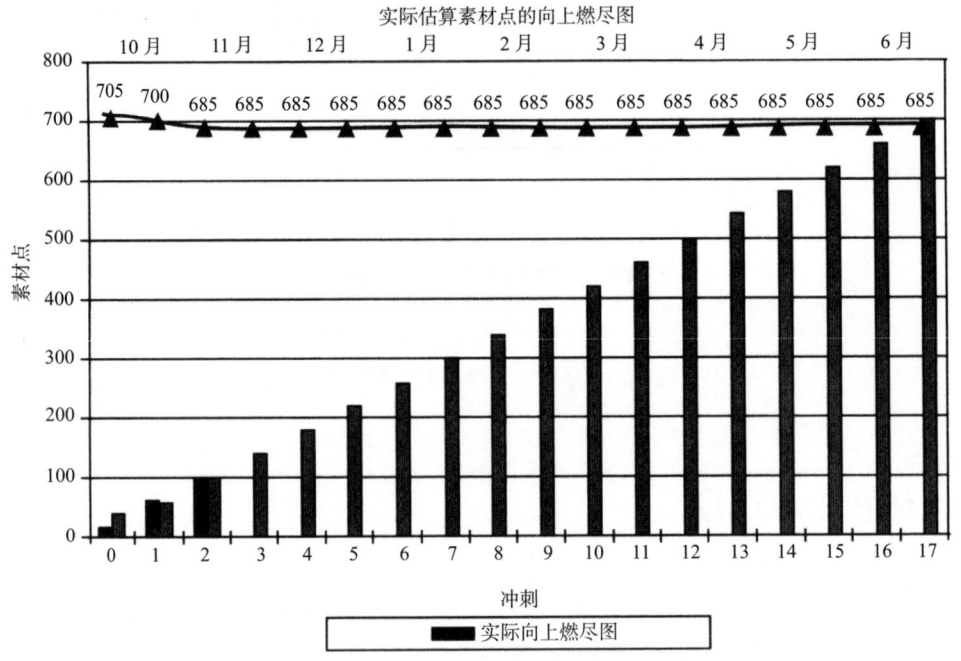

图 4-13　每次迭代交付可工作的软件

总　结

本章介绍了使用精益生产方法管理项目的产品组合，相比其他传统的项目产品组合方法有几种优势：精益组合的特征使业务人员和技术人员可以查看项目的投资收益率与所面临的技术风险；使规划人员可以分配编入预算工作的经配比，并建立最佳工作方式；使项目工作量可以被准确地估算，并可以顺利进入大型的敏捷机构中；使企业能够签发一种可预测的版本计划，确立以业务为指导的交付技术解决方案的方式；让企业注重正确的工程实践，企业级敏捷便会实现，从而促成企业变革，加快了产品上市时间，同时又为企业带来了竞争优势。

精益思想的本质是"快速—灵活—机动"。我们能够通过生产流水线获得更高的价值，选取最小的可市场化的功能，以确保我们正在工作着的任务是我们所能构建的最小的功能，这提高了工作效率。此外，较小的任务块可以让我们更加迅速地完成工作任务，最大限度地降低工作进程，限制工作产能，注重消除延误及避免系统颠簸，这提高了我们的工作效率。精益提高了产品质量并降低了项目成本。

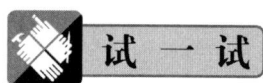

这些练习最好通过与公司中某位同事的交谈来完成。每次练习完成后，去请教一下其他同事，看看是否还存在其他可以改进的地方，以便帮助你获得进一步提高。

—想想你在过去工作过的项目。
—有没有可能存在一个发布的项目子集在项目的所有已发布的功能之外？
—当你做了产品升级中少量产品的增量发布时，会发生什么情况？
—是否有其他原因而非产品本身（如发布成本）的原因阻碍了部分产品的发布？

- 你应该怎么做？
- 典型情况下你公司中的员工一次会同时参与多少项目？
- 什么工作被完成和完成成本是多少？
- 关键员工比一般员工参与更多的项目吗？

以下著作为本章的主题提供了有益的参考。

Aral, Sinan, Erik Brynjolfsson, and Marshall W. Van Alstyne. 2008. *What Makes Information Workers Productive.* http://sloanreview.mit.edu/smr/issue/2008/winter/12/ (accessed October 2008).

Beaver, Guy. February 11, 2008. *Knocking Down Silos: Transitioning the Enterprise to Agile.* www.agilejournal.com/content/view/753/76/ (accessed February 09, 2009).

Cohn, Mike. 2005. *Agile Estimating and Planning.* Upper Saddle River, NJ: Prentice Hall.

Poppendieck, Mary, and Tom Poppendieck. 2003. *Lean Software Development: An Agile Toolkit*. Boston: Addison-Wesley.

Reinertsen, Donald G. 1997. *Managing the Design Factory*. New York: Free Press.

Shalloway, Alan. 2008. "Lean Anti-Patterns and What to Do About Them." *Agile Journal*. www.agilejournal.com/content/view/553/39/ (accessed February 2009).

Townsend, Patrick L., and Joan E. Gebhardt. 2007. *How Organizations Learn: Investigate, Identify, Institutionalize*. Milwaukee, WI: ASQ Quality Press.

第 2 部分

精益项目管理

"管理是把事情做正确,领导是做正确的事情。"

——彼得·德鲁克(Peter Drucker)

"一个获得充分授权的组织应该是这样的:它的员工要具备知识、技能和工作热情,并且有机会通过个人的成功引领集体的成功。"

——史蒂芬·柯维(Stephen Covey)

精益提供了指南

复杂的问题通常需要复杂的解决方案。简单有效的解决方案在某些情况下会以失败收场,并且让他人付出高昂的代价。如果因为解决方案在某个领域是有效的,我们就坚持使用这套解决方案,那么可能我们永远不会理解为什么这套解决方案在其他领域不适用,直到问题无法解决。

软件开发明显是一个复杂的问题,它发生在各种各样的情况下。许多因素之间千差万别,如下列这些内容:

- 团队成员的位置(在一起办公,还是分开)。
- 团队规模(2~2 000 人)。

- 团队数量。
- 团队经验。
- 组织技能（分享技能还是独自使用）。
- 问题领域（IT应用、嵌入式系统、产品）。
- 使用的技术（Java、.Net、专用技术）。
- 客户的可用性（没有，全职客户）。
- 员工素质与管理者类型（命令控制式领导力）。

一种解决方案不可能适用于所有的情况。

当前，推进精益—敏捷方法在整个软件行业中的运用所面临的最大挑战是，缺乏可呈现给新从业者的基础思想。一些通用方法的支持者曾以此为荣，但我们认为其实这些有着广泛基础的通用方法是有缺陷的，尤其是Scrum被作为一种开发人员应该了解和必须掌握的架构。虽然，在软件开发组织中的开发人员都具有很强的能力，但是没有理由再去做无用功。应该鼓励开发人员采用在其他行业中有效的方法并为我们所用。

精益为管理者提供了一种新的范式，范式的一个作用就是能够帮助管理者完成管理方法上的转型，从命令—控制式的管理状态到成为团队中的领导者。管理者在领导者的位置上，去帮助团队采纳敏捷行业的最佳实践。这包括利用精益"快速—灵活—机动"的概念去改善产品组合管理，改进Scrum和看板方法对团队的管理，提高设计模式和测试驱动开发去提高团队技能。

在简单情况下，我们可以让团队自己厘清头绪去解决自己的问题。但精益企业转型代表我们将面临更复杂的难题，这要求集成我们拥有的所有知识和技能，沿着他人曾走过的道路去解决问题。精益最伟大的地方在于，它有能力将团队拥有的知识整合起来，用一种统一的方式来工作。

总 结

本部分主要是阐述Scrum，因为它是当前最通用的敏捷方法。对很多人来说，提到"敏捷项目管理"这个名词就会使人联想起Scrum大师的称号。遗憾的是，Scrum应用时有诸多限制，而某些确实是因为在方法上存在局限性，更多的原因是人们认为，很多过程事例都只是 Scrum 基本原则的老生常谈而已，毫无疑问的是必须遵循 Scrum 开发。也就是说，诸多 Scrum 项目的失败其实与 Scrum 本身没有太多关系，而是在实施项目应该采用哪种方法的选择上出现了问题。这更加剧了 Scrum 重视通过研究一些实践而不是去检查和适应来形成一种通用架构的行为，但这个过程没有可以依据的原则。这部分内容开始于讨论 Scrum 实际应用时的限制，同时指出许多所谓的"老生常谈"实际上都只是误解。

知识点

本部分使用的精益思想将 Scrum 扩展应用在以下 3 个方面：
- 如何准备第一个迭代？
- 如何在所有已计划好的项目周期里做好产品需求列表的管理？
- 如何集成开发、测试和使用 QA 去改进过程？

这些 Scrum 的扩展应用主要集中在如何管理团队。其他的扩展应用表现在如何处理团队中协同工作的问题。

精益从优秀的管理者和团队已经证实的诸多实践中带来了这种意识——我们遵循原则的最好方式就是要确保无论何时这些原则都可以被使用。

第 5 章

超越 Scrum

"我们不是不知道它会给我们带来麻烦，只是没想到麻烦会有这么多。"

——威尔·罗杰斯（Will Rogers）

本章概要

本章将讨论一种新方法的入门学习途径和扩展知识的方法。由于 Scrum 是在敏捷项目中广泛使用的一种方法，因此我们将以 Scrum 作为学习的开始。虽然 Scrum 在团队层级实施是相当有效的，但我们更需要将 Scrum 扩大到整个敏捷企业的工作中去。我们将探讨 Scrum 实践人员（新的和富有经验的）对 Scrum 的误解及这些误解造成的不良后果，分析 Scrum 方法在一些实际应用中的局限性。在考虑这些问题的时候，我们提供两种方法来帮助团队超越 Scrum：Scrum #（嵌入精益思想中的 Scrum）和看板软件工程（直接针对工作流）。本章最后以一个简短的案例研究作为总结来说明这些思想。

知识点

本章的知识点主要包括以下内容：

- Scrum 是一个强大、特意设计的轻量级框架，其特性就是将软件开发中在制品的数量限制在团队层级，使团队有能力与业务伙伴一起有效地开展工作。

- 正确执行 Scrum 项目，提示执行中遇到的障碍，使组织可以针对项目中的问题做出快速反应。
- 虽然 Scrum 能在团队层级有效实施，但将它作为一种主要方法去指导企业级敏捷实践的时候，会面临严峻的挑战。
- 精益为 Scrum 带来了积极的指导，它提供明确的原则解释 Scrum 成功的原因（与失败的原因）。
- 团队与管理层对良好的过程共同负责。
- 请务必针对具体情况采用最佳实践与方法，参考良好的原则和他人的经验，然后通过计划—实施—检查—行动进行持续改进。
- Scrum# 是 Scrum 的增强版，是将 Scrum 嵌入精益思想中产生的结果。
- 看板软件工程来自精益的生产方法，是用价值流直接管理在制品来提高工作流的方法。

学习一种新方法

这里有大量描述人们如何学习新技能的模型，它们被经历了项目不同阶段的人们广泛认可，这些人员包括初级人员、基本技能人员、主管、高级人员、专家、能手和大师。每个阶段的转变都包含了从可遵循的基本原则和实践开始到接下来的扩展应用一套流程，对学习者更加适用。该模型是通过坚持不懈地创建而不断发展形成的。

例如，在美国学习驾驶时，新手通常会被告知应注意几个原则，如"首先要重视安全""要根据自己的判断……不要让别人催着你"。他们还将学习一些基本的驾车方法，例如，"驾车在道路的右侧行驶""不要跟车跟得过近""转弯前要打转向灯"。这是初学者应遵循的基本原则。

不久，当新手司机掌握了这些原则后，他们会从基础的角度来理解所依据的原则。"驾车在道路的右侧行驶"其实体现了一个原则："在同一方向驾驶，相对于（避开）对面方向的车辆，你所在的（右侧）车道会比其他车道更安全，"但即使在美国，如果你想在一个两车道的单向道路上左转，也应该从左侧车道左转。

因此,"驾车在道路的右侧行驶"的原则并不完善。

问题的关键在于,要想在任何领域中成为专家,就需要在已经形成的知识的基础上,不断地添加新原则和新做法。这种更新可能成为某些固有方法论的负担。如果没有获得强大的技术支持,那么这些更新同样也会让我们不知所措。所幸的是,精益—敏捷的思维方法可以提供一些适当的更新指南,并且这种知识的更新没有为项目成员带来沉重的负担。精益敏捷的思维方法解决了在特定情况(环境)下出现的新问题和新做法。

定义一种方法而不被其限制

之前的章节介绍了过程中的很多问题,谈到我们所在的行业似乎周旋于太多的过程和没有足够的过程之间。过程曾仅被用于微观管理团队或被认为过于松散而对组织无用。团队会反对过程或是被刚性要求的过程吓倒,但缺乏过程也会使团队成员误入歧途。

产品开发需要发现问题和收集用户反馈,以便能够将经验教训纳入产品开发之中。收集这些反馈意见也需要一套系统,以便可以有效地进行归纳总结。这就像既需要消防设施又需要取暖的壁炉一样,聪明的人会利用激情和原则去集中实现这些功能。

精益—敏捷是通过寻找一种能够支持开发团队良好运作的过程,来平衡过程过多或过程不足的极端情况。精益思想假定大多数错误都来自系统本身。为了解决这些问题,关键是要理解开发团队的工作方式。团队成员必须理解他们遵循的过程。精益思想假定,建立过程的目的是支持开发团队的工作,团队成员因此应该能够比其他任何人更好地了解自身的工作条件,开发团队自己负责项目过程。当过程支配行动,而这种行动不适合实际情况时,开发团队就必须修改(完善)过程。

定义过程

如何定义一个支持开发团队的过程呢?可以通过以下几项来平衡过程:

- 原则适用于所有的环境，而具体实践只在某些情况下适用。
- 学习新知识时，人需要花时间去转变，也需要一定的速度来学习。
- 当开发团队掌握了新的知识之后，就需要对过程定义进行更新，团队成员应该帮助客户进步，让他们能够从初学者逐渐变为专家。

我们希望有一种模型，它可以让刚组建的团队相当轻松地上手，然后在团队熟练掌握之后又能进一步扩展开来，成为能够纳入更多知识的模型。这种平衡过程的方式使我们能够提供一种方法论的定义，该方法论既不让对新手负担过重，又不会给经验丰富的人带来太多的约束。

这种思想代表了精益—敏捷和许多其他敏捷方法之间的一个重大区别。极限编程（Extreme Programming，XP）开始于大量的实践和一些实际的数值。人们对 XP 使用得越熟练，这种方法就越受欢迎。然而，很少有人对 XP 依据的原则做出解释。

一些敏捷实践人员越过这些指定的项目管理方法，运用自己的直觉和经验，超越其身处的环境去吸纳 XP 的项目管理办法，这其实是一件好事。遗憾的是，由于付出了极少的精力去总结这些新的做法或收集这些方法背后的思想，这意味着很难让初学者快速上手成为专家，那么就需要投入更多的精力去重新学习。当然，也可以让其他已经经历了该过程的人来指导新人，以来加快新人的学习进度。然而这种指导人员往往因工作太忙根本顾不过来（如果是项目内部人员），或者培训价格相当昂贵（如果是外部学习机会）。

我们看到同样的事情也会发生在 Scrum 上。Scrum 能通过行业进行广泛的传播，因为 Scrum 项目管理办法极容易被个人或小团体采用，在拥有明确定义的团队的组织内部，Scrum 方法很容易上手。与客户和客户代表之间保持良好的沟通，极少中断对现有产品的支持（采用 Scrum 的团队是唯一支持现有产品的团队），项目过程中不会同时应付太多项目（一段时间内一个团队负责一个项目）——这是能够良好实施 Scrum 基本实践的背景。

然而，由几个团队构成的大多数组织在这些情况下不能开展工作。很多时候，当一个组织决定采用 Scrum 时，它基于一些特殊情况，例如，刚才描述的一个团队负责一个项目的情况。这样产生一个的结果是，Scrum 能够为这个团队带来项目的成功交付。遗憾的是，当组织试图将Scrum管理方法扩展运用到组织中的其他团队中时，这种项目管理方法几乎不能工作，原因是它们没有首先解决组织的核心问题。

Scrum像XP一样，做系统开发时几乎完全依赖不断的学习来应对这些挑战。客户期待开发人员去"检查和适应"开发的过程。这其实是件好事情，但是还远远不够。XP和Scrum都具有良好的信念体系和价值观，但没有较好地提炼出这两种实践的基本原则。

精益思想使用了更丰富的手段去管理项目——"计划—实施—检查—行动"（Plan-Do-Check-Act，PDCA）循环规则。PDCA要求团队制订一个明确的执行计划，如果你想遵从一种工作"模型"，那么推荐你使用这种包括了经验、良好原则和吸取了他人的教训的"模型"。这一执行计划成为团队工作的标准过程。团队先按照计划做好工作，然后停下来检查哪些地方与计划不符。根据团队成员的观察，再决定该如何调整计划，哪些应该改变，或者哪些应该保留，然后，再重新开始执行计划。

"检查和适应"（"冲刺计划、执行、回顾"）和PDCA循环规则这两种方法之间的区别在于，PDCA包含了一个明确的声明，清晰地描述了计划要做的工作和如何去做。我们先根据计划做工作，然后检查这种"模型"取得的成果，接着，作为必要的调整，再次采取相应的计划。前一种方法脱离了团队，是根据自己的直觉和较少的指导去计算该做些哪些工作。PDCA循环是建立在精益原则模型的基础上的，为项目管理提供了更加具体的指导，能够检查工作的有效性。

PDCA循环也适用于更广泛的情况，它不仅局限于项目开发周期之内，而且也应该成为团队各个方面工作习惯的一部分。测试团队可以在测试工作中使用PDCA循环，它是测试驱动开发（Test-Driven Development，TDD）原则的基础，在用户访谈——用户已经得到与其期望得到的内容为基础的讨论——完成之后，UI团队会进一步调整用户界面的交互。

为了使软件开发成为一个真正的职业，我们必须使用基于好的原则和以他人经验为指导的工作过程，同时公开这些过程去接受批评和指正。

原则和实践为专业化打开了大门

这里对设计模式有一个比喻。1994 年,伽玛(Gamma)、赫尔姆斯(Hlelms)、约翰逊(Johnson)和威利斯迪斯(Vlissides)共同出版了他们颇具影响力的著作《设计模式:可复用面向对象软件的基础》。多数人对模式的理解是"对在某种环境中反复出现的问题的解决方案"。其实这只是初学者对模式的理解,真正模式的作用远不止于此。《建筑的永恒之路》(1979)的作者克里斯托弗·亚历山大曾从模式中吸取了创作灵感。他说:"模式具有真正解决(问题)的能力,解决那些在通常的情况下需要被解决的问题。"而在研究如何解决这些问题的过程中,人们不仅找出了问题的解决方案,还发现了更深层次的原则。对模式更深入的理解是一种构建精益思想过程的基础,该过程将用于解决团队面临的设计实践问题。

用精益—敏捷方法建立一个用于从事软件开发的模型,它将结合基本原则、初期实践和思想过程,供团队用来扩大它们的知识面,并可将学习到的他人的经验教训纳入其中。这将成为构建专业级软件过程的基础,该基础的构建工作迄今尚未完成。①

知道你在哪里

在生活中任何真正有用的技能,其实都需要花一定的时间去学习和掌握。当你第一次学习一门技能的时候,你可能取得到很大的进步。你需要注意的是,你可能认为你已经掌握了这门技能,但实际上可能只是了解了肤浅的知识。聪明的人总是保持着奋勇前进的动力去不断地学习和提高,当各种难题或挑战无法避免地到来时,他们始终能够去解决和处理。你需要在危机来临之前就做好迎接挑战

---

① 这来自斯科特·贝恩(Scott Bain)的一个比喻,在其著作《浮现式设计:专业软件开发演变特性》中描述的构建软件开发技术方面的基础(2008)。

的准备，而不是到危机来临时你才开始准备。

作为在不同几个领域（精益、敏捷、看板、Scrum、产品管理、设计模式、测试驱动开发）中的教育工作者，我们已经发现，在继续学习新概念之前，应首先纠正之前所学知识的谬误。由于大脑中对已掌握的知识已经形成了固有的印象，那么我们所拥有的这些误解就会阻挡我们继续学习的步伐。

我们选择探讨 Scrum 中存在的误解，是想通过这个讨论来说明精益—敏捷方法与其他敏捷方法之间的区别，因为 Scrum 是被广泛使用且被大众所熟知的一种项目管理方法。它代表了当前行业对敏捷的态度，也代表了行业中大部分人的思想，特别是代表了尝试采用敏捷方法的新成员的想法。

以下章节将介绍我们曾遇到过的阻碍有效学习 Scrum 的几种观念。首先涉及的是对 Scrum 本身的误解——人们理解的事实其实并不是 Scrum 的真实情况；其次是对概念的运用——看上去是 Scrum 所倡导的，但我们觉得不能奏效的概念。理解中的错误在真实意图被掌握之前必须被丢到一旁。无论何时，我们发现存在于我们思想中或在某种情况下的局限性时，我们学习（Scrum）的思考过程正好成为可以扩展我们思维的地方。

Scrum 是一种非常实用的方法。它看起来很简单，但掌握它也需要一定技巧和决心。请做好准备，你必须理解它的原则和做法，以便能够运用它去解决你将面临的挑战。

稍后我们将探讨在整个行业中存在的一些谬误和解决这些谬误的方法，我们会对几个概念进行解释——这些概念虽然多数 Scrum 培训师都表示同意，但我们并不认同。[1]

---

[1] 我们并不是说，富有经验的 Scrum 实践人员不能在企业中成功实施 Scrum。毕竟，Scrum 只是一种框架，是构建软件的框架，也是团队成员用自己的知识去不断补充的一个框架。我们要说的是，精益能够为很多应用提供适用的框架。此外，经验丰富的 Scrum 实践人员知道什么时候可以去打破这些规则。所以，我们要利用自己的直觉。我们相信可以有意识地用精益思想去解释很多事情。我们的经验是，凭直觉就能提供一种良好的解决方案，但如果同时能解释为什么做和做什么会更好。

Scrum 是一种框架

Scrum 是构建有效的敏捷开发过程的一种框架。它基于一种概念，即软件开发必须通过响应开发过程中收到的反馈来控制。也就是说，虽然软件开发工作本质上是经验主义（你无法去预测它），但你可以使用过程中反馈的信息来控制开发的过程，反馈频率越高对开发过程就越有效。Scrum 方法提倡分阶段开发软件——每 2~4 周做一次发布。评估进度，然后变更任务优先顺序，制订下一步工作计划，这样做有助于发现软件开发过程中遇到的问题和障碍。不能回避这些问题和障碍，而是要一一解决。例如，某个团队可能发现，它们与代表客户发言的那个人没有保持足够的沟通，那么这就需要解决问题（增加接触频率），否则团队的工作将受到阻碍。

接下来的 Scrum 方法能够促使过程中更多问题浮出表面，然后去解决这些问题并将项目继续向前推进，直至更多的问题呈现出来，再去继续解决问题。

没有一种放之四海皆准的方法，因为每个团队和它们工作的领域、遇到的问题都不尽相同。它们必须学会学习，还必须摒弃观念上存在的条条框框。

对 Scrum 的误解、不正确的观点和 Scrum 的局限性

本节讨论了来自众多 Scrum 实践人员、新手和富有经验的人士所持有的各种观点。可以归纳为以下 3 个类别。

- Scrum 新手通常走入的认识误区：
  — 项目开展首次工作时没有做计划。
  — Scrum 中没有文档。
  — Scrum 中没有架构。
- 我们认为不正确的 Scrum 的观念：
  — Scrum 的成功在很大程度上是因为由项目成员来定义如何做项目。
  — 团队要远离管理层。

— 产品是由产品开发人员靠拍脑袋想出来的。
— 当决定要开发何种产品时，即可从素材开始启动产品开发，发布计划就是选择要发布的素材的过程。
— 团队应该由通才组成。
— 检查和修改是足够的。

- 克服 Scrum 的局限性：
— 自组织团队能够超越其他团队改进软件开发的流程。
— 每次迭代都需要向客户提供价值。
— 切勿超越目前的迭代计划。
— 可以使用 Scrum-of-Scrums ①协调不同产品团队间的工作关系。
— 可以在无须自动验收测试或单元测试前置的前提下使用 Scrum。

❑ Scrum 新手易走入的误区

这些仅仅是我们碰到的几个误区。重点提到它们，是因为这些是项目中存在的最常见、最具破坏性的几个误区。

项目开展首次工作时没有做计划。很多人认为，Scrum 说的就是要跳过项目系统构建第一部分的内容。其实，Scrum 认为，一些前期计划是必要的。我们会在第 6 章中对此做出详细的阐述。

Scrum 中没有文档。其实，Scrum 不会直接去解决这个问题，Scrum 建议，除非具有商业价值，否则就不需要创建文档，这的确消除了许多类型的文档。正如所有的敏捷方法一样，文档只存在于当这些文档对客户有益的情况下。不要仅仅因为过程需要我们去写文档而去写文档（如果过程的确是这么要求的，那么应该更改过程）。

Scrum 中没有架构。再一次声明，Scrum 不会直接去解决这个问题。 Scrum 更多的是关于如何管理团队而不是定义团队应该做的工作。第 13 章讨论了如何正确使用架构。

---

① Scrum-of-Scrums 是一种协调团队之间的行为的方法。每个团队派出代表出席项目例会，频率为每周一次甚至每周两次。

❏ 我们认为不正确的 Scrum 观点

我们发现，这些观点或者降低了团队的有效性，或者对改善项目的过程不适用。在这里无法将所有有问题的观点完整地一一列出，以下提到的都是我们认为在项目中比较常见、对项目有害的观点。

Scrum 的成功在很大程度是因为由项目成员来定义如何做项目。这是 Scrum 真正遵循精益思想的做法，由项目成员定义完成工作的过程。然而，许多团队从最初实施 Scrum 时即获得了较大的改进与此其实无关。认为"团队"：

- 不得不从其他组织中拉人以获得它们所需要的技能。
- 一次同时参与多个项目。
- 团队不在同一地点工作。
- 不得不遵循产生了不良后果的大量墨守成规的制度。

现在，想象你将去实施一个 Scrum 项目的试点工作，并被告知：

- 你将有一个跨职能的团队，拥有所需要的所有技能。
- 在一个时间段，你将只参与一个项目。
- 团队将在同一地点工作。
- 你不会遵循墨守成规的制度，那些制度只会对项目起副作用。

你可能期望通过实施 Scrum 使生产力获得巨大的提升。的确，相比其他在同一家公司的同一水平团队，即便是在同一类型的项目中工作，拥有同样水平的项目人员，Scrum 都能提升 3 倍以上的生产力。我们相信首次实施 Scrum 通常都能为项目带来巨大的改进，因为导致系统颠簸或项目的延迟的因素已经被消除了。还可能存在这种情况，我们无法将迭代开发做到我们想要的程度，然而通过利用 Scrum 项目实施方法，仍然会带来生产力的巨大提升。

我们要对这些加以理解，即使 Scrum 整体方法不能被启用，我们也能经常通过实施这几种方法来提高生产力。错误地确定有利于改进的因素可能导致错失进一步改进的良机。

团队要远离管理层。许多 Scrum 实践人员声称团队应该与管理层"绝缘"。其实他们误解了 Scrum 项目实施的原则：团队应该免受管理层干扰。

这种误解基于某些以往的经验。在某些公司，管理层导致项目大量中断，因此使 Scrum 实践人员认为，应该让团队免受管理层的干扰。这构成了"开发人员与管理层"之间的冲突，这种冲突在软件行业中带来了很多问题。一些人认为 Scrum 原则更接近一种约定俗成，而非 Scrum 的一个部分。多数人倾向于"管理层危害说"。

许多 Scrum 实践人员使用著名的"鸡和猪"[①]的故事来支持他们的这种看法。目的是要说明，项目中的一些人非常重视项目，而另一些人仅仅对项目感兴趣。遗憾的是，这通常只是作为一种用于阻止管理层干预项目的说辞。其实，管理层并不是项目中的障碍而应该被移走，而是一种资源——可以让整个团队在正确的方向上前进的有利资源。第 11 章描写了精益—敏捷管理层具有的良好特征。精益再次提供了一种能让管理层与项目成员一起工作的方法。精益指导管理层去支持项目团队，当团队创建自己的工作过程时，管理层为团队提供方向性的指南。

在某些公司，团队的确不是自我组织的，除非管理层做出适当让步，允许团队这么做——这也是事实。那么在这种情况下，Scrum 大师必须鼓励团队成员在管理层没有涉足的区域去做些决定。这些观点其实是基于管理层不具备管理的能力而产生出来的问题。精益—敏捷认为，管理层是具有高效领导能力的某个人，是区别于其他 Scrum 实践人员认为的那种低下的领导力而言的。

这种对管理层负面认识的心态有可能导致团队关系不和谐，那么在系统出现颠簸或与其他小组进行集成时，项目小组的工作也绝不会十分有效。就这一点来说，在集成或出现系统颠簸时，管理层的介入恰好可以让项目处于可控的范围内。

更好的情况是，当团队仅仅局限于关注它们重视的问题时，管理层的存在就是一种必需。例如，如果需要重组，管理层就必须介入进来；如果是团队所能控制之外的原因导致项目受阻，那么管理层也能帮助团队去解决这一问题。

管理层是团队在项目改进过程中的合作伙伴。

为了使产品符合要求，产品负责人就是"一个可拧断的脖子"（指需要为决策后果负责的人）。实际上，没有谁的脖子应该被"拧断"！产品负责人应该只是

[①] "鸡和猪"的故事来自一个老笑话。一只鸡和一头猪在酒吧里一起喝酒。鸡对猪说："我们应该合伙开一家饭店。"猪回答道："噢？我们饭店的主打菜是什么？"鸡说："火腿与鸡蛋。"猪考虑了半天，然后回答："我可不这么想。对你来说只是参与而已，我可是全身的投入。"

项目任务优先次序的负责人，而优质产品的开发责任是由整个团队负责的。精益为开发人员与管理层合作提供了一种方式。以角色的命名作为开始，精益用"产品牵头人"代替了"产品负责人"。它表示的是领导力——而非所有制——这正是我们所需要的。

产品牵头人引导开发人员去发现客户的真正需求。在发掘客户需求的过程中，身为产品牵头人的他将协助或指导团队中的成员去完成任务。产品牵头人和团队共同为产品的质量负责。产品牵头人负责素材的优先级排序，开发人员同样在整个开发过程中负有不少责任。

行业经验促使产品牵头人去组建项目团队，项目成员包括产品经理、业务相关方、系统分析人员和面向客户的人员——专门负责为客户提供反馈和校验服务，以便使开发人员能够尽快抽身，切换到下一个项目中去。第 10 章涵盖了这些细节内容。

当决定要开发何种产品时，即可从素材开始启动产品开发：发布计划就是选择要发布的素材的过程。最好是从全局开始，尤其是敏捷分析人员应该按照从业务能力到整套功能，再到素材收集和划分任务来进行系统分析。最小可市场化功能的概念在第 4 章，这是本书的重点。如果你没有一种大局观而只是工作于一小片任务中，这就是会对系统产生误解的原因所在——你不应该只从一件小的工作为起点开始整个的产品开发。精益的原则——"全局优化"为此提供了指南。在第 7 章中描述了更多的细节内容。

团队应该由通才组成。这是一个极端片面的观点。如果任何人在项目中都能做任何事情，那么开发素材就是一件相当容易的事情。实际上，很多应用程序有一定的复杂性，需要专家来完成，如数据库分析人员、在飞机制造业中压力测试算法开发人员。[①]团队真正需要的是，能够以很短的时间组织起所需要的技能去完成工作，可共享的知识越多越好。

检查与修改是足够的。我们讨论这个观点比较容易，但是这种行为总是一再发生。检查与修改是良好的和必要的，但是这种行为并不是足够的，除非它明确

---

① 某些技能需要博士和拥有丰富经验的人员——不是一项简单、重复性的工作。

改进了团队工作的过程。必须要向他人学习或总结过往的经验，更好的模型是计划—执行—检查，团队应该考虑重新学习遗失掉的知识。

❑ 克服 Scrum 的局限性

Scrum 在具有完整职能的组织团队中实施得非常好。遗憾的是，很多人都想在职能不全的组织中实施 Scrum。Scrum 能帮助团队独立于组织的职能障碍之外，使组织更具功能性。但是，对于单个的团队来说这并不是一件必须完成的工作，对于在一起工作的多个团队来说是很有必要的。精益—敏捷具备更广阔的视角，如果我们想要实现企业级敏捷，那么精益—敏捷是一项必不可少的工作。

自组织团队能够超越其他团队改进软件开发的流程。这显然涉及之前关于管理层的误解。纯粹的自我导向型团队也有不成功的历史。Scrum 团队应该被自组织，而不应该自我导向。持续的过程改进可以通过团队与管理层之间关系的改善获得加速。虽然 Scrum 大师可以提供一些必要的领导力刺激团队进行自我评估，但这并不够。事实上，沃马克（Womack）和舒克（Shook），在《精益企业制度》（2006）中描写了中层管理者所扮演的重要角色。例如，询问一些深层次的问题，营造一种兼有领导力和协同工作的环境，阻止领导者成为独裁者或"不干涉"经理，等等。精益的管理范式为团队提供了领导力，为持续改进团队的过程提供了指南。

每次迭代都需要向客户交付价值。直到软件产品被最终发布为止，无论你做什么，都将不再有价值被交付。每次迭代（在 Scrum 中称为一个"冲刺"）都应该包括能提供反馈的信息。迭代并不需要总是为客户利益服务。当你需要学习一些系统知识时，也可以通过迭代进行。当然这种情况并不是经常发生，因为开发人员通常认为最大的风险莫过于开发了客户不需要的东西。如果不能挖掘系统真正的需求会导致开发后期更大的问题（如重新设计或更大集成成本）。在这种情况下，比较合适的做法是去开发风险最低的需求。精益的原则——全局优化和消除浪费为此提供了指南。我们不想构建过度需求，这样会增加浪费，同时我们也要在头脑中保持一种全局观。

这就是说，如果迭代无法在路线图中显示可检验的进展，那么你的风险就是可能漏掉关键业务相关方的利益和反馈。能够提供端到端的功能切片是一种较高级别的技术，不能在传统组织中实现。它需要跨职能团队一起工作。在交付基础架构和可验证的商业价值之间权衡时倾向于后者，这确保了企业和相关方对项目的关注和参与。这是对"构建不必要需求"或"构建过度需求"的一种自然的约束。

切勿超越目前的迭代计划。即使有这种情况产生也不要这么做！在小团队和小项目中，或许还可以这么做，然而，项目越大，这样做变得越困难。迭代列表（是可视化控件）足以应付复杂的多迭代和多团队素材管理，让项目变得不那么复杂。我们会在第 8 章中讨论这个问题。精益更大的观点是结合消除浪费原则再次提供帮助——只关注你当前的需要。不同开发速度的团队之间相互依存，需要做出计划，以确保团队工作能够得到很好的协调。

可以使用 Scrum-of-Scrums 协调不同产品开发团队间的工作关系。Scrum-of-Scrums 是一个应用于协调团队间关系的伟大的实践。然而，如果 Scrum-of-Scrums 中涉及不同的团队，且团队之间分别具有不同的目标、动机或驱动指标，那么 Scrum-of-Scrums 就不会起作用。当压力存在且团队的动机不同时，它们会倾向于关起门来自己解决问题。当试图协调团队间的工作关系时，我们很自然就会把重点放在那些与团队相关的问题上，所以，我们自然会去做团队最感兴趣的事情。

精益可以提供一个更广阔的视野。我们都知道从个人中挑选人员来组建团队的难度——大家必须有一个共同的目标。挑选各个团队组建一个产品开发组织也会有同样的问题，产品协调小组通过在各个团队之间的沟通能够解决问题。第 12 章提供了一个很好的可选方案。

Scrum-of-Scrums 的另一个特点是，它们是一种自然的反应，只是讨论项目中障碍的一个平台。精益指南建议，如果障碍存在，那么过程必须被改进。产品协调小组可提前预警，并为跨团队计划和项目可视性构建一个框架，这是衡量项目进度和使项目可持续进行的关键。

可以在无须自动验收测试或单元测试前置的前提下使用 Scrum。当杰夫·萨瑟兰最初创建 Scrum 时，Scrum 包括了自动验收测试实践和其他高品质的工程实践的内容，但是大多数人没有注意到这些。遗憾的是，为了使大众能够更加容易地掌握 Scrum，这两项实践被删除了。我们说遗憾，是因为没有这两项技术，代码的质量会降低，程序会很难修改，并且修改起来也会很危险。另外，好的验收测试过程有助于明确客户的需求，因而可更进一步降低错误带来的项目风险。

有趣的是，在自动测试未被纳入 Scrum 中时，精益原则的"全局优化"与"构建品质"总是相互冲突。全局优化原则意味着产品开发时需要考虑整个项目的时间跨度，包括编码、测试等整个项目的平均生命周期，而不是只考虑编码阶段。如果需要花费大量的成本去维护一种快速的产品发布，这就不是一个好的项目实践。随着 Scrum 团队的日益成熟，它们开始认识到自动测试技术应该成为 Scrum 实践中的一部分。

如果你有兴趣想了解更多这方面的内容，请参考以下 3 本书：
- 《浮现式设计：专业软件开发演变特性》（贝恩，2008）。
- 《极限编程解析》（第 2 版）（贝克和安德烈斯，2004）。
- 《修改代码的艺术》（费瑟斯，2004）。

❏ 错误观念带来的不良后果

这些错观点结合在一起给企业带来了新的挑战。

当团队认为不需要被管理时，管理层就不应该去督促团队。这有时候也会形成一些错误的观点：自组织团队不需要管理层的帮助（其实它们需要），团队需要避免管理层的干扰。大多数团队使用可视化控件为团队和管理层提供项目信息。管理层也需要有权力去了解团队目前正发生的事情。如果团队不能展示这些项目信息，那么跟踪团队的工作就会出现问题。精益可视化控件提供了解决方法。

外部人员不能对团队的过程下指令。遗憾的是，许多人依然保有这种心态：一个中央过程管理小组能够为所有的团队找到正确的过程。这是一种传统心态的遗毒，这种方法没有效果。团队需要为自己的过程负责。然而，精益全局优化原则的确曾表示，需要为团队合作建立某些标准。对于"更好的完成"，需要发出的一个"这是将要完成的任务"的指令，而不是一个"如何完成任务"的指令。要求团队运用合适的方法去工作，这就是一项好的实践——只要每个团队能够决定通过最好的方法去满足客户需求即可。

精益思想提供了必要的基础

让团队自己去策划其实践行为、工作流程和入门方法，几乎可以肯定的是，项目中肯定会出现误解、错误和局限性，即便在最好的情况下也会造成团队效率低下。因为 Scrum 是一种有效的方法，所以团队总是会设想成功的一面，而对失败的一面考虑得很少。团队的效率低下会造成大量的反学习理论、重新学习和计划调整。最有效的方法是以精益思想体系为基础引入 Scrum。精益提供了一种完善的模型，在指导团队的实践和工作流中发挥了指导作用。表 5-1 说明了精益思想为团队带来的帮助。

表 5-1 Scrum 观点与精益观点比较

主题	Scrum 观点	精益观点
迭代结构	使用时间箱迭代，发现和构建相关的小型迭代	利用迭代结构类型（例如，Scrum 中的时间箱或在看板方法中那样以流程为基础）
产品方向	产品负责人是"一个可以拧断的脖子"	团队向产品负责，产品牵头人设置优先次序，并领导团队去发现和构建需求
管理	Scrum 倾向于将团队与管理层隔离开来	管理者引领和教导团队，管理层与团队协同合作
如何组织	让团队工作，通过 Scrum-of-Scrums 协调团队工作	创建适合所有工作的环境，如价值流。团队要学会如何在这些环境下工作

续表

主题	Scrum 观点	精益观点
如何学习	检查工作结果,接着去适应改善的环境,重视团队实践并改进这些实践行为	从已知的、良好的实践开始着手工作。理解流程的基本原则和在制品,一切行为以大局观为中心。就像这样,计划工作,按计划执行,根据你的理解回过头去检查,然后根据调整后的计划继续执行。不要只"检查和修改";要去建立起一个关于如何工作和如何完善工作的模型
素材的优先级别	重视客户价值	重视客户和企业的价值,同时关注延误带来的成本,没必要关注最具价值的功能
开始的地方	让团队自己去解决自己的事务	开始于精益思想的固定理解。在团队具备了解决问题的能力之后,再将工作任务交给团队处理,重要的是要对我们所做的工作尽可能地了解。特别要注意批处理大小、任务排队队列、WIP 和流程

❑ **将 Scrum#-Scrum 嵌入精益思想中**

从表 5-1 中可以看出,我们有理由期待,团队运用左边的观点开始运作项目,相比运用右边明确规定的精益观点运作项目——即使以同样的实践方法——将会获得不同的结果。由于两种观点都遵循 Scrum 项目实践方法,我们选择在精益背景和观念体系下的 Scrum 实践——Scrum#。Scrum#就是注入了精益思想的 Scrum。

更深入地运用这种 Scrum 方法比单纯地运用某种观点更有用。那么 Scrum # 从业者应该遵循哪些原则运用精益思想呢?

在敏捷转型之初，最好避免一次性做太多的更改，应该以表 5-2 中的这 4 项实践作为开始。团队工作质量将得到改进，迭代循环的时间将会缩短。

表 5-2　Scrum#的 4 个基本实践

实　　践	描　　述
及时构建，使用集群	许多团队被及时构建时产生的困难所困扰。所有的编译或链接都可能因为未知的依赖关系而让代码失效，例如，某些团队采用的是旧的 API，他们没有发现 API 已经被修改了。这种情况往往发生在多个团队工作于同一素材，但是彼此之间不同步。一个补救措施是使用团队集群来处理素材。获得有品质的开发的困难通常是集群不够造成的。集群的做法是将所有需要的成员汇集在一起，在同一时间工作在同一素材上，最大可能地缩短完成该素材的总体时间。精益方法重视项目总体周期时间而非个人生产力
定义验收测试优先于编写代码	这种做法增强了客户、分析人员、测试人员之间的交流，也有助于测试人员与开发人员保持同步。如果开发人员不能在测试人员制定测试方法之前编写代码，那么就需要开发人员在后期帮助测试人员，防止测试过程落后于进度
迭代结束时，所有已经启动的素材都要完成	避免启动新的素材，只是因为这会给开发人员带来障碍。许多新实施敏捷的团队没有意识到，大量存在的 WIP 对它们本身就是一种阻碍。少量、完全完成的素材要好过大量、90%完成的素材——在迭代结束的时候，你无法将一个只完成 90%的素材演示给客户
询问好的、可靠的问题	这激发了团队成员去思考关于他们正在做的工作，并且有助于他们学会识别正在做的工作与期望完成的任务之间的差别

反模式：应避免的做法

当团队采用 Scrum 项目管理方法时，造成了同样的错误重复发生。它们期望能够找到一种更好方法的来解决项目中存在的问题。一些项目教练指导项目成员加强自我学习，而我们提倡项目成员应该从错误中学习。在错误中可以学到很多新的知识。一些常会在项目中出现的错误——已知对工作不利的方法——我们称之为"反模式"。Scrum 团队中的反模式有：

- 素材不是在一次迭代中完成的。
- 素材太大。
- 素材没有按优先顺序排列。
- 团队一次安排的工作太多。
- 编码前没有编写验收测试。
- 质检或测试人员的工作远远落后于开发人员的工作。

我们在项目中常会询问的问题包括：

- 团队工作量超负荷了吗？
- 最后一次对比标准进度检查工作流程是哪天？
- 最后一次修改标准流程是哪天？
- 项目过程中哪里存在延误？
- 所有的在制品都是必要的吗？
- 如何管理在制品？
- 开发人员与测试人员同步吗？
- 看板对团队工作流真的有用吗？
- 人力资源与素材有关联吗？
- 有哪些因素会限制人力资源影响团队的工作？
- 你经历过怎样的人为限制？
- 这些限制能通过培训解决吗？或者通过让这些人在一起工作来解决？
- 看板是否反映了限制或有助于团队管理？
- 为了使管理层更加可视需要什么？
- 如何管理你的逻辑关系？

引入看板软件工程

本节介绍了看板软件工程[①]，一种相对新的根植于精益思想的软件开发方法。它以长期经验和良好的原则为基础，让许多开发团队看到了一种更健康、更精益的可选方案。

如表 5-1 所示，许多精益方法都使用了时间箱，即通过相关的、少量的迭代来管理软件开发的方法。这种方法直接改进了工作流，因为团队专注于小件任务，所以可以得到更快的反馈，保证了团队工作在正确的方向上。看板软件工程就是将更多的关注直接放在工作流上的方法。

看板软件工程（简称看板）基于下列观点[②]：

- 软件开发有关创建和管理知识。
- 软件开发过程可以用队列和控制回路及相应的管理来描述。[③]
- 通过系统的信息流必须有一定的代表性。[④]

看板软件工程流如图 5-1 所示。看板模型是以这种概念为基础的——团队工作在适当数量的功能上直至完成开发。当团队准备开始开发下一项功能的时候，它们就从等待的队列中拉出一项待开发的功能。这样就可以对功能的选择和开发的过程进行妥善管理。

- 团队重视开发尽可能少的且可增强客户价值的功能。
- 开发流水线上存在少量排队队列和小批量的任务，这样会使开发工作更有效。
- 团队须获得快速反馈以保证它们在正确的工作轨道上。

[①] "看板软件工程"也许是一个不恰当的名字，因为它总让人想起丰田的看板卡，曾用于管理丰田拉动式生产系统。比起只是用卡片来管理在制品，看板软件工程其实能够做得更多。
[②] 本章关于看板的思想大多来自拉达斯和安德森在 2009 年的著作中提出的论点。
[③] 同②，第 10 页。
[④] 同②，第 26 页。

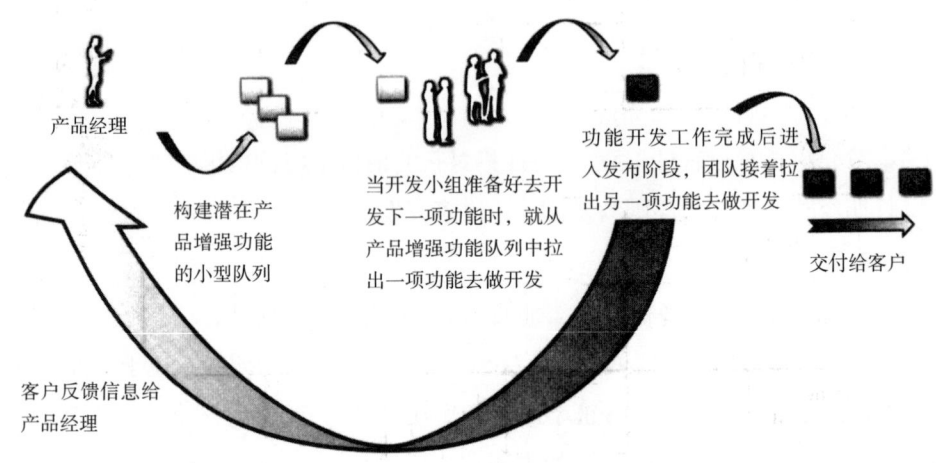

图 5-1　看板软件工程流

看板与常用的敏捷方法不同之处在于：

- 软件开发团队中排队的队列很少。
- 软件开发团队的重点是尽快完成功能开发，但没有时间箱的制约。
- 从形成概念到产出消费品，在整个价值流的过程中，看板让人一目了然，理想的情况是，由客户启动价值流，产品经理与团队一起紧密合作，利用看板在过程中对在制品的数量加以限制。
- 直接运用看板，无须进行任何估算。

❑ 管理看板团队的工作

看板不会具体指定一种技术去做管理工作：它可以自己独立完成，或者可以由一个团队集群共同完成。看板的目的是将在制品数量控制在库存允许的范围内。看板是一种为每项任务指定"插槽"的方法。只要限制可用"插槽"的数量，我们就可以在任何步骤中限制在制品的数量。通过定义每个步骤中在制品的限制数量，我们就可以最大限度地缩短平均生产周期。

看板纸板（见图5-2）可以帮助团队管理工作。当团队成员完成一项任务时，他们将代表那项任务的卡片移动到工作流程中的下一步。在任何时间点，看板都代表了当前的工作状态。它还显示出团队正使用的过程及其对在制品的限制。看板可被看作一种完美的"可视化控件"（在第 8 章中进行讨论），因为它以最少的工作量准确地显示了过程和状态。

状态	支持	项目 X	项目 Y	项目 Z	WXP 限制
待办事项	▭▭	▭▭		▭	5
分析	▭▭	▭	▭		4
实施			▭▭	▭	3
测试	▭▭			▭	3
完成/发布	▭▭	▭▭▭	▭▭▭	▭▭▭	

图 5-2　看板限制在制品数量

基于精益思想的看板方法将管理层包含在内，这意味着管理层可以参与团队工作的执行和跟踪，这很重要。

因为这也意味着管理层不能一味地要求"去做更多的工作"。相反，他们应该同意遵守团队已经决定的工作方法。第 11 章讨论了管理者如何领导和教授团队。通过构建团队过程的（透明度）可视性，管理层能够与团队一起工作，共同改进这一过程。

看板使用的另一个图是累积流量图（Cumulative Flow Diagram，CFD），它描述了看板在系统中的整个流动过程，提供了一个衡量工作流程的重要步骤。图 5-3 显示了理想情况下的 4 个步骤：待办事项（将被完成）、分析、实施和完成。在每个步骤中，它表明了在给定的时间内所完成功能的数量。宽线显示了流动中的障碍或堵塞，细线则表明了在制品太少（有时也被称为"气泡"）。

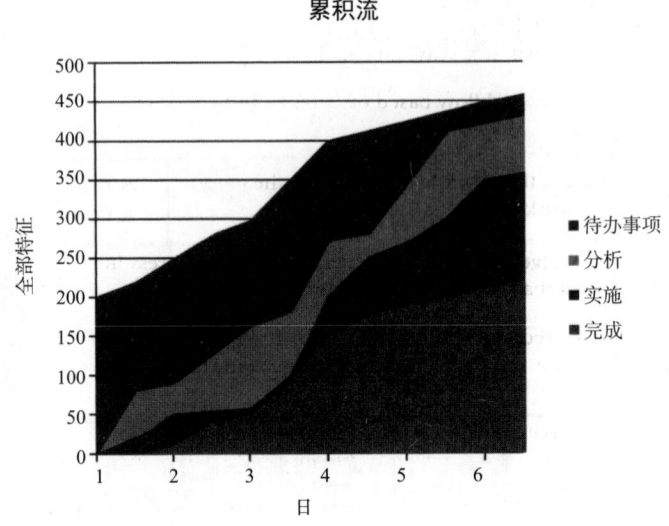

图 5-3 累积流量图

❑ 看板的优势

多数敏捷团队花了 10%～12% 的时间将素材分解到功能中并进行评估。有时候为提升团队对素材的理解，这些花费的时间是有价值的。然而，如果细分素材仅仅是为了符合人为设置的截止时间——通过时间箱的迭代计划方案设置的，这就是浪费时间的工作。评估少量素材的成本、整个项目的花费和没有特别价值的工作等，看板能够通过管理流程来消除这类浪费。

看板不是假设所有的评估都是不必要的，但它建议要重视投入的时间与收到的价值。看板从组合团队确定的功能列表中拉出功能，如果你能够对评估的功能相当确定，那么你可以发现，其实细分素材评估是没有必要的。

看板的真正价值在于，它要求团队创建一个定义明确的规则和有限制的工作流程。这使团队成员能够客观讨论哪些功能应该付出努力，哪些不应该付出努力。也就是说，它有助于团队重视过程，而不是将责任归咎于个人。是的，人都有可能犯错误，但如果是存在使错误发生的过程，或者隐藏错误使错误未被发现的过程，那么就要去修复这个过程。

看板兼具以下两个工作流：

- 基于队列和可控制的回路来定义的工作流。
- 在工作流的每个步骤中通过限制在制品数量来管理工作流。

证据表明，团队不断学习看板加快了工作过程的改进，原因如下[①]：

- 看板减少了评估每个素材时的恐惧感，这对某些团队来说是一种风险，恐惧总是妨碍学习。
- 看板明确了一个团队过程而非一个个人过程，突出的是团队的表现而非个人的表现，可以减少遇到困难时的恐惧感。
- 看板注重的是工作流过程如何被改进，而非责备某个个人。
- 看板能够反映具体措施的实施情况，例如，在制品应该是 4 个还是 5 个？在开始时利用看板去反映具体的问题相比去反映那些更抽象或更个别的问题更容易。
- 一个开放透明的过程使管理者能够参与其中，并有机会去改进这一过程。

> **案例分析：比较 Scrum 和看板**
>
> 本案例比较了 Scrum 和看板在现实中的应用。设想的情况是，两个敏捷团队分属于两家不同的公司。一家公司使用 Scrum，另一家公司使用看板。
>
> 在第一家公司，Scrum 团队和管理层同意，由产品牵头人在待办事项上排列好功能实现的先后次序，一旦团队选定一项功能去开发时，团队就可以为交付功能而去做任何它们想做的事情。在团队与产品牵头人之间没有太多的交互与合作。操作规则中，管理层享有优先决定权，团队负责项目实施。但如果管理层在项目实施中试图压制或命令团队，那么团队可以拒绝工作。（这就是说，团队可以放弃迭代）。如果出现紧急任务，项目经理必须等到本次迭代完成之后，才能将这项任务插入待办事项的列表中。开发团队认为这样做没有什么错误。对于每次迭代，管理层必须平均等待一周或两周的时间，当然他们不会感到很满意，因为它们不能再像从前一样，让团队立即去做其想要做的事情了。
>
> 在第二家公司，看板团队向管理层清楚地说明了它们的工作流和限制在制

---

① 这里的许多见解来自约翰·海因茨（John Heintz），在此表示感谢。

品数量的基本原理。它们运用管理层能够听懂的语言："这是我们了解的客户需求（分析），"这是判定如何验证为需求所做的工作（测试规格说明），"这是我们要开发的领域"，这是我们要构建的内容，"这是验证构建内容正确性（验收测试）的地方"，等等。团队清晰地表明它们将管理自己的工作，并将可接受的任务限制在团队的能力范围之内，让团队保持高效且能够快速响应请求。

团队与管理层达成一致意见，它们将尽快完成工作任务队列中排在最前面的那项工作，运用团队所知的最好的开发方法去满足质量目标。如果管理层一定要加快某些工作的进度——这些工作比已经存在的待开发的任务更加重要，那么团队同意使用"银卡"公约——将这些工作移到队列的最前端。如果有必要，团队也可以和管理层签订不同的服务协议合同，以便某些确定的工作任务会优先排在其他任务的前面。

Scrum 团队

假定这家公司正在运用 Scrum，副总裁向项目经理施加了一些压力，以下是项目经理和 Scrum 专家之间的对话：

项目经理（Project Manager，PM）：乔（公司的一个副总裁）刚刚告诉我，我们需要立即开发××功能。

Scrum 专家（Scrum Master，SM）：很好！我们把这项功能移到待办事项中的最前端。下次迭代中首先做这项功能。

PM：你明白"立即"的意思吗？他想要现在就做。

SM：是，我明白他想要什么。但那会打断当前的迭代任务，对项目有消极的影响。当我们开始运用 Scrum 时我们已经达成一致，保证每个迭代中工作不会被打断。

PM：嗯，那是事实。但那是工作正常进行时的计划，现在我正被催着要完成这项工作。对不起，只要团队下周稍微辛苦一点儿就能完成。我也不是经常这么做。

SM：好吧，我想如果我们把这项任务放进去的话，就要把其他一些任务转出来。

PM：你知道我们不能这么做。如果你们不能保证迭代的交付，那会影响其他团队，它们是基于你们的交付任务开展工作的。

SM：你能否回去和乔谈谈这项任务会对当前的迭代造成中断？

PM：你想我那么做吗？

SM：嗯，不用。

PM：好。我们就算达成一致了，你只要带领团队认真干就能搞定这件小事情。非常感谢你。

SM（对自己说）：我想我已经告诉了他我们的一致意见是中断这次迭代，但如果那样就会成为我事业的绊脚石。好吧，让团队在周末加班还是好过使用过去的方法来做项目管理。

看板团队

压力依然来自副总裁。当副总裁为了某些紧急的事情需要项目经理来解决的时候，使用看板的公司可能有以下的对话发生。

项目经理（PM）：乔（公司的一个副总裁）刚刚告诉我，我们需要立即开发××功能。

SM：很好！我们把这项功能移到待办事项中的最前端。下次迭代中首先做这项功能。

PM：你明白"立即"的意思吗？他想要现在就做。

SM：那你想让我们停下手中的所有工作去做这项紧急的任务吗？

PM1：是的，那就是立即的意思。

看板团队领导者（Kanban Team Leader）：我们可以让团队成员先完成他们当前的任务，至少让他们先完成手头上的任务，大多数人只需要一天左右就能完成这些任务了。你认为可以吗？接着我们就着手做这项任务。我们会通过"银卡"适当地提醒大家对这项新任务给予充分注意。

PM1：行，好的。我想乔获知他分配的工作任务并没有打断团队的进度会很高兴的。

KTL：哦，它其实是会打断我们的工作的，但如果这是公司的正确决定，那么我们没有问题。

KTL将写着乔需求的银卡放在看板上，并通知其他项目经理和副总裁。

PM2致电给PM1：我看到"银卡"上的××功能。那会减慢我们目前正

> 开发着的 3 项功能，我需要这 3 项功能去满足我们已经公布的项目时间表。
>
> PM1：乔说，我们需要完成这项工作。因为我们刚刚得到的一个合同需要××功能，如果我们能迅速完成，我们可以盈利数千美元。
>
> PM2：好吧，但我们也已经给客户做出了很多其他承诺。我希望我们不要再做出任何轻率的决定。

现在，我们讨论两个对话内容。项目经理可能解决这个问题，他们也可能把这个问题上交到乔那里。或者，乔意识到自己的错误决定对项目造成的影响实在太大了转而改变他的主意，又或者乔会继续坚持他的决定，要团队优于其他需求先完成他下达的任务。对话的要点提出了这个问题——应该做什么工作——并把这个问题提升到生产管理的水平。

比较 Scrum 的典型案例，首要的冲突主要来自产品经理与团队工作的层面上。问题并不在于产品经理和团队之间，而主要在于产品经理在他们当中并不具有工作优先权。

通过创建过程的透明度，从整个组织的角度来看待需求的影响，看板团队并没有采取强势的手段和损害客户利益的立场，团队只是让组织看到，它们的决策对组织生产力造成的影响。由于团队的软件开发过程对管理层来说并不是一个黑匣子，因此管理层可以更有效地与团队一起工作。

选择方法

有许多方法可供选择，到底使用哪种方法比较好呢？最基本的原则是要找到一种方法来满足自己的特定情况，因此没有一个一定正确或一定错误的答案。你首先需要尽可能地了解情况，然后再考虑各种权衡条件。表 5-3 针对不同的条件比较了 XP、Scrum、看板和精益思想基本原则。[①] 使用表 5-3 可以帮助你为团队选出一种好的方法。

---

① 我们相信，如果你使用看板和精益思想作为替代方法，那么瀑布型项目管理方法相比之下就不太合时宜了。鉴于 XP 和 Scrum 在某些特定情况下可能无法工作，因此你可以使用精益思想和看板的基本原则去规划要做的事情。

表 5-3 选择方法

要　素	XP	Scrum	Scrum#	看　板	精益思想
保持团队原封不动	要求	要求	—	—	—
使用时间箱	是	是	是	否	—
为整个团队排列素材的优先次序	是	是	是	否	—
发布已完成工作的时间	选定迭代的末尾	选定迭代的末尾	选定迭代的末尾	任何时候均可,取决于团队的判断	—
需要在一个管理层支持的背景下工作	否	否	否	是	是
团队成员在同一地点办公	没有说明	没有说明	使用快速—灵活—机动的原则去构建优化的工作流	以适当的在制品限制去管理	使用快速—灵活—机动的原则去构建优化的工作流
支持产品管理组织	否	否	是	部分支持	是
代码质量	是	没有讨论	利用工作流程提升代码质量	利用工作流程提升代码质量	利用工作流程提升代码质量

> **CASE** **案例分析：过程控制**
>
> 最近，我们在一家过程控制公司里与一个中等规模的团队一起工作，这家公司在做敏捷转型项目。团队由 70 名人员组成，包括项目经理、主管、产品开发人员、跨 8 个团队的技术支持人员，在 8 个团队中还有 3 名产品牵头人。
>
> 因为通常开发团队要在特定的硬件配置上开发软件，所以团队围绕这些硬件组织在一起，每个团队工作在不同的组件上。这是一种较理想的情况。它像有组织的团队围绕在 n 层架构中：一个团队为用户界面工作，中间层设计是另一个团队，还有一个团队负责后台数据库。团队是完全对立的集群，这可能导致很多问题（如很难集成代码）。
>
> 我们首先倾向于改造团队，以使每个团队在各种类型的硬件组件上都有技术专家。改造的痛苦看上去比获得的利益更大一些，尤其是考虑到团队成员都还只是处于学习敏捷方法的阶段。牢记原则而非规定的做法可以帮助我们寻找能够给予我们指导的原则。为了找到这些原则，我们要去询问客户，看看他们目前面临哪些问题。我们客户主要的问题在于，当一项功能贯穿应用于各个硬件时，如何实现各个团队之间工作的集成。很明显我们需要利用集群来防止问题（浪费）的产生，集群具有跨硬件组件的功能集成利用。
>
> 经证实，客户使用的 80% 的功能是独立在一个硬件组件上的，基于这种情况，他们的架构大部分还是可以的。他们需要的只是一种方法，去处理当功能需要在超过 1 台硬件组件上实现的问题。
>
> 另一个问题是，我们如何知道我们开发的功能具有较高的效率？或者说，当我们开发的功能没有效率时，我们又如何及时知道这一情况？提出这一问题的原因是，团队会面对一个很长的构建时间：用不超过 1 小时的实践做开发；然后花费一整天的时间去修正开发中的问题。这是因为功能跨越了硬件，而这些硬件需要一个很长的时间跨度构建出来。每名开发人员（在不同硬件上）在每次程序修改后，都要花费精力去检查。他们会发现，这种做法实际上为程序带来了错误和延迟。
>
> 如何做高效的开发呢？答案其实很简单。我们决定组建一个针对跨硬件功

能的特殊团队。他们将80%的时间投入以硬件为导向的架构中，团队需要集群时，能随时构建集群。我们的方法是让跨硬件的素材来推动开发工作：当合适的跨硬件团队成立之后，它们才会从待办事项中拉出跨硬件的素材，否则人们将继续工作在单个硬件的素材上。

这种方法需要一种与众不同的迭代计划形式。由3名产品牵头人同意的迭代计划的天数计算每次迭代中团队应该完成的工作任务的数量。项目能够运作是因为团队领导者都是技术开发方面最博学的专家。每个团队都先为自己的硬件组件写出一份需求列表，再为跨硬件组件写一份特殊的需求列表。

在迭代期间，当有时间拉出任务的时候，团队成员将首先查看特殊需求列表，看看"队友"是否有时间，如果没有时间，他们就会从自己的需求列表里拉出任务去做。

总 结

虽然Scrum是一个有效的敏捷项目管理的框架，但是由于它的历史和公众对它的误解，很多团队在扩展运用Scrum时会在一定程度上限制Scrum的有效性，进而无法在遵循Scrum原则中获得好处。Scrum是为了构建敏捷开发的有效过程而设计的一种框架。其伟大的使命之一就是找出项目中存在的障碍并消除它们。虽然Scrum会告诉我们不要遵循一种无效的做法，但是当其做法并不十分适用的时候，Scrum又往往无法告诉你该如何解决。

对团队更有效的方式是以某种方法开始做项目，众所周知这样做好过从头开始。很多的知识需要学习，当你从头开始时，可以借鉴别人的教训和成功的经验。一种有效的途径是使用精益思想来指导Scrum的实践——将"Scrum嵌入精益思想中"，我们把这种方法称为Scrum#。

看板软件工程是一个新兴的软件开发方法，它也是基于精益思想。看板旨在通过直接管理在制品的价值流来改善产品的流通。比起试图通过短迭代管理价值流的方法来说，这是一个比较好的办法。

睿智的开发团队将会选用——Scrum#或看板——最适合他们的方法来工作。

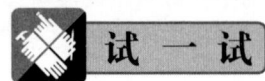 试 一 试

这些练习最好通过与公司中某位同事的交谈来完成。每次练习完成后,去请教一下其他同事,看看是否还存在其他可以改进的地方,以便帮助你获得进一步提高。

- 如果在你的公司中有失败的 Scrum 项目的例子:
  — 引起失败的是什么?
  — 如何组织反馈?
  — 有人注意到本章提出的误解吗?
- 如果你计划首次使用 Scrum,我们讨论的哪些对 Scrum 的误解会被用来作为反对使用的理由?
- 复习表 5-3,哪种方法最适合你的公司的情况?
- 我能容忍的在制品数量是多少?
- 你如何组织素材以使它能够帮助:
  — 控制在制品数量。
  — 管理层迅速了解他们需要知道的内容。
  — 使过程可视化并处理资源约束情况。
  — 以可视化的方式管理依赖关系。

推荐阅读

以下著作为本章的主题提供了有益的参考。

Alexander. 1979. *The Timeless Way of Building*. New York: Oxford University Press.

Anderson. June 8, 2009. *Agile Management Blog: Thoughts on Software, Management, Constraints and Agility*. www.agilemanagement.net/Articles/Weblog/KanbanBlogosphereRoundupJ.html.

Bain. 2008. *Emergent Design: The Evolutionary Nature of Professional Software Development*. Boston: Addison-Wesley.

Beck and Andres. 2004. *Extreme Programming Explained: Embrace Change* 2d ed. Boston: Addison-Wesley.

Denne and Cleland-Huang. 2003. *Software by Numbers: Low-Risk, High-Return Development*. Upper Saddle River, NJ: Prentice Hall.

Feathers. 2004. *Working Effectively with Legacy Code*. Upper Saddle River, NJ: Prentice Hall.

Gamma et al. 1994. *Design Patterns: Elements of Reusable Object-Oriented Software*. Boston: Addison-Wesley.

Kennedy. 2003. *Product Development for the Lean Enterprise: Why Toyota's System Is Four Times More Productive and How You Can Implement It*. Richmond, VA: Oaklea Press.

Ladas. 2009. *Scrumban: Essays on Kanban Systems for Lean Software Development*. Seattle, WA: Modus Cooperandi Press.

Poppendieck and Poppendieck. 2006. *Implementing Lean Software Development: From Concept to Cash*. Boston: Addison-Wesley.

Reinertsen. 1997. *Managing the Design Factory*. New York: Free Press.

Shalloway and Trott. 2004. *Design Patterns Explained: A New Perspective on Object-Oriented Design*. Boston: Addison-Wesley.

Shalloway and Trott. 2009. The Lean-Agile Pocket Guide for Scrum Teams. Seattle: Net Objectives Press.

Womack and Jones. 2003. *Lean Thinking: Banish Waste and Create Wealth in Your Corporation*. 2d ed. New York: Simon & Schuster.

Womack and Shook. 2006. "Lean Management and the Role of Lean Leadership Webinar." *Lean Enterprise Institute*. www.lean.org/Events/LeanManagementWebinar.cfm (accessed October 23, 2007).

第 6 章

迭代 0：准备第一次迭代

"人们只会看到他们想看到的东西。"

——拉尔夫·沃尔多·爱默生（Ralph Waldo Emerson）

"成功没有诀窍。它是预先准备、勤奋工作和从失败中学习的结果。"

——科林·鲍威尔（Colin Powell）

本章概要

本章讨论的是第一次迭代，即开始编码之前需要完成的工作。文中提供了一份清单，列出了必要的工作内容，这些工作可以确保新的精益—敏捷项目取得成功。如果这些前期工作没有妥善地加以准备，那么项目成功的机会就会变得渺茫，同时也使项目中的原本可以防范的风险陡然增加。

知识点

本章重要的知识点包括以下内容。在开始编写第一行代码前，要准备好以下几方面内容：

- 产品。
- 团队。
- 环境。
- 架构。

> **注意**
> 在第 3 章中,我们谈到了产品思维的重要性。本章我们使用词语"项目"代表"通过增加产品价值去增加客户价值的产品功能增强定义"。

为迭代 1 做准备

通常造成项目失败的原因是,在项目开始时没有恰当地为项目的成功做好准备。瀑布型项目的缺点是在项目开始前耗费了太多的精力去做准备工作,在敏捷和 Scrum 项目中,许多项目失败都是由于事先没有做好充分的准备。比较好的方法是综合两种方法的优点——项目开始时做好充分准备去有效地启动项目,使项目能够递增地进行开发和交付,但也不要做太多的准备——防止项目还没开始,这些工作就已经成了我们的额外负担。

应该将以下这个问题作为项目准备的开始:"为完成第一次迭代,需要每个团队和组织做些哪些准备工作?"也就是说,我们需要做哪些准备工作,以便在第一次迭代中为客户创建价值?

这个问题是学习其他章的基础。为了回答这个问题,我们需要综合考虑 4 个方面的内容,如表 6-1 所示。

表 6-1 迭代 0 须关注的 4 个方面的内容

关注方面	考虑如何去做
产品	构建工作基础,使愿景和团队工作的流水线都可视
团队	准备团队需要的知识、技能、工具和过程
环境	安装、配置和测试工具,安排工作间和协作场地,创建可视化过程
架构	定义高级别架构和设计目标,指导商业价值的应急交付与增量交付

完成迭代 0(也可称为冲刺 0)需要的时间在不同的项目中也不尽相同,应该由团队和所开发的产品来共同决定。典型情况是花一周的时间制订一份 3 个月的项目计划。团队使用每周迭代 0 的时间箱来确保不会耗费太多不必要的时间在上面。

❏ 设置产品

为推动软件交付商业价值，团队需要 1 名产品牵头人，他能够清晰地描述企业的愿景，让团队能够明白企业的需求。产品牵头人需要与客户和相关方对话。由他来回答这个问题："为什么我们在这里？"团队与业务需求之间要建立起一致的目标。

对团队来说，拥有一致的目标能确保它们理解具有高层次的优先顺序、日期、迭代、发布和对产品的设想。要让过程具有透明度并能够可视化，使正在进行的工作被可视化管理。可视化控件提供了一个强有力的机制，它不仅能使团队紧密地团结在一起，而且能注意到产品的积压情况。团队应该对产品积压情况进行定期检查。

精益组合（第 4 章）能够对具有最大投资价值的功能提供深刻的见解（以公司所做的业务为指导）。在尝试执行迭代之前，一定要事先建立和评估精益组合及发布计划并使其可视化。这些准备工作是必要的。分解和评估高层次计划，创建足够的素材并分解到任务当中——这些必须完成的任务如果都放在第一次迭代中完成，那么就会使第一次迭代承担的任务过多。换句话说，我们需要促进高质量的工作，使团队重视交付的商业价值，并且对将来的工作有正确的预见性。这种结构应该能够支持前瞻性，但并不需要过多地关注未来的任务，团队过多地关注未来的任务或风险时会带来很多不必要的分析工作并开发出很多不必要的功能。

❏ 组建团队

精益指南表示，把工作量限制在团队的能力范围之内，是让工作流有效运转的基本法则。通过组建团队构建开发环境，从具有优先次序的需求列表中拉出工作，并在下一项新工作开始之前，先集中精力完成拉出的这项工作任务。在迭代 0 期间确立并组建团队，在精益—敏捷方法中分配已定义的角色，包括产品经理和 Scrum 专家。可根据下面的内容做出决定：

- 管理每日站立会议与可视化控件（产品组合、路线图、发布计划和迭代待办事项）。
- 如何管理项目障碍。

- 如何确保项目开放、透明（在制品、障碍和状态）。

精益要求团队重视质量并防止浪费，特别是要防止延迟。另外，开发过程要有助于防止生成技术上的"负债"[①]。推荐团队使用测试优先的方法来做项目转型。如果项目转型不是在起步阶段，那么在迭代 0 中就应该包括创建测试计划，包括单元测试、功能性测试、系统验收测试和用户验收测试。以测试来推动所有工作而达成的方案应该被文档化。增量开发全套自动测试套件，用可视化控件监控开发过程，使项目实施具有清晰的既定目标。

在素材阶段，团队需要标准化工作，详细说明"完成"的定义。应该有一份简单的文档用以描述团队优先将素材文档化必须达到的可视化的质量步骤，包括所有相应文档的更新、可交付设计的更新、编码检查、架构复审和产品牵头人的最终验收。

❑ 构建环境

为使软件交付物的商业价值最大化，团队需要在迭代 0 中尽可能多地完成环境的构建准备工作：安装、配置和开发环境组件的校验，包括 IDEs、可视化控件、测试工具和缺陷跟踪应用程序。

通常的做法是，为了校验端到端软件的商业价值，可以先拉进一个素材做开发，用测试驱动的方法开发组件，使其能够在构建的环境中交付。

在迭代 0 期间，有专门团队负责执行技术支持（缺陷修复）工作，对构建测试环境也有帮助。

❑ 搭建架构

需要团队注意并要补充的另一个条款是，为了设置开发标准，必须对依赖关系及其风险、架构目标、文档做出高层次的定义，这些定义需要企业高层复查和

[①] 这里存在两类技术负债：一类是编写质量低劣的代码，开发后期代码的修改变得非常困难；另一类是没有利用所学的知识去改进系统的设计。

签字。这些工作应该在迭代 0 中完成。更多细节问题将在第 13 章中进一步讨论。

迭代 0 清单

表 6-2 显示了从项目开始的清单列表,确保了所有迭代 0 的问题都被包含进来。

表 6-2 迭代 0 的活动清单

活　动	描　述
愿景	产品牵头人为项目和发布计划准备需求陈述,团队理解并同意需求,推动并预计将要生成的发布结果
产品库存	对功能进行优先级排序和评估 制定高层次架构的里程碑
素材评估	分解素材到合适大小 验证关键素材是否理解正确 为首批少量迭代工作评估素材
迭代计划	设定迭代周期 迭代计划建立并可视 开发团队开始致力于实施第一次迭代计划 将素材划分到首批的少量迭代计划中
团队	团队由所有必需的角色组成,关注发布并尽可能地让团队成员在同一地点工作 团队接受必需的培训 精益—敏捷软件开发、测试—驱动开发、工程实践 确定可交付的产品(并可视)
测试协议	定义已经确立和文档化(单元测试、集成测试和验收测试)
团队环境	有意识地融合前一次发布学到的经验教训 选择并安装测试、编码、集成和开发工具 为每日的工作完成后勤准备(时间、工作场所、会议安排、门户网站等)

续表

活　　动	描　　述
团队环境	团队生命周期中采用的基本原则已经获得同意 团队工作间已经组织起来（并清理干净）：房间的整理、沟通途径、协调问题的方式 项目委员会已成立 开发环境已经搭建完成并测试完毕
架构	架构目标及方法已经定义并可视 逻辑关系及风险已经定义并可视 概念上的设计已经完成

总　　结

本章着重讲述了迭代 0（也称为冲刺 0）的工作，这是团队的一个设置阶段，为了启动迭代 1 和更多迭代计划而做的前期准备工作。迭代 0 的时间长短取决于团队和项目的需求。在编写第一行代码前，要准备好以下几方面内容：产品、团队、环境和架构。为早日获得项目的成功，应该在迭代 0 阶段花时间去组建团队。

在讨论完以上的每项后，以一份迭代 0 的活动清单作为本章的结束。

试一试

这些练习最好通过与公司中某位同事的交谈来完成。每次练习完成后，去请教一下其他同事，看看是否还存在其他可以改进的地方，以便帮助你获得进一步提高。

- 当你做的前期准备过多时做一次具体的讨论：
  — 如何防止这种过多的准备？

— 除时间成本外，还有哪些成本消耗？
- 当你的前期工作准备不足时，做一次具体的讨论：
  — 前期准备工作过多与不足之间的差异是什么？
- 你认为为所有实际项目需要做的最少的准备工作是什么？

第 7 章

精益—敏捷发布计划

"如果有什么事情是必然的,改变就是一种必然。我们今天制订的计划将在明天发生改变。"

——菲利普·克罗斯比(Philip Crosby)

"在为战斗做准备的过程中,我常常发现计划本身其实并没有什么用处,但制订计划是绝对必要的。"

——德怀特·D. 艾森豪威尔(Dwight D.Eisehower)

本章概要

对精益—敏捷软件开发来说,企业转型的主要目的是做出可预见且准确的发布计划。发布计划就是把产品设想转换为产品需求列表的过程。发布计划使产品需求列表变得可视,并能对其进行评估。它以贯穿整个项目的标准速度去实现交付,提供了可视化控件和以可预见的发布点标识的路线图。

精益—敏捷提出,发布计划必须以业务需求为驱动,优先确保商业价值最大化。有时我们称这种方法为"业务—驱动软件开发"。

为了解如何使用这种方法,必须先要了解过程中的基本原则。因此,本章将以讨论在过程中的问题作为开始,这些问题包括可预测性、级别定义及反馈回的需求。

> ✏️ **知识点**
>
> 本章的知识点包括以下内容：
> - 发布计划是精益—敏捷企业的一种连续性行为，它是将产品设想或业务案例转换为具有优先次序和可预计的功能清单的过程。
> - 一旦功能列表被建立起来，那么计划的完成就是由团队的开发速度来决定的。有效的发布计划需要一个交付组织，该组织必须精通对需求做出具有可预见性的评估，要掌握一种利用短周期迭代开发获得反馈的技巧。
> - 有效发布计划通过关注发现和显现系统的最小可市场化功能强调了快速回报。

发布更改计划

我们经常遇到的一个问题是："通过敏捷过程去做项目时，如何预测会发生什么事情？"我们认为，这个问题源于对基础过程中某些关键问题的误解[①]。

❑ 评估过程

我们认为过程包括以下几个方面：
- 过程定义的程度，即过程多大程度上被定义。
- 可预测的程度，或者输出的随机性。
- 反馈的程度，或者过程使用的反馈数量。

过程定义的程度

首先我们要明确：我们可以查看作为确定的或不确定的（随机）过程的输出。在确定的过程中，输出是100%通过输入来决定的；在随机的过程中，输出是一种随机的变量——它会有不同的值，以不同的概率产生。

现实中不存在完全确定的系统，除了在学术界和理想实验中。真实世界中几

---

① 特别感谢唐·赖纳特森（Don Reinertsen）提出的观点。

乎所有的制造和开发系统都会有随机的输出，即系统是部分确定的。

区分过程是完全确定的还是输出是完全确定的是很有用的。虽然许多人倾向于假设一个经过定义的过程会产生一个确定的输出，但这并不总是正确的，因为即使是一个精确定义的过程，仍然有可能生成一个随机的输出。例如，计算投掷硬币的正反面结果，这一过程是可以被精确定义的，但输出的结果是一个随机的变量。

明确定义的系统产生的输出的范围是一个处于确定性与随机性之间的一个闭联集。就像我们构建一个金融投资组合去计算将来的收益一样，先把所有的现金和资产净值进行统计，然后设计影响计算结果的选项，在系统输出时改变结果的数值。

可预测的程度

将系统输出看成随机、可变的，会比将结果标识为可预测的或不可预测的更加有用。我们将输出分为3种形式：完全不可预测、宏观可预测和微观可预测。目前还不清楚的是第一类（完全不可预测）的输出——甚至可能是由一个随机数生成器来生成的完全不可预测的结果，而我们称为"宏观"可预测和"微观"可预测的结果是最令人感兴趣的领域。

下面我们用投掷硬币的例子来说明这种区别。即便我们掷出了1 000次硬币的正面，我们也无法预测下一次硬币投掷的结果是正面或背面。这里可能有其他微观的结果产生，这个结果是由我们全面定义的过程来决定的。例如，我们可以定义这个过程，就像定义硬币以边缘着地或保持竖直的机会是零（如果硬币以边缘着地，那么就重新投掷硬币）。

即使当某个个别的实验性结果是"微观不可预测的"，但它仍然是一个随机变量。同样，它也可能具有"宏观"或批量属性，且该属性是高度可预测的。例如，我们可以以极高的精度预测出现硬币正面的数量及它投掷的变化规律。因此，只要是过程的输出结果是随机产生的，那么就能通过一个随机的变化过程来描述最后输出的结果，但这并不意味着结果是"不可预测的"。这是很重要的，因为用这种派生、随机变量描述系统"批量属性"的方法是控制随机过程最典型和最实用的方法。虽然过程本身可能是无法预测的，但仍然可以使用反馈的方法来控制结果。

反馈的程度

所需的反馈程度是另一个变量,这个变量应该被添加到可预测的程度和过程定义的程度中。在软件开发中,反馈可能是必要的,但在其他行业中倒也未必。不过对我们来说,反馈可能是达到目地的最有效的方式——但是决定如何及何时使用反馈,这是一个真正意义上的经济学问题。

重要的不是混沌过程的定义,关键是理解,虽然我们不能微观地预测每个素材的结果,但我们能够宏观地预测时机和包括在功能中的业务能力的成本。

透明度和持续的规划

精益—敏捷发布计划是整个组织都要遵守的一种持续性的行为。发布计划提供了一种可能,任何人都能为每项任务的价值献计献策并努力去实现这些价值。发布计划能够交付小批量、端对端的切片任务。在一个正规、可预测的节奏里,能保持计划的有效性,该节奏是通过迭代的长度来确立的。在第 4 章我们准备把产品组合起来作为一个透明的焦点,企业可以按顺序发布最小可市场化功能。

在所有最简单的案例中,在准备向客户发布之前,功能需要使用多次迭代,原因如下:

- 功能太多,不能在一次迭代中完成。
- 复合性功能,需要打包发布。
- 客户仅以某种节奏或在一年中某些时间"消费"或使用功能。
- 将市场、培训和技术支持作为一套完整的功能打包在一起,这些事情不能在一次单一的迭代中完全准备好。

当制定发布时间表时,发布计划必须要对以上原因加以说明。

我们认为,发布计划是一种持续性的行为,它是一份对产品愿景进行不断分解,同时重视对企业有较高优先级(价值)功能的计划。产品愿景分解运用的是准时制方法,防止在低优先级和无用的功能上浪费工作。这说是说,根据我们构建功能时的期望,将功能扩展到我们期望的那么多即可(功能的交付顺序是由提供给客户的价值来确定的)。这一计划使团队有责任放眼未来,将需要耗费很多人工的需求分解成尽可能小的任务，以便在可能出现更高优先级别的任务时去平衡这些需求。一份优良的发布计划能提供清晰的可视化控件，并且能明显地消除过多的需求，持续性活动模型如图7-1所示。

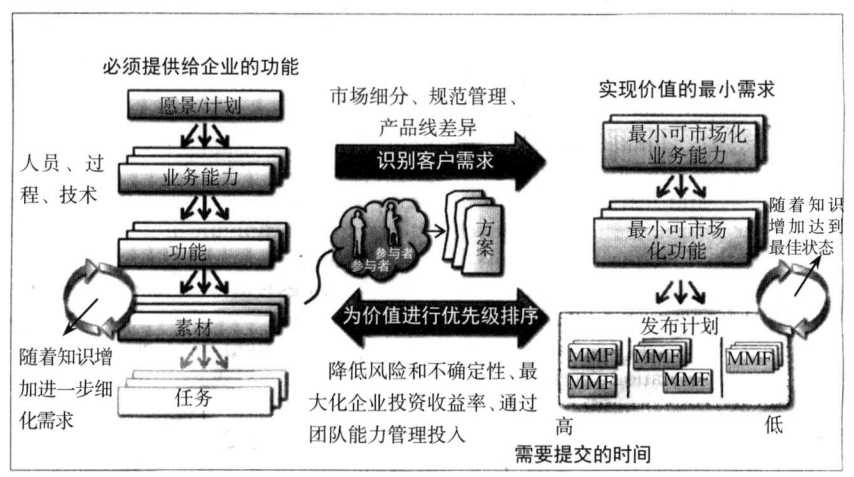

图 7-1　持续性活动模型

发布计划始于产品牵头人提供的愿景，产品牵头人为客户与企业决定价值的优先次序。我们一般会查看整个组织内部，制定项目章程，并找出理想的产品牵头人候选人。交付团队应查看和理解愿景，还应结合市场变化及优先次序再次修改企业愿景。愿景应该可视，并作为每个迭代计划中的一部分进行重新检查。

项目预定日期的确定取决于团队开发速度的评估结果如何。例如，如果一个团队在两周的迭代中能够交付40个素材点，假设我们有200个素材点需要完成，那么我们可以评估出将需要 5 个两周的迭代去完成这些工作。利用短迭代时间（1~4周）能快速反馈完成工作需要的速度和如何满足客户的需求。每次迭代期间，在任何一次工作中，团队都必须只关注编写最重要的业务功能，这提供了一份清晰的业务（功能）价值图，针对系统本身的约束（技术上的素材）和高价值的功能，共同决定最小的可发布功能。

在项目章程中，要为新功能或增强的功能制作一份商业案例书。我们查看这些功能，找出企业特性或"动能"。重要的是要去找出那些来自愿景的功能。这些功能不是简单地把一堆低层次需求聚合在一起呈现出来，有时候我们认为，制作商业案例在文学上类似于写"叙事诗",通过收集最小可市场化功能来实现贸易的商业价值,引发对功能的分解,进而形成功能和素材。

为了有效地执行精益—敏捷发布计划,开发组织必须具有创建可视化控件(持续改进)的能力和决定开发速度的能力(开发每个迭代的素材点)。在第 4 章中提出:可视化速度是衡量企业能力的一个有力的工具。这种工具需要交付组织擅长三层素材点评估的艺术,另外,强调短周期时间的重要性(两周迭代):开发组织能够重新校验与素材点相关的数量并获得用户的反馈,学习如何合成功能、素材和任务。

这种对功能进行的多层次的连续性分解,使组织能够评估和制订出一份可视且可预测的发布计划。尤其值得注意的是,即使获得的信息量最少,也需要进行功能级别的评估。有经验的敏捷团队在做评估时非常有信心,因为大型功能所要求的功能分解精确度较低,功能只需被分解成两层以上(素材和任务),只需交付两周的迭代任务(大约是 4 小时)。在精益—敏捷转型时,为了制订足够成熟且可信赖的迭代计划,可以允许企业通过 3~4 次迭代实现。表 7-1 描述了精益—敏捷方法中使用的多种层次的需求、来源和评估单元。

表 7-1　精益—敏捷方法中使用的多种层次的需求、来源和评估单元

需求层次	描　　述	来　　源	单　　元
功能	业务解决方案、功能或增强功能的描述,为业务和/或客户最终提供价值	业务/客户价值、章程文档、商业案例	素材点
用户素材	描述用户与系统的交互	功能	素材点
素材	不属于用户素材的任何需求(如技术实现、分析、对话提示)	开发团队、分析工作、大型素材的分解	素材点
任务	基本工作单元,必须完成一项素材的进度	开发团队(在迭代计划期间)	时间

通过团队交付功能的速度,计算每次迭代完成素材点的平均交付速率,这样得出了团队的开发速度。几次迭代之后,这个速度就可以以某种稳定的速率固定

下来。如果速度仍然无法稳定获得，那么团队就需要研究原因。一旦形成了一个稳定的开发速度，那么就可以通过它去估算可以交付的日期。在没有获得稳定的开发速度之前，团队需要通过对比当前工作与过去执行类似工作花费的总的时间来制订发布计划。

在实践中，团队不可能一次只关注一项功能。有些功能由于具有关联性，并且要等系统开始启用后才能做开发，因此需要更长的前期准备时间。通过对总体交付功能的重视来限制在制品的开发（相对于需要完成的任务而言）——这种对在制品的限制是自然进行的，因为可视化控件能够快速地揭示功能过大的问题。一个成熟的组织有能力去持续挑战大型功能的需求，它们能找到可以为企业提供最大回报的最少量的需求。我们用一个比喻来说明这种情况，当一个开发团队为用户开发一辆"摩托车"时，有时用户关注的商业价值只是一辆"自行车"。企业级敏捷方法指出，在组织中，可视的发布计划可以用来充当沟通的催化剂。由于企业在业务价值和技术上的限制，需要团队一起努力工作，在重视价值的基础上持续地分解和可视化大型功能，最终增量发布产品价值，且一次只完成一项功能。实现真正的敏捷开发能够实时验证业务功能，也能够及时查看开发出来的功能是否满足最小可交付软件的需求。这可以通过与浪费做持续的"斗争"来实现——浪费是过多开发导致的。提升交付速度的结果使组织能够快速响应新的市场需求、客户需求及业务机会。

以组织的发布结构为基础，团队可以为产品的发布设定一个专门的迭代计划去完成软件产品的部署。这种行为被称作"发布迭代"，这种做法是可接受的。重要的是，这项迭代计划是在组织要求的最少时间总量限制之内，应该只被用于执行签收，并遵从验收机构的要求（没有产生新的范围）。

❏ 发布和拔高

在理想的世界里，每次迭代后我们都希望可以直接将产品发布给客户。遗憾的是，存在多种原因导致这种做法行不通。例如，如果是一个做嵌入式开发的团队，那么就需要在硬件平台上为集成团队（测试你的软件，也可能测试其他团队成员的软件）开发内部功能，或者需要开发供其他团队使用的代码，因此需要向其他团队做内部发布。也可能有那么几次,你需要发布代码给指定的客户,也只是为了获得客户的反馈——可能是作为客户的一种最初的测试,也可能只是为客户做演示。

我们为所有这些不是真正意义上的"发布"杜撰了一个词"拔高"。我们不使用"内部发布",虽然有时会把产品拔高到客户那里,但这也不是真正意义上的发布。

发布计划会议示例

本节描述了一种典型的发布计划会议。在会上通常会按照下面的步骤进行计划。

1. 定义功能。
2. 排列功能优先级。
3. 使用最小可市场化特性分解功能。
4. 评估功能的价值。
5. 评估开发功能的成本。
6. 细化功能,重复该行为,直到使这项功能具备合理的清晰度和高层次的商业价值。
7. 按照日期或范围创建发布计划。
8. 计划拔高。

那么一个发布计划的会议会持续多长时间?小项目(3个月或更少)可以在1天之内就完成,大型项目则需要多用几天时间。

在计划会议上,团队要不断地记住,计划会议最终是由以下两股力量一起推动的:

- **为客户增加价值**。重点不是开发软件,重点是为了让使用软件的人能通过我们开发的软件产品增加价值。软件是达到这个目的的手段,但软件并不体现价值本身。
- **迅速进入市场**。开发计划围绕着最小可市场化功能。从最小可市场化功能的角度来看,哪些功能是必须开发和发布的?

> **在发布计划中使用的工具**
>
> 我们想要使用工具来支持精益—敏捷过程。在计划发布的早期阶段,最好能提供低技术、高触感的支持工具,如在房间中使用的墙上贴纸或索引卡。
>
> 以非线性、多维的思考过程发布需要的计划,搭建最好的环境。
>
> 一旦发布计划做好,就能把数据妥善地移到敏捷计划工具中。

在接下来的章节中,我们将更加详细地检查每个步骤。

❏ 定义功能

开始是在贴纸或索引卡上写上功能,然后对每项功能进行简单的描述(一般只是在卡片上写几个字),如图 7-2 所示。在这一步,团队会试着去建立一个高层次的系统范围。

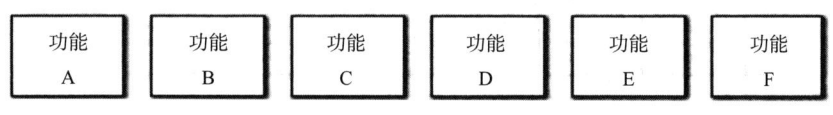

图 7-2 初始化功能

❏ 排列功能优先级

一旦确定功能,团队就可以把功能做一个初始化的排序:把最重要的功能放在左边,次重要的功能放在右边,如图 7-3 所示,这只代表了第一次功能的分解,团队并不对这个顺序做任何承诺。当它们依照这些步骤工作的时候,这些顺序肯定还会被改变。

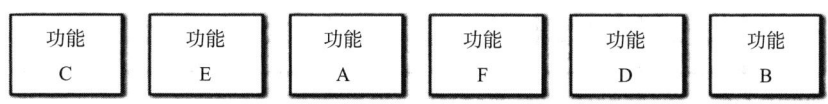

图 7-3 将初始化功能优先级排序(重要性从左至右依次减少)

即便这是最初的优先级顺序,也能够激发一些有趣的讨论。这些讨论的内容应该重视分享知识和帮助每个人了解功能。不用将话题提升到讨论优先级绝对正确与否,只是最大可能地重视项目知识的学习,并要考虑所有的决定都是暂时性的。

❏ 使用最小可市场化特性分解功能

一旦功能初始设置确定,功能就会被分解为最小可市场化功能,然后把最小可市场化功能进一步分解为一个功能或多个功能的增强。

例如,假设在图 7-3 中,通过与客户交谈,得知功能 F 必须支持 5 种不同的平台:Linux、Windows、Solaris、HP 和 AIX。团队发现,Linux 和 Windows 平台需要首先被支持。功能 F 可能将被分解成两部分:针对 Linux 和 Windows 来开发的最小可市场化功能的核心功能,以及一个为其他平台开发的最小可市场化功能的拓展功能,这两部分功能分别称为 F1 和 F2。其他功能的分解也如法炮制,如图 7-4 所示。

图 7-4　功能分解成最小可市场化功能的核心功能和扩展功能

评估功能的价值

由于产品牵头人是以商业价值为驱动力的,因此首先要做的是评估每项功能的相对价值。我们利用团队的评估游戏①来完成这项工作。每个素材的价值被分配到商业价值的"点"上(见图 7-5)。然而,不能只在这些价值点的基础上重新为功能排序,还需要以一种特定的顺序去开发功能,并且对每项商业价值需要有一种成本意识。

你会发现通过"点"这种方式去量化功能比较困难。在这种情况下,只能确定需要开发功能的一般顺序。我们发现,很多组织开始不能设置核心业务的价值和需要的功能。在某种意义上,这其实并无大碍。无论如何,在发布产品之前,我们都会开发出所有需要的功能。如果是这样的话,那么就不必为初始设置的正确与否感到担心。你会发现,在核心的最小可市场化功能发布之后,你可以为剩

---

① 附录 A:团队评估游戏包含了对评估游戏的描述,我们对评估游戏的喜爱程度甚至超过了玩"计划扑克"。

下的功能设置相对的价值。

请记住：企业或客户价值是独立的。首先，确定业务或客户价值，然后再询问团队估算的成本；其次，你才能够计算投资收益率。

| 功能 C 100 BV | 功能 E1 100 BV | 功能 A 200 BV | 功能 F1 200 BV | 功能 D 100 BV | 功能 B 100 BV | 功能 F2 40 BV | 功能 E2 40 BV |

图 7-5　为功能分配商业价值

❏ 评估开发功能的成本

你可以使用团队评估游戏来评估功能的成本，记录在"素材点"中（图 7-6 中显示为"SP"）。

一旦你有了每项功能的成本，产品团队就能确定功能的优先顺序。实际上，你现在有能力去评估在投资（成本）上的回报（商业价值）。这为交付团队带来了一种新的角度去选择对企业具有最高投资收益率的功能。这种技术的重大价值在于，它从技术的角度清楚地解耦商业价值的优先级，对于推动商业价值优先是一个很好的机会。我们发现，大量的商业机构已经失去了单靠商业价值去排列优先顺序的能力，因为它们习惯于设置一个很远的截止日期去批处理大型的需求集合，在它们看来没有必要去排列功能的优先次序，因为"每项功能都很重要"。

| 功能 C 100 BV 40SP | 功能 E1 100 BV 40SP | 功能 A 200 BV 100SP | 功能 F1 200 BV 200SP | 功能 D 100 BV 100SP | 功能 B 100 BV 40SP | 功能 F2 40 BV 13SP | 功能 E2 40 BV 20SP |

图 7-6　为功能和素材点分配成本

❏ 细化功能

你可能感到惊讶，如何能让这种方法在高层次的范围内起作用。它可以通过功能的比较来工作。团队毫无疑问擅长这类工作。如果需要对功能进一步细分，要做得更加精确，这就需要对功能有更加详细的理解。

从开始为每项功能写素材开始，先写优先级高的功能，先开发这些功能。这称为"详细阐述"。

详细列出一些功能，并且在你对于需要做些什么去开发这些功能的理解之后，你就需要对商业价值和成本做出重新评估。（请注意，这项技术里有一个内置的反馈循环，会不断校验功能估计值的准确性，然后通过比较功能做总结）。持续这个过程，直到你有了一套核心功能和扩展功能，随着大量详细素材的完成，你会对功能的相对评估上报有信心，如图7-7所示。

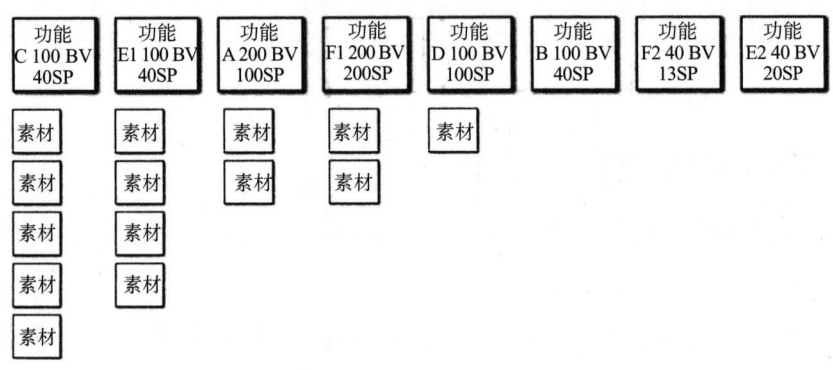

图7-7　功能和素材阐述的结果

❏ 创建发布计划

现在，团队准备做发布计划了，有两种方法可以选择：按照日期和按照范围。使用哪种方法取决于你的需要，通常要考虑政府的规章制度和市场条件。

按照日期做计划

当一个项目必须以一个确定的时间开始时（可能是政府文件规定需要在某个时间点开发出某些功能，或者该软件是为了在某次会议上使用，又或者是我们的行业需要在某个确定的时间发布该软件），那么发布计划就必须设定日期，以确保在设定的时间内完成恰当数量的功能。

例如，假设你有4个月的时间去完成产品的开发，除B、F2和E2外的每项功能都有期限要求，发布计划如图7-8所示。

为这些功能增加评估的素材点数量取决于每次迭代中有多少素材点必须完成。在本例中，一共有480个素材点，要在17周的时间内完成。假设迭代0需要1周的时间，结束时需要2周做alpha测试。那就意味着，开发480个素材点需要14周左右，或者每两周迭代要开发34个素材点。

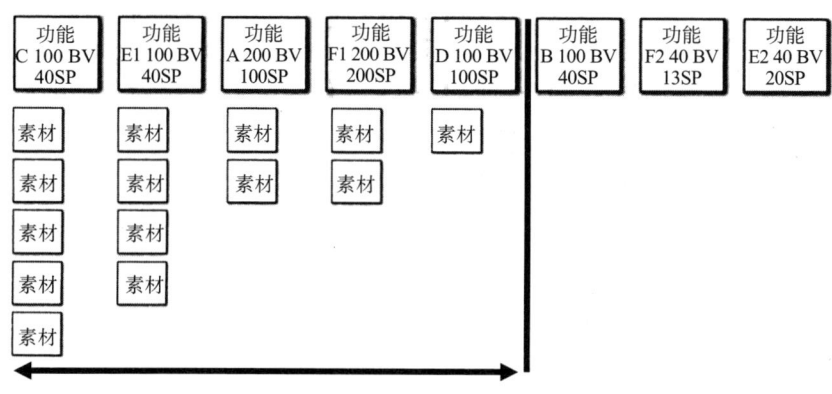

图 7-8　按日期做计划

如果团队能够达到该开发速度，那最好。否则，你不得不去重视每个确定的功能，哪项功能是真正的最小优先级？哪项功能应该被砍掉？哪项功能又必须保留？开发初期你可能无法准确掌握这些信息，这就是为什么在开始工作时必须只关注功能或功能的相关方面，因为关注功能才是最重要的，通过交互开发，将使你能够发现真正需要的核心功能。

这类评估并不比传统方法更准确，但它展示了你需要在哪个环节做出决定。很多时候，需要的功能变得清楚了，才能让真正的最小可市场化功能将被及时地开发出来。有时候，你会发现自己陷入了麻烦之中，如果你位于中间地带，那么你不得不去考虑，哪些功能你需要进一步研究，哪些功能则要忍痛舍弃。

敏捷评估虽然不精确，但更好

在我们的课程中，我们常常谈到，如何通过运用敏捷方法做出精确的评估。这些问题似乎在暗示提问者，在某种程度上可以用非敏捷方法去获得精确的评估。但是我们不主张在项目早期运用敏捷方法提升非敏捷方法评估的准确性。但是当涉及最后决策时，我们必须准确评估。这让我想起了一个笑话：两个露营者半夜被从帐篷外传来的熊的喘气声惊醒了，其中一人开始从容地穿上自己的鞋子。另一人感叹道："你疯了吗？你不可能逃脱熊的追捕。"这个人回应道："我不是在逃脱熊的追捕，我只要比你跑得快就行了！"

按照范围做计划

另一种方法是按范围来做计划。这种方法与通过日期来做计划很相似。然而，这次你将以需要的最小可市场化功能作为开始，计算最小可市场化功能中素材点的数量，通过团队的开发速度（在一次迭代中完成素材点的能力）来划分，结果是得到总体的开发时间。

$$总点数/团队的开发速度=开发时间$$

如果最后的计算结果显示需要开发的时间太长，那么就要再检查看看，哪些功能或元素的开发时间能被缩短一些。

通过适当的计划规避风险

以上这两种方法可以帮助团队重视和规避风险，它们有助于团队：

- 工作在最重要的功能上。
- 防止在最重要的功能完成之前去开发次重要的功能。
- 最小化在制品的数量。

试想一下当你正工作于一个项目中，发现自己必须缩小范围，在这个时间点，你的状态是

- 已经完成一些次重要的功能——你已经开始开发这些功能，因为在项目开始时你认为这些功能是用户需要的。
- 你宁愿砍掉一些已经开始做的功能，但是现在这么做将会造成你丢掉已经完成的工作——你花费时间增加了系统复杂性和无价值功能（几乎可以肯定这些功能的代码将仍然会留在那里）。

按照日期做计划和按照范围做计划的方法有助于确保团队在某段时间只工作在最重要的已知功能上，当这些重要的功能完成开发之后，再开始其他功能的开发工作。

案例分析

公司概述：大型软件产品公司。

面临的挑战：紧耦合与复杂的产品功能增强被同时开发，不清楚功能的确切范围。

深刻见解：在做计划期间，所有相关的功能被贴在墙上，相关的参与方全部出席站立会议。一个顾问提出了问题："这里有多少人能够百分之百的确认，在我们所拥有的时限内所有的功能需要被开发出来？"不出预料，无人举手回答这个问题。顾问于是接着提问："哪些功能必须在截止日期前完成？哪些人没有做产品开发？"对这个问题，大家都取得一致的意见，并为第一轮发布选定了功能。

精益建议，尽可能在最快的时间，通过构建质量首先完成最基本的事情。我们要关注"二八法则"：20%的工作提供 80%的价值。通过开发工作的时间箱，我们应尽量减少帕金森定律的影响——工作会不断扩展，直至所有的时间被用完。

❏ 计划拔高

当需要多个团队参与到软件开发中或需要测试一套仍然还没被发布出来的子程序时，我们可能还需考虑另一层复杂性。

因为硬件同时也是需要测试的，所以会存在更多的困难。在这种情况下，必须开发一个内部的软件来测试系统——或者它的技术集成能够通过集成测试，或者它的质量能够使用 alpha 测试或测试工程师的人工测试来通过外部系统。我们称这样的假性发布/外部发布为"拔高"。我们将考虑两种不同的拔高方式。

为集成测试的拔高

在通常情况下，团队开发的软件必须与其他团队开发的软件交互。那么在其他团队使用软件之前，你不能确保软件将如何运行；同时，团队正在开发的多种软件产品需要运行在硬件平台上，那么在软件被安装到硬件上之前，你也无法准确地知道软件将如何运行。

一类拔高计划是去查看里程碑，让软件优于真实发布的计划完成开发。可能的情况是

- 软件通过了一个团队的功能测试。
- 软件通过了多个团队的功能测试。

- 软件运行在特定的硬件平台上。
- 一批客户完成了软件的 alpha 测试。

在这个例子中,团队将先于最终发布做 3 种拔高。

1. 转移软件到其他团队。
2. 在内部测试员使用的硬件平台上安装和测试软件。
3. 让外部客户能够试用软件。

这些拔高如图 7-9 所示。

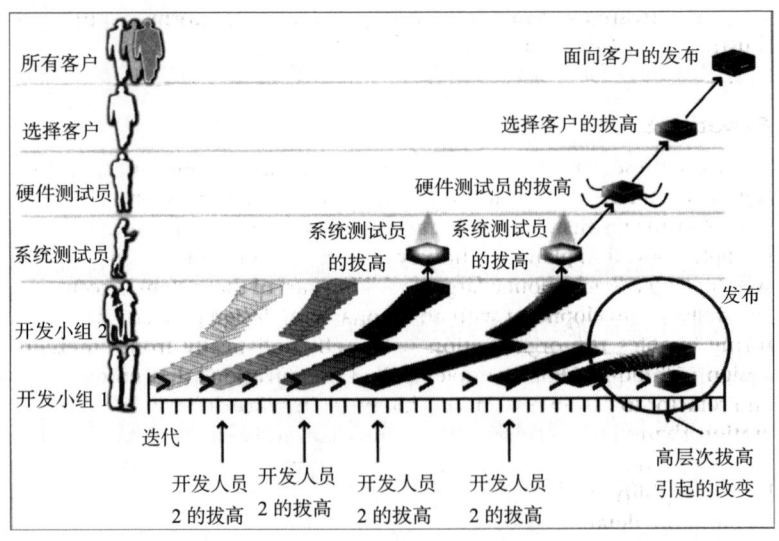

图 7-9 跨团队和测试平台的拔高

在不同平台上的拔高

当你正编写的软件必须工作在不同的操作系统上时,就存在不同的拔高模型,例如,假设你正为 Windows、Linux 和手机平台编写软件。图 7-10 说明了这些拔高计划。

拔高总结

没有为拔高设置的规则。理想的情况是跨所有开发平台去做集成,但是由于存在不同的平台、不同的操作系统、不同的基础客户等,所以集成并不总是能完

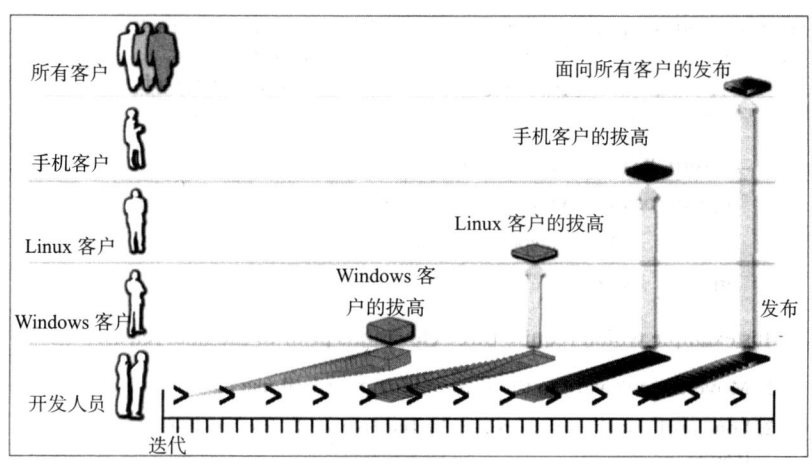

图 7-10　不同平台的拔高计划

成。然而，拔高计划有助于我们针对大型、系统工作的一部分，研究最好的方式去获得反馈。通过重视设计模式与重构技巧验收测试驱动开发使组织从紧急设计技能中获益。例如，精通模拟测试与重构设计模式的组织，比需要合并精益—敏捷混合发布、跨平台的交付组织做更多的拔高和持续集成。第 9 章中涵盖了更多的详细内容。

特别说明

❑ 评估和风险

很多人认为，风险是附着在错误的评估上的，最糟糕的情况就是评估到最后反而成了项目的障碍，然而，真正的风险是错过交付日期。重要的不是要去预测素材开发的优先级别，重要的是要预测素材发布的先后次序。

风险在功能优先排序中也扮演着重要的角色。通常，我们通过每个功能呈现出的商业价值来进行优先级排序，然而，优先级顺序有时是受潜在延误的成本影响的。例如，有功能 A 和功能 B，功能 A 的重要性是功能 B 的两倍。但在最近 3 个月召开的会议中需要使用功能 B。我们实际上可以先开发功能 B，以确保会议召开前能够完成，前提是如果推迟开发功能 A 不会产生太大的成本。

❑ 帕累托定律与帕金森定律

精益软件开发与帕累托定律的相似之处在于：80%的价值来自20%的工作。换句话说，20%的功能提供给客户80%的价值。

如果没有时间箱，没有设置结束日期，那么就可以应用帕金森定律："工作会不断扩展，直至所有的时间被用完。"当多个产品经理竞争团队资源时，应用帕金森定律就特别危险。A经理重视团队的每件事情，而B经理只关心什么时候A团队能来做他的工作。你可以通过让团队在最短的时间内遵循帕累托定律来中和帕金森定律的影响。换句话说，让团队总是关注开发尽可能最小、端到端的功能，同时确保开发的质量，在最短的时间内提供合格质量的产品，增加尽可能大的商业价值。

总　结

一个组织对可视化发布计划的维护是以持续且有效的速度来驱动的，组织拥有一个有竞争力的武器——关键战略和战术，对商业价值的最大化进行不断的分析。交付组织积极参与发布计划的活动，并通过功能评估来实现企业级敏捷。

试一试

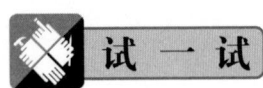

这些练习最好通过与公司中某位同事的交谈来完成。每次练习完成后，去请教一下其他同事，看看是否还存在其他可以改进的地方，以便帮助你获得进一步提高。

考虑过去一些典型的项目：

- 大多数成功的瀑布项目为了满足目标日期需要重新划分范围。如果你过去的某个项目是这种情况的话，什么时候做范围的重新划分？
- 如果在开发团队实施项目之前重新划分范围，将会发生什么事情？
- 如何制订发布计划（以可视化的速度）以帮助团队找到大小合适、高价值的工作？

推荐阅读

以下著作为本章的主题提供了有益的参考。

Denne and Cleland-Huang. 2003. *Software by Numbers: Low-Risk, High-Return Development*. Upper Saddle River, NJ: Prentice Hall.

Reinertsen. 1997. *Managing the Design Factory*. New York: Free Press.

第 8 章

企业团队的可视化控件和信息发射器

"不能衡量就无法提高。"

——佚名

"没有清楚的认识,就无法真正地改进。"

——艾伦·沙洛维

"过程不可视就无法工作。"

——盖伊·比弗

 本章概要

本章讨论了精益—敏捷工具箱中一些最重要的可视化控件。团队和管理层使用的可视化控件使过程对所有人都可视,有助于定义过程中的障碍,并且让每个人持续关注交付有价值的软件。每种可视化控件的使用意图在本章中也做了详细的阐述。但如何创建和实施这些方法的细节内容留到了其他部分去进一步深入探讨。在研究完每种可视化控件后,本章以如何判断可视化控件是否良好作为结尾。

知识点

本章的知识点包括以下内容:

- 可视化控件有助于团队认识当前发生的事情,并有利于管理层向团队伸出援手。

> - 可视化控件存在于组织中的所有层面。
> - 当可视化控件不适合团队时,要及时做出调整和修正。

可视化控件和信息发射器

众多的敏捷方法如 Scrum,使用"信息发射器"向团队和管理层传递开发的状态。阿拉斯泰尔·考克布恩(Alastair Cockburn)对信息发射器的描述是"让经过的人们都能看到项目每部分的信息。有了信息发射器,路过的人们不需要问问题,信息就能被人们在经过时获得"。(考克布恩,2001)

在 Scrum 环境中通常在以下几个方面使用信息发射器:

- 产品愿景。
- 产品需求列表/发布计划。
- 迭代列表。
- 向下燃烧图与向上燃烧图。
- 障碍列表。

以上信息常常由项目委员会组织,项目委员会是一种"超级"信息发射器。

信息发射器是一种特定类型的工具,精益称其为"可视化控件"。在精益的环境中,可视化控件利用大量的可视信号与线索,使项目行为与过程控制更加简便。可视化控件包括以下几方面:

- 信息传递可视化。
- 真实反映(或者至少部分反映)团队正在使用的过程。
- 描述工作过程的情况。
- 用于控制工作过程。
- 任何人均可查看。

我们偏向于使用术语"可视化控件"而不是"信息发射器"。是因为它可以更加有效地表示我们的态度和行为。"信息发射器"表示了团队向团队之外的人员包括管理层传递信息的直接方式。它敏锐地反映出某些 Scrum 实践者的(不正确的)观念:团队只需向管理层提供结果信息,而不用提供如何工作的过程信息。当管理层需要这些过程信息的时候，这种做法就阻碍了 Scrum 在企业中的实现。

> **注释**
>
> 在你的组织中发起一次会议，讨论是否使用"信息发射器"或"可视化控件"。如何称呼并不重要，只要团队成员和管理层能够清楚地理解意图：两种交流方式、控制过程、恰当的探讨。

在精益思想中，"可视化控件"具有更多含义。除能够向所有关心项目进展的人分享信息以外（使这些人无须每次都提出问题去询问项目的情况如何），它也能反映管理层要参与项目进度的意图。当存在问题阻碍团队进程时，可视化控件会邀请管理层协助检查，同时在团队需要被干预的关键时刻，方便管理层及时叫停并做出调整策略。可视化控件增加了这种可能性——管理层可以实际干预过程来增加价值。

精益—敏捷可视化控件

可视化控件应该存在于项目的所有层面：业务层、管理层、团队层。也就是说，它应该有助于让业务人员认识到价值是如何被创建的，并且协助管理层和团队成员去高效开发软件。

让我们在以下内容中进一步研究精益—敏捷可视化控件的细节：

- 产品愿景。
- 产品需求列表/发布计划/精益组合管理。
- 迭代列表——单一团队、多个团队。
- 素材点向上燃烧图。
- 迭代向下燃烧图。
- 商业价值交付表。
- 障碍列表。

❑ 产品愿景

每个敏捷团队都应该有一种全局观。它为产品提供了一份全景图：开发工作的动机、当前的目标和关键的功能。我们所看到的团队失败的原因——总是试图规划出假设要做的任务，然后当产品牵头人提出产品需求后，突然间又会得到另一个紧迫的任务。贴出一份产品愿景的海报，有利于团队持续关注已经计划好的任务。

产品愿景模板

杰弗里·摩尔（Geoffrey Moore）在《跨越鸿沟》(*Crossing the Chasm*, 1999)中提出产品愿景模板。

为了<目标客户>

谁<需求陈述>

这<产品名称>是一个<产品分类>

那<产品关键优势，购买原因>

不同于<首位竞争对手>

我们的产品<重点陈述差异>

Net Objectives 课程，敏捷计划与用户素材评估，包括一个咖啡店的项目，产品愿景如下：

为了 获得足够的用户

谁 需要他们进来，并且喝完咖啡后尽快离开咖啡店

这 咖啡厅是一个订单和支付系统

那 允许客户快速地点饮品

不同于 任何一家咖啡店

我们的产品 提供比竞争对手更加优质、快速的服务。

当然，也可以通过其他方式来编写产品愿景，如图 8-1 所示。

❑ 产品需求列表/发布计划

列表是一份累积下来的工作清单，需要加班完成。在精益—敏捷中，产品需

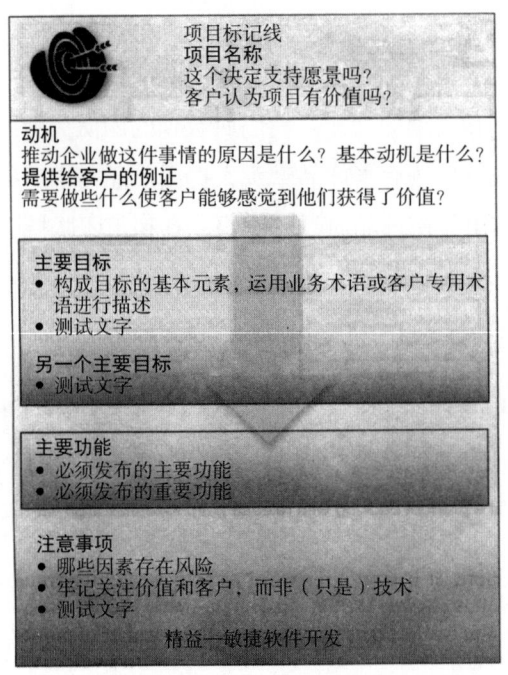

图 8-1　产品愿景海报示例

求列表描述了正在开发的产品组件。在第一次迭代前，它显示了在当时的时间点已知的信息内容，解释了与功能和素材相关的术语。在每次迭代开始前，素材从产品需求列表中被移到迭代列表中；在每次迭代结束时，再从两个列表中把已经完成的功能移走。

迭代 0 期间，功能在产品需求列表中被组织好，反映业务的优先顺序：高优先级的功能排在左边；低优先级的功能排在右边。

利用产品需求列表，团队可以直接安排实验性的发布计划。根据经验，团队能够了解自己的能力——它可以持续地发布素材点数（团队的开发速度也已知）。从左至右做开发工作，当能力达到时，素材点数就会被发布出来。图 8-2 显示了基于团队开发速度的发布点数。

❑ 迭代列表

之前曾经提到过，迭代也有列表，需要进行跟踪。

第 8 章　企业团队的可视化控件和信息发射器　147

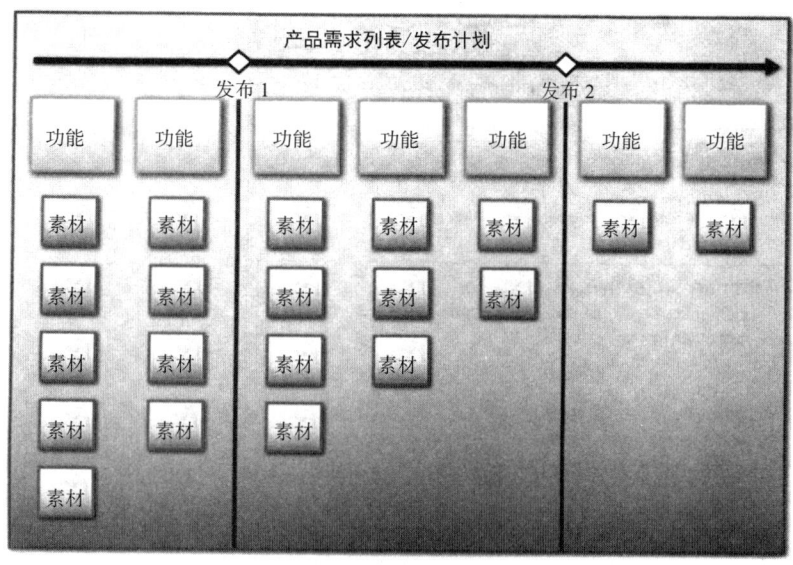

图 8-2　产品需求列表与发布计划示例

单个团队的基本可视化控件

迭代也是通过可视化控件进行管理的。图 8-3 说明了一个基本迭代列表的可视化控件。等同于一块排列着 Scrum 素材的白板。在竖列中排列的大一些的方块代表的是将要完成的素材；在这些大方块下面排列着小一些的方块，代表的是任务。素材是按照从左至右的顺序进行优先排列。

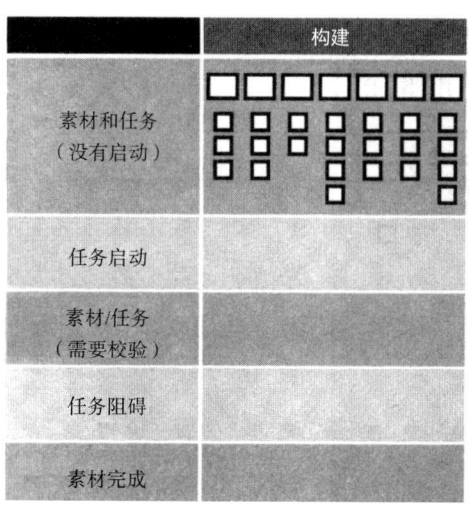

图 8-3　一个基本的迭代列表可视化控件

团队开始开发素材时，它们将素材移至下面的"任务启动"行，如图8-4所示。团队必须监控如何让待开发的素材数量越来越少（保持最少的在制品数量）。因为素材本身有一个协商一致的排列顺序，可视化控件能够对排列顺序进行清晰的显示，并按照优先次序开始开发素材。首要的原则是，待开发的任务应该少于开发人员，这里强调的是合作与团队工作。图8-4中有3个打开的素材。一个独立的控件可以显示每项任务的更多细节：谁正实施该任务，评估任务何时完成，以及任务的校验说明。

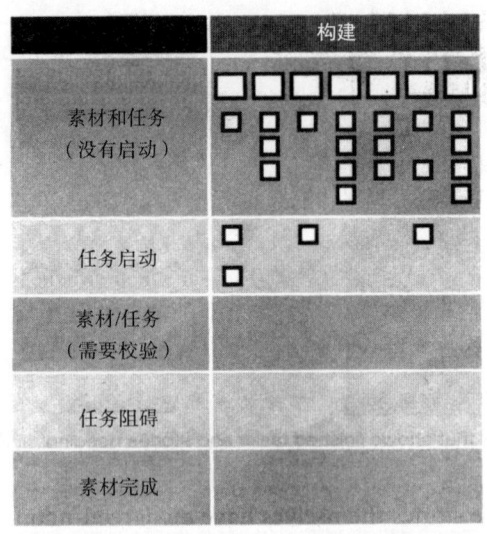

图8-4　显示任务启动的迭代列表

任务启动后，移动到"素材/任务（需要校验）"行中，如图8-5所示。另一个可选的方案是，如果一项任务变成了项目的阻碍，就移走该任务到"任务阻碍"行中。

当完成了任务和素材但还未校验时，移动任务到"素材/任务（需要校验）"行中，如图8-6所示。一旦素材完成校验，移动到"素材完成"行中，预示着任务完成，如图8-7所示。

基本可视化控件的局限性

在小型项目中，基本的迭代列表可视化控件可以对单个团队起到良好的作用。值得注意的是，它有很多局限性。假定在每次迭代的开始阶段，系统分析与评估需要一次迭代完成。那就是说，不须做任何前期准备工作。其实，即使在开发小型任务时，做一些预先分析工作对下一次迭代开发仍然很重要。

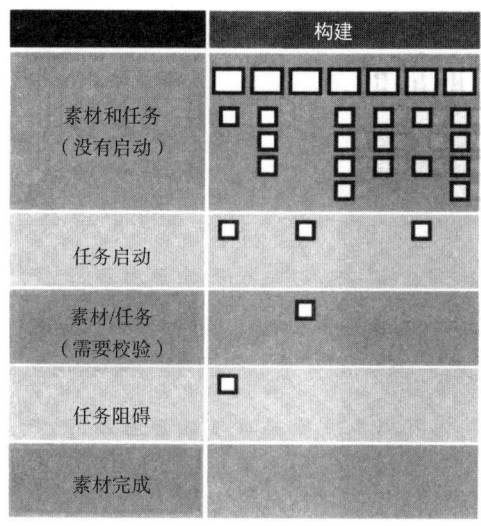

图 8-5　显示任务启动、完成（等待校验）和阻碍的迭代列表

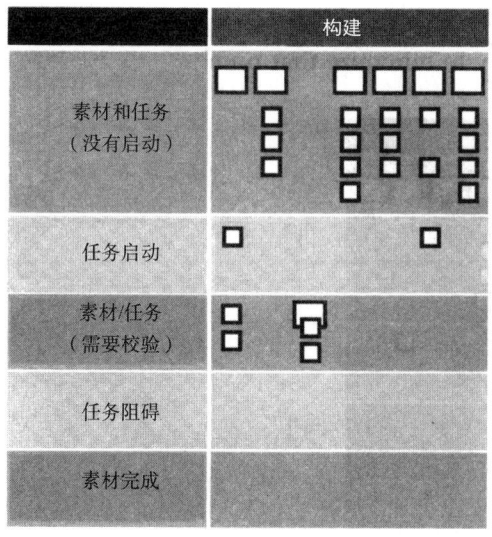

图 8-6　显示已完成的、需要校验的任务和素材的迭代列表

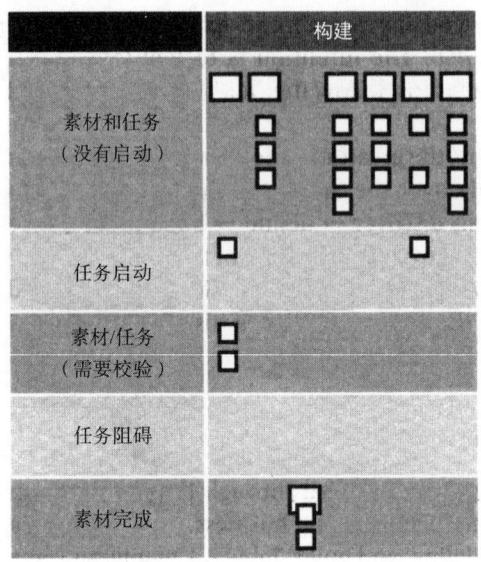

图 8-7　显示素材完成的迭代列表

记住，虽然预先做准备工作的极端情况就是瀑布模型，但不要做瀑布模型那么多前期准备工作。我们的目的是做足够多但不能做过多的工作。换句话说，遵循推迟承诺和准时制原则。

开发软件并为客户和企业返回最大商业价值，我们必须经历发现商业价值、定义如何创建商业价值、构建商业价值接着去完成这一过程。这种发现—定义—构建的过程，取决于问题的复杂性或拥有必要技能的人员的限制，可能花费超过一次迭代的时间。由于"发现和定义"在过程中占据非常大的一部分，因此我们需要使用可视化控件（本例中是迭代列表）去协助我们管理这些任务。

❑ **多个团队的可视化控件**

在精益—敏捷中，通过价值流向企业交付最大价值，在此基础上待完成的工作将被拉入进来。产品开发整个过程包括 3 个阶段——发现、定义和构建，表 8-1 突出了每个阶段的重点。

表 8-1 产品开发的 3 个阶段

阶　　段	考虑的问题	答案来自
发现	企业认为哪些功能能够产生商业价值？我们如何增量发布这些功能？这些功能的优先次序是什么	企业本身，基于企业需要和企业目标
定义	在下次发布中需要构建的最小功能是什么	能够在具有优先次序的需求列表中发现
构建	我们将如何构建这些功能	已经为这次发布定义好具有优先次序的功能

在基本迭代列表中简单地添加两列——定义和发现，能够容易地调整为对多个工作流程的理解，如图 8-8 所示。

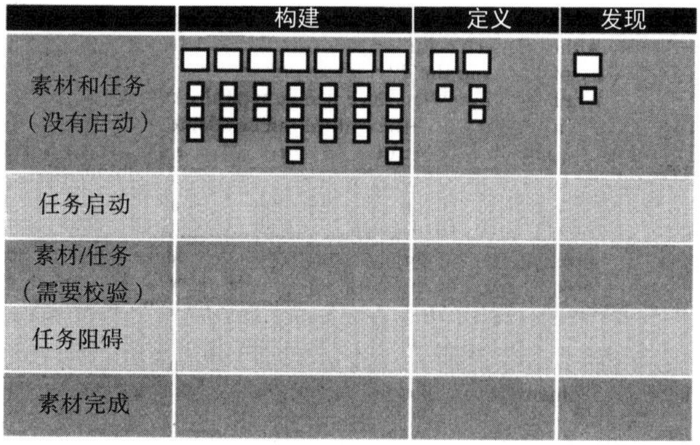

图 8-8 发现、定义和构建的可视化控件

- 当我们分析素材和任务时，在"发现"列放置素材和任务，目的是发现和构建需要的素材以完成业务目标。当开发素材时，就把这个素材放置在"素材和任务"行；任务——例如，为更好地理解素材，以便我们能进一步展开工作需要做的分析工作——放置在"素材和任务"行中。这项任务类似于当我们在最初的素材上中止了之后，又生成了其他素材。将这些任务移至"定义"列，尽管更多的发现工作有可能仍然需要在下一轮的迭代中去完成。

- "定义"列包含了素材和与其相关联的任务，在构建这些任务之前，需要对任务做更清晰的定义。任务包括系统分析、受挫[①]和创建测试案例。在这个过程中完成的任务，最后生成了"构建"列中的素材和任务。

可视化控件的优势在于构建过程的全面可视，另外，在构建上提供了简要的前瞻性。对于定义和发现部分应该包含的内容必须清楚，不能有比必须的需求更多的内容，以免产生过多的在制品。

对在制品的控制面临的一项挑战是，要通过3列显示优先次序。尽管每列的优先次序都是从左至右，相关的素材的优先次序在不同的列中却是不尽相同的。现实中，由于人们通常工作在不同列中的素材上，因此这不是一个问题。但是，如果通过合并"构建""定义"和"发现"列到一项中进行，控件非常容易适用，表示素材的"定义"与"发现"与我们通常的素材"构建"过程是有区别的。

当精益—敏捷方法扩展应用在企业中的时候，就要用到精益组合中的可视化控件了，这是判定业务和计划的重点。在理想状态下，精益组织能从技术工作（成本）中退耦出商业价值，使企业能在最小可市场化功能层面上做出决策。这是一个典型新型的特性，结果就是组织学会了定义最小可市场化功能的价值，代替了用批次和队列的方法收集大量的需求。

❑ 建立清晰的可视通路

从产品需求列表到迭代列表的精益—敏捷—流程的最好的工作方式是让产品团队能够看清楚开发团队正在做什么任务及将来的任务是什么，如图8-9所示。

产品需求列表和迭代列表分布在两个团队，每个列表构成了一半的沟通环路，两个列表合起来形成了一个完整的沟通渠道，一起管理两个团队，结果是让两个团队不断地向彼此靠拢，使两个团队的执行力凝聚在一起就像一个团队在行动。下面是对两个团队管理方法的解释说明。

产品需求列表让开发团队时刻保持警觉，清楚地意识到产品管理团队将发来什么任务；迭代列表则显示了对功能和素材的评估，如第4章中描述的那样。由

[①] 受挫是对系统某些方面的一次短期探索。开发者通常会编写一些代码——这些代码最终将会被删除，该部分代码仅用于帮助人们理解遇到的问题。

于开发团队是这些评估的来源，已经评估过的素材说明该素材已经为开发做好了准备；没有评估的功能或素材则暗示开发团队还没有注意到这项功能或素材。

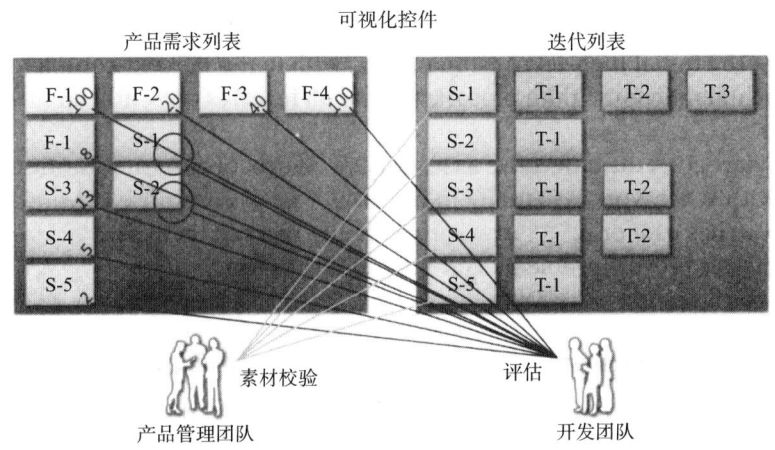

图 8-9　可视化控件在产品管理和开发团队之间提供可视通路

迭代列表让产品管理团队时刻保持警觉，充分地了解已经完成的任务。在迭代列表中的素材没有关闭表示尚未完成直到产品牵头人完成验收。关闭素材有助于让产品管理团队看到已完成的过程。

管理者要注意运用可视化控件，保持一致性是关键。实际上，在精益—敏捷领域，保持一致性非常重要。组织中的任何人在任何地方都应该明白每个团队在任何时间的状态和过程。

整个企业（业务层、管理层和开发团队）都要确保开发速度（点或时间），这样，在首批素材完成开发之后，就能够得出确保最终交付的速度。这清楚地表述了价值流（从构想到最终交付使用），并且将价值流与团队在一次发布中能够持续交付的点数相映射。我们将两个可视化控件配对使用，为管理层提供一个仪表型的工作视图（见图 8-10），向上燃烧图跟踪了每次迭代交付累积的点数。向上燃烧图用于初始化高级别功能的评估，计算每次迭代完成任务的百分比，绘制发布计划中确定的所有功能。

这份视图随着实际工作的进度，为企业提供了清晰可视的优先次序。一个精益企业可以在任何时候都能观察到正在开发中的众多功能——这能够标识出过程中的问题和潜在的危险。

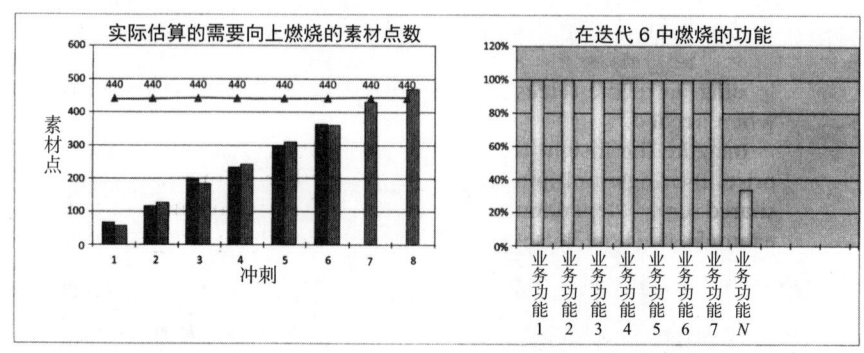

图 8-10　业务驱动的企业在制品视图

用可视化控件管理依赖关系

在第 4 章中讨论过，发布计划展示了项目实施的优先次序。这种方法被用于排列评估功能的序列，并且将功能分解到迭代计划中，该迭代计划的制订源自团队的开发速度（每个迭代素材点的开发速度）。这种视觉呈现不仅是观察序列的一个好方法，它还有利于多个相关团队间的讨论（如企业的数据、ETL、UI 设计、中间层服务等）。

这种视觉呈现非常容易掌握，它通过简单的彩色圆点来说明依赖关系。例如，一个团队在功能和素材卡片上使用黄色，来表示一个已知的未来依赖项；其他团队则可能使用绿色来表示。选择哪种颜色来说明依赖项并没有关系，但在整个企业内，我们特别强调高度的一致性。使人们能够读懂用颜色代表的发布计划。一旦管理层熟悉了这种表示方法，他们应该就可以增量递交交付件（最好的情况）到迭代中，直至交付计划或（最坏的情况）在需要的时候递交完成的交付件。[1]

想象一下，这个简单的可视化控件可以为企业提供的敏捷的洞察力。它将多个发布计划放在一起，用颜色表示发布每次迭代时需要共享的相关服务，例如，如果黄点（Yellow Dots）表示用于交付企业数据的每个列表的依赖项，我们应该

---

[1] 另一种途径是使用一种颜色表示从属，另一种颜色表示被从属（利用相同的数字显示彼此之间的关联）。

能够快速识别，组织是否有能力在计划的轨道上完成多个发布。成熟的精益企业有相应的可视化控件，使开发团队能够确保它们的开发速度跟上内部客户的需求。

管理依赖关系的关键是为支持和服务团队提供足够的先期准备时间，以便敏捷发布计划能够对各个团队的交付物进行成功的验收和集成。

运用素材的一个方式是对将来的功能具有一定的"前瞻性"。例如，如果我们需要提前两个迭代周期交付给企业数据，我们称该素材为"N-2"，表示团队需要先于两个迭代周期去更新我们请求的从属数据。图 8-11 显示了在大型组织中可能存在的依赖关系。

用户素材 1		用户素材 2		用户素材 3	
N,N-1	要求	N,N-1	要求	N,N-1	要求
N-1	UXG	N-1	UXG	N-1	UXG
N,N-1	UCD/Web 服务	N,N-1	UCD/Web 服务	N,N-1	UCD/Web 服务
N	UI 开发/MT	N	UI 开发/MT	N	UI 开发/MT
N	MT 开发	N	MT 开发	N	MT 开发
N	数据开发	N	数据开发	N	数据开发
N	SAT	N	SAT	N	SAT
N	CAT	N	CAT	N	CAT
N-1	批/次	N-1	批/次	N-1	批/次
N-2	数据发现	N-2	数据发现	N-2	数据发现
N-1	数据设计	N-1	数据设计	N-1	数据设计
N-1	数据定义/部署	N-1	数据定义/部署	N-1	数据定义/部署

图 8-11　依赖关系管理示例（N-1 表示素材需要提前一个迭代周期准备好）

精益—敏捷为依赖关系管理提供的最佳实践包括在发布计划的讨论中，具有依赖关系的代表们在交货日期临近时，要重视每日的站立会议，通过这种方式，可以更新项目状态和团队的工作，测试和验证整合的交付件的依赖关系。

❏ 向下燃烧图和向上燃烧图

向下燃烧图（见图 8-12）说明了所花费的时间和将要花费的时间，向上燃烧图（见图 8-13）显示了工作总量和已完成工作的总量，一项完成的素材仅在被验证后才能发布。两幅图都报告了工作量的花费。

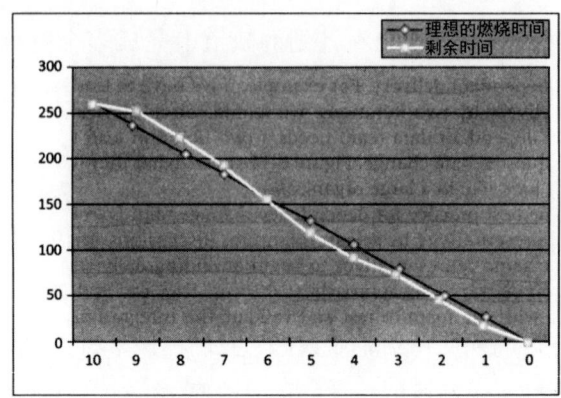

图 8-12 向下燃烧图

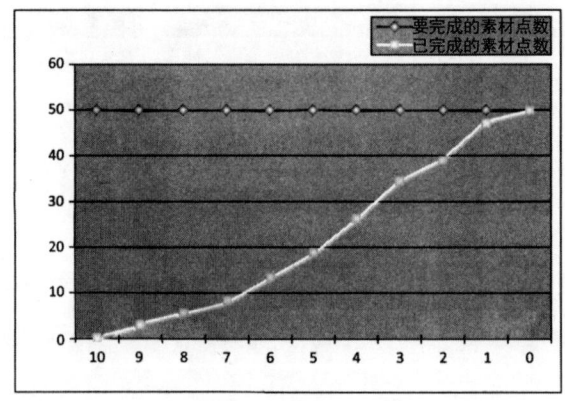

图 8-13 向上燃烧图

❏ 障碍列表

我们最终要考虑的一个可视化控件是障碍列表。持续改善是 Scrum 和精益—敏捷的基础，也包括不断清除项目中的障碍。每日例会的目的就是暴露项目中的问题，让问题更加清楚明确。Scrum 专家或敏捷项目经理必须列出一份当前障碍列表，这样使清除障碍的过程对所有人都是可视的。下面是列表中应该输入的字段：

- 输入列表中的日期。
- 障碍描述。
- 障碍严重等级（障碍的影响是什么）。

- 障碍会影响谁。
- 采取的清除障碍行动。

当障碍被清除、增加，或者以某种方式修改的时候，障碍列表也应该随之进行维护。

好的可视化控件

没有一种可视化控件在任何情况下都适用。但是，一种特别的可视化控件或多或少会适合一个特定的团队。良好的可视化控件具有以下特征：
- 需要极少的时间去学习使用这种工具。
- 能够为团队指明接下来将要做些什么工作。
- 能够为管理层指明团队正在如何做工作和正在做什么工作。

如果一个团队使用的可视化控件没有具备以上特征，那么这个控件就需要进一步改进。特别是，团队应该做出评估，团队是否喜欢它们拥有的可视化控件？可视化控件对团队完成工作有帮助吗？可视化控件本身是项目的障碍吗？如果可视化控件不能清晰地指明团队下一步应该做的工作，那么团队成员应该寻找一种方法改进这个控件。

> **不要抱怨**
>
> 如果一个团队抱怨它们正在使用的可视化控件，那么就一定有什么地方出现了问题，或者是团队没有很好地理解可视化控件使用的目的，又或者是可视化控件本身需要进行改进。

可视化控件是管理精益—敏捷软件开发工作中的一个关键组件。可视化控件提供了一种低成本方法，让团队能够看清楚它们所在的位置。同样重要的是，可视化控件使管理层和客户能够看清楚开发工作的进度，向项目的各个参与方提供项目的状态信息。可视化控件能够让大家一起合作，解决团队面临的任何问题，以获取最高价值，将具有最高质量的产品推向市场。

可视化控件为团队和管理层提供了一种合作的技巧。在管理层获得了正确结果的前提下，可视化控件中还有助于管理层监控团队的进度。管理层用可视化控件、对团队的支持和方向性指导代替了命令和控制。

本章中提到的可视化控件并不打算为读者提供一份完整的控件列表，而是描述了项目需要的一些基本原则。团队一旦看到合适的可视化控件，就可以将它添加进来使用。

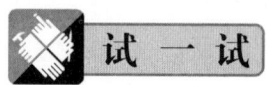 试 一 试

这些练习最好通过与公司中某位同事的交谈来完成。每次练习完成之后，去请教一下其他同事，看看是否还存在其他可以改进的地方，以便帮助你获得进一步提高。

- 有哪些可视化控件没有为项目增加价值？
- 工作的哪些方面你没有去度量，但你认为是值得度量的？
- 以下两个管理层询问的问题中哪个不属于可视化控件的内容？
    — 可视化控件将花费多少成本？
    — 可视化控件对你帮助吗？

推荐阅读

以下著作为本章的主题提供了有益的参考。

Cockburn. 2006. *Agile Software Development: The Cooperative Game.* 2d ed. Boston: Addison-Wesley.

Mann. 2005. *Creating a Lean Culture: Tools to Sustain Lean Conversions.* New York: Productivity Press.

Moore. 1999. *Crossing the Chasm.* New York: Harper Business.

Reinertsen. 1997. *Managing the Design Factory.* New York: Free Press.

※ 第 9 章

精益—敏捷软件开发中的 QA 角色

"当从鳄鱼嘴里侥幸逃脱时,你很难记起你的初衷其实只是想排出沼泽中的积水。"

——佚名

本章概要

本章内容围绕精益—敏捷软件开发中质量保证(Quality Assurance,QA)的角色展开,涵盖了许多关键问题。

- 测试人员的作用是防止缺陷,而不是发现缺陷。
- 开始做开发周期计划时如何发挥验收测试的作用,以做到在最大限度上减少浪费。
- 在早期不容易去做测试时做些什么。

在行业中,术语"质量保证"和"质量控制"(Quality Control, QC)被用于不同方面。IT 公司和产品公司对两个术语有不同的理解。

- 质量控制是确保产品或服务被设计和生产出来,满足或超越客户需求的做法。
- 质量保证是指有计划的、系统的生产过程,为产品符合预期目的的实用性提供保障。

我们认识到,在某些组织中 QA 要确保人们遵循它们期望的过程去工作,这不是我们在本章中要阐述的内容。在本章中,QA 关注的是产品要满足客户的需求并被正确开发出来。

知识点

本章的知识点包括以下内容：
- 测试人员应该设法避免问题而非修正问题。
- 如果只是付出少量的额外费用，那么测试前置能够提高质量。
- 开发人员应该在编写代码前询问自己，"我如何知道我已经完成了那项工作"。
- 我们强烈推荐将测试前置，如果你不打算这么做，我们建议你至少应该在编写代码前做测试。

概述

精益原则在质量保证中突出表现为两个方面：构建品质与消除浪费。存在缺陷表示没有为产品构建品质；品质的缺乏会导致大量的浪费，形成返工，并且增加系统的复杂性。

这不是简单地指代码中存在缺陷。由于精益的视角跨越整个开发过程，因此如果存在下列任一状况，都表示质量出了问题：

- 构建了缺乏品质的产品（有缺陷）。
- 由于对需求的误解，构建的产品不是客户需要的。
- 构建了客户曾要求过的产品，而客户在项目晚期发现所构建的产品不符合他们的本意，因此现在不想要该产品。
- 构建了符合客户需求的产品，但当客户看到已经构建的产品后，发现他们的需求是错误的。
- 构建了符合客户需求的产品，该产品也符合客户的本意，但现在他们的需求发生了变化。

消除缺陷是一种浪费

精益思想常说，将缺陷移除到系统之外是一种无价值的行为。为什么这么

> 说呢？一个原因是，将缺陷放入系统中，然后再取出缺陷，整个过程没有为客户增加价值。没有客户会请求开发团队去做这样的事情。从来不会！让我们通过驾车回家的事例来验证这一点。假定你开着车到汽车维修点，为给汽车更换 50 美元的机油。当你取车打算离开的时候，账单显示的是 550 美元。你抱怨道："我以为更换机油的费用只是 50 美元！"他们答复："没错，是 50 美元。我们收取 500 美元是因为我们修复了您挡泥板上的凹痕。""可是我开进来的时候挡泥板上没有凹痕！""是的。但是我们更换机油时需要凹下挡泥板！"你是否收到了他们修复凹痕的价值呢？

从客户的视角来看，所有这些都是发生在生产时期的缺陷，无论是一个缺陷、一种不足或过度，他们都不会考虑这些价值。构建任何对客户而言没有价值的东西都是一种浪费。我们希望在降低或消除浪费的同时提高产品品质。消除浪费的责任在于团队。

从哪里开始呢？精益思想告诉我们，要去查看系统中的缺陷，而不是去责备某人的错误。换言之，要去检查系统的故障，而不是纠结于个人的绩效问题。在软件开发中，一个典型的系统问题是开发团队独立于测试团队之外。开发团队编写代码，测试团队试着去检测错误和修正代码。测试团队解决的是缺陷问题，但如果将系统作为一个整体，可以在项目开始时就去测试缺陷。

在系统之外测试错误（缺陷）的做法类似于质量管理大师戴明的名言："我们来做一份美式土豆，你烧火，我来刮皮。"该如何去改善这个过程呢？我们能够减少缺陷的发生吗？

是的！在精益—敏捷中，QA 的主要作用不是去发现缺陷，而是要防止缺陷的产生。

QA 提供了发现产生缺陷的原因的机会。QA 的作用应该是改进过程，防止缺陷产生，并且利用发现的缺陷，从产生缺陷的地方去改进过程。换句话说，当有错误产生时，说明过程需要进一步改进——改进过程，防止错误再次出现。

QA 在循环最后是内在的浪费

QA 处在开发周期的最后,这给过程带来了大量的浪费。

考虑到在循环周期结束时做 QA 是一种典型的开发过程,我们就以这种开发过程为基础来看看产生浪费的原因。

1. 系统分析人员和开发人员讨论需要实现的需求。
2. 开发人员进行开发:

(1)编写一些代码。

(2)考虑如何实施是恰当的。

(3)自我测试去确认代码的正确性(经常的情况是,这项工作随手就完成了)。

(4)传递他的代码给 QA 人员做测试。

3. QA 人员与系统分析人员讨论需求,并且决定什么是良好的测试用例。
4. QA 人员执行测试。
5. 如果(当)发现错误:

(1)QA 人员告知开发人员这是一个错误。

(2)开发人员研究 QA 的测试用例。

1)发现错误,接着去修复这个错误。

2)发现错误,接着把这个错误放入任务队列中。

3)相信自我测试结果,认为 QA 人员的测试是错误的,讨论如何修正这个错误。

使用这种方法会有很多内置的冗余产生,还导致沟通不畅问题的产生。当错误产生的时候,就会有明显的延迟产生,直到错误被发现为止。

误解比理解更自然

假设你只是听而未表达,那么这样沟通的方式是很危险的。沟通是相互的,要建立共同理解的沟通方式。英语是一门模棱两可的语言。许多词汇包含两层相反的含义。例如,"Clip"可以表示"放在一起"(就像"在纸上剪贴优惠券")

> 或"取走"（就像"从纸上剪下优惠券"）。这样一来，"Clip the coupon"表达的就是一个模棱两可的意思。
>
> 但是，如果想要通过写明所有的问题来防止歧义产生，那样会带来巨大的工作量。就像温斯顿·丘吉尔曾经就一份有关坦克的需求文档说过："这纸张的长度就能减少被阅读的机会。"

测试前置改善结果

将 QA 工作移至接近价值流前端的位置能够降低或消除项目的冗余、误解和延误。这里有一种常用的方法，就是无论何时陈述需求，要确保团队问以下的问题："如何得知工作已经完成？"将得到的答案在系统中形成具体的输入和输出。这个特定的输入和输出结果就可以用于测试。这些答案或者来自客户，或者能被客户验证，最后都可以生成一份验收测试代码。

在开发人员开始工作前去做这个问题的问与答有几个优势。首先，它能防止不同人员多次询问与回答同一问题的冗余；其次，为开发人员提供了开发的目标，是完成开发工作的指南；最后，如果是自动测试，它还可以在更改代码的任何时候都能够运行，从而使验证代码仍然有效工作，或者验证出代码出错不能工作了。

QA 前置在开发人员与分析人员之间营造了一种更好、更加可靠的对话环境。①

让我们来思考一个例子。假设你接到了以下需求：

基本雇员赔偿金 假定小时工的工资按周结算。支付条件为：工作第一个 40 小时，每小时支付标准小时工资；第一个 40 小时之后的工作时间，每小时支付 1.5 倍工资；周日和节假日工作，每小时支付 2 倍工资。

---

① 这个观点来自里奇·马格里奇（Rich Mugridge）的著作 *FIT for Developing Software*，即使你使用 FIT，本书的开始部分也是非常值得一读的。

由于我们将 QA 前置，因此团队开始询问这个问题："如何得知工作已经完成？"他们可能拿出如表 9-1 所示的测试结果。

表 9-1　描述测试需求的示例

标准小时数（小时）	节假日小时数（小时）	工资（美元/小时）	支付（美元）
40	0	20	800
45	0	20	950
48	8	20	1 520

开发人员开始查看这些测试行为：先查看第一行，40 小时，每小时 20 美元，应付 800 美元；合理。第二行，45 小时，每小时 20 美元，应付 900 美元，不是 950 美元呀？噢！我明白了，我忘记是 1.5 倍工资了，40 小时，每小时 20 美元，再加上 5 小时，每小时 30 美元，这样 950 美元是正确的；第三行，共 48 小时，40 小时，每小时 20 美元，加上 8 小时，每小时 30 美元，再加上假期是 2 倍工资，应该支付 800+240+320 美元，应该是 1 360 美元，而不是 1 520 美元。"

多么让人迷惑呀！开发人员需要和客户或系统分析人员谈谈，让测试人员也清楚。其中一个开发人员解释道："好啦……48 个标准工作小时，应支付 1040 美元，但是 8 小时的假期时间，由于是加班，因此应该在 1.5 倍的基础上再支付 2 倍的工资，因此是 480 美元，总计 1 520 元！"哦！原来如此！

你注意到如何通过具体的测试行为来改变需求开发人员和分析人员之间的对话了吗？QA 前置——就是在开始编写代码之前做测试——使开发人员更能够构建出客户的意图。①

在上一个例子中，无论测试过程是否自动化，团队都从中得到了好处。最直接的利益就是获得了更好的沟通，而且可以为自动化测试提供一些参数。至少特定的测试前置很难被否定，它没有增加额外的工作，但创造了更大的价值。应该

---

① 在我们的课程中，在指定测试之前，我们请客户为所有可能存在歧义陈述的需求一一命名。通常会有半打左右的需求在之前没有被提及，通过测试整理出来并命名。当我们再次询问："你如何得知工作已经完成？"人们可能就会发现，他们不可能知道你不知道的东西，即他们已经把目前所知的需求都向你和盘托出了。

一直坚持这么做下去。

开发素材的首要任务是回答这个问题："如何得知工作已经完成？"经常是指团队在开发素材之前，要在迭代中完成必要的任务（或者在打算完成素材的迭代日的计划中完成），由于这些任务需要花费相当长的时间，因此必须先去估算出素材的大小。①

> **QA 人员不仅承担责任，而且要参与开发工作**
>
> 我们并没有暗示 QA 人员的责任是改进过程，减少开发人员承担的责任。整个团队都为产品负责。开发人员和 QA 人员都必须把防止产生缺陷代码的工作放在首位。如果测试人员从开发人员的代码中发现了错误，那么说明开发人员没有正确完成开发工作。

当客户需求不明确时

只要你能将测试前置，它的效果就是强大的。如果系统分析人员、产品牵头人或客服代表不能或不会回答这个问题："如何得知工作已经完成？"那么你该怎么做呢？在我们的课堂上和咨询中，我们常听到很多对"客户"的抱怨，客户只是让团队为他们做事情，他们不想获得帮助也不想被打扰，或者客户只是想把这些问题留给"专业人士"去解决，专业人士可能更知道如何去做软件项目。（对吗？）开发人员应该只是埋头做自己的开发工作吗？答案是否定的。正确的做法应该帮助客户，但不要替他们完成所有的事情。

团队可以先针对"如何得知工作已经完成"的问题设想一些答案，接着询问客户："如果我们这么做，可以满足你的需求吗？"提供给客户一些具体的功能去操作，这样使客户能够比较容易地回答问题。事实上，每次当我们看到团队使用这种方法的时候，客户都会花时间去回答这个问题。如果客户不能回答问题，那么开发团队就不应该继续进行。

---

① 这看起来可能和敏捷的概念相反；但在实际大型项目中，标准的 Scrum 实践常常会超越这种假设的简单化项目。

正如杰夫·萨瑟兰曾经说过（2003）的：

> 我们的任务是编写代码以更好地满足客户的需求。如果需求尚不清晰，程序员不应该写下哪怕只有一行的代码。因为每行代码都需要花成本去编写，同时又需要花费更多的成本去维护。对开发人员来说，上网冲浪都好过去编写一些根本不需要的代码。如果他们编写的代码根本就没有用，我还必须在系统的整个生命周期——比我的职业生涯还要长的生命周期——为这些代码付费。如果他们只是去上网，那么他们还会玩得开心，而且我也不会在系统维护上花费不必要的成本。

如果无法核实需求，那么几乎可以肯定地说，你构建出来的东西不会有什么用处。甚至更糟糕的情况是，你还会在代码原有的基础上增加了复杂性。这就是浪费，而浪费是我们的敌人。

如果客户不会或不能确认你交付的产品是他们所需要的，你应该把你认为客户不重视的那部分功能向客户做简要的介绍，这些功能的优先级不高。如果这些功能对客户具有价值，那么客户会做详细的测试以证明功能的价值。而且，你应该告诉管理层，在这种情况下你不推荐构建任何功能。如果无论如何都需要你去构建功能，那么直接去做吧，但是需要知道，那样很可能被证明是在浪费时间。在本章结尾的地方提供了一个练习，你可以和另一个团队成员一起来做。当客户不能帮助开发人员确定他们的需求时，团队交付的功能几乎都不是客户所需要的。

规格说明书和"神奇"的文档

将测试写入需求文档。测试人员会在文档中非常详细地写明系统表现如何。当测试非常详尽清楚，测试人员会将这些测试放入测试框架中，如集成测试框架（Framework for Integrated Test，FIT），并且这些测试代码可以由非开发人员准确地编写出来，因此配套的测试代码相对容易。测试代码可以随时运行，确保编写的程序代码可以取得理想的效果。

在前一个示例中，运行测试的结果得到了表9-2所示的结果。测试代码成功运行的那一行显示绿色，运行失败的那一行显示红色（显示预计和实际的结果），如果测试与代码不相关，则显示黄色。

表 9-2 FIT 运行测试结果示例

标准小时数（小时）	节假日小时数（小时）	工资（美元/小时）	支付（美元）	结果（颜色）
40	0	20	800	绿色
45	0	20	950	绿色
48	8	20	1 360	红色

这是一个有力的论证。自动化测试提供了一份"神奇"的文档。当系统与陈述的需求不符的时候，大多数文档没有特别的反应，但是自动化测试规格说明书展示了可执行的规格说明，并且当程序中断的时候能够变成红色（神奇吧！）。除提高编写的文档质量外，当代码更改时，自动化测试还为代码提供了一张保护网，以低成本的回归测试来实现更短的迭代。

验收测试驱动开发

测试驱动开发（Test-Driven Development，TDD）开始是一种编码方法，是在为系统功能编写单元测试的基础上推动程序开发的一种方法。这种方法比直接编写功能代码要好。TDD 背后的驱动力是：① 确保了解将要开发什么功能；② 验证了代码在做什么事情；③ 利用事实（在编写代码前定义测试）改进了编写代码的质量。但是，典型 TDD 首先是开发人员的一项功能。它能降低开发的技术风险——软件实现与客户需求不匹配的风险。

一旦我们把客户、质量保证和开发人员召集在一起，一种为测试驱动开发的全新视角就会产生：测试驱动开发的概念就是寻求降低技术风险和市场风险。降低市场风险意味着定义出恰当的市场需求，并且要准确地传递给开发人员。降低技术风险是指要确保代码像它设计的那样去工作。

通过验收测试推动代码开发的方法，上述两种风险都应该会减少。在本章前面描述的对话情境运用这种方法降低了市场风险，因为这种方法能够协助客户、测试人员和开发人员相互理解。一旦验收测试被确定，在实施验收方面创建更小的测试，确保代码运转正常。这称为验收测试驱动开发（Acceptance Test-Driven Development，ATDD）。

测试驱动开发的全新视角再一次为实际效果做出了巨大贡献。典型的 TDD 通常是为功能编写单元测试代码。作为单元测试组合，书面验收的情况也并不少见。但是我们强烈推荐另一种更有意义的方法——在验收测试的基础上编写单元测试。将 TDD 延伸到确保需求理解的过程之中，进一步完成测试。换句话说，打破惯例，从顶部（验收）测试开始，而不是从底部（单元）测试开始，最后将验收测试与单元测试合并在一起。

这种自顶向下的方法被用于确保测试要涵盖所有已经完成设计的行为。这不是做拼图游戏——开始把所有卡片都收集在一起，以保证所有的卡片都是齐全的，然后打散这些卡片并开始拼图。如果你以单独的卡片作为开始，那么在完整地拼出整个图形之前，你不能确定所有卡片的正确性。

角度可以让一切变得不同

回想一下一次发生在我们与某人之间的对话内容，他正在考虑为其所在的公司采用敏捷方法，这是一家销售医疗保健仪器的公司。他的疑问是，如何验证用户完成的测试已经完全覆盖所有的需求。由于他知道我们是敏捷顾问，他期待我们能给他提供一些明确的答案，可以消除他的担心。但是我们告诉他，你不能——至少不容易并且不能给予极大的确定性。构建素材不是把素材堆放在一起，也不是把测试堆放在一起，你需要做的是以验收测试作为开始，并且逐步分解素材。

总　结

QA 应该为防止缺陷负责，而不仅仅是发现缺陷。为了达到这个目的，QA 应该被移至开发周期之前。这有助于团队避免大量的沟通错误，而这些沟通错误经常会带来延迟、缺陷和浪费。在开发每个素材之前，团队与客户应该关注一个问题的问与答:"如何得知工作已经完成?"如果可能的话,应该在编写代码之前进行测试,并且确保以最小的浪费来生成高品质代码。

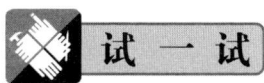 试 一 试

这些练习最好通过与公司中某位同事的交谈来完成。每次练习完成后,去请教一下其他同事,看看是否还存在其他可以改进的地方,以便帮助你获得进一步提高。

本练习的目的是帮助你和你的团队理解这个问题的价值:"如何得知工作已经完成?"

如果条件具备,请与其他人一起来做这个练习。

1.想一想,当你做代码开发的时会不会遇到这种情况,当客户询问这个问题时你才发现,所开发的功能其实并不是客户想要的,但为时已晚。

2.如果由你在开发前先去向客户询问这个问题,结果会有怎样的变化呢?

关于这个练习的一些趣闻逸事

我们在所有的精益和精益/Scrum课堂上使用这个练习。在一次课堂上,大家讨论他们应如何尝试去获得这个问题的答案,但产品经理(他们的客户代表)无法回答他们的问题,产品经理自己都不知道答案是什么。于是他们就自己动手,尽最大努力先去构建系统,随后,在项目结束的时候发现,基本上整个系统需要重做。有些人曾经反映,在过去两年工作过的项目中,这种情况常常发生。他们发现,每次发生这种情况,就需要重新编写代码,这不仅仅是浪费以前的工作,更使系统变得比需要的更加复杂。于是他们决定不再编写代码,直到获得这个问题的答案之后才动工。"如何得知工作已经完成?"我们常常说,没有一个适合所有团队应该遵循的最佳实践,如果真的有的话——那么这就是一个!

推荐阅读

以下著作为本章的主题提供了有益的参考。

Mugridge. 2005. *Fit for Developing Software: Framework for Integrated Tests*. Upper Saddle River, NJ: Prentice Hall.

Sutherland, Jeff. 2003. "Get Your Requirements Straight." *Jeff Sutherland*. http://jeffsutherland.com/scrum/2003/03/scrum-get-your-requirements-straight.html (accessed March 13, 2009).

第 10 章

成为敏捷企业

"持续改进不是说你要把事情做得多好——那只是工作的一部分。持续改进是移走那些妨碍你工作的事物,那些降低工作效率的事物。这就是持续改进的真谛所在。"

——佚名

本章概要

本章讨论了成为敏捷企业所要面临的挑战。这包括 3 方面内容:身在何处、想去何处及如何到达。我们设定了 3 种不同的组织类型,基于我们在帮助公司转型的过程中所能认识到的情况。转型包含了持续不断的过程改进。

知识点

本章的知识点包括以下内容:

- 企业实现敏捷有多种方法。
- 如果你拥有一个很稳定的开发团队,把先让它们变得敏捷作为开始;接着改进组合管理团队,同时改进团队的协作与技能。
- 如果你没有一个稳定的开发团队,那么就减少正在进行的项目数量,让组建的团队专注于完成优先级高的需求,使这些需求能够被产品牵头人尽早验收。

想去何处

在决定前进的方向之前,你必须知道自己所在的位置及你想到达的目的地。想去何处可能是清楚的,因为其他公司也想去。

- 确定市场需求。
- 快速响应市场变化。
- 为市场开发软件——高品质且重视交付最高价值的功能。
- 开发的产品(内部与外部)要有长久生命力、易于扩展和容易维护。

为了达到以上目的,精益—敏捷建议企业做以下事情:

- 确认和定义开发最小可市场化功能。
- 管理开发组织,使生产力最大化和迭代循环时间最小化,并且在此过程中开发出高品质的软件。
- 确保团队遵守精益原则,在约束因素范围内尽其最大的努力。
- 雇用具有高水平工程实践技能的团队(有能力开发出高品质的软件,包括测试驱动开发和设计模式)。
- 采用持续改进过程的做法,变成一个学习型组织。

所有这些都是基于业务驱动的组织所需要的。但这些行为还不能让团队变得敏捷,企业还必须组织和领导团队为客户增加最大的价值。我们称这种行为是"企业驱动软件开发"。

如何到达

笔者曾经在数十家已经采用了精益—敏捷方法的企业工作,我们看到了一些企业转型时期普遍存在的问题:

- **团队没有很好地形成**。一个项目是由分配到项目中的人员协同工作来完成的,当这些人员同时参与很多其他项目时,问题就出现了。
- **团队成员不在一起办公**。研究表明,人们彼此座位的距离超过 30 英尺(1

英尺=0.304 8 米），就会大大降低他们的沟通能力和协同能力。在今天这是一个现实问题，我们必须要学会如何有效地处理。

- **年度周期计划导致项目需要更长的时间去完成**。除此之外，不重视最小可市场化功能也会导致项目需要更长的时间去完成。
- **大批需求杂乱无章地堆放在一起**。没有相应的机制在项目成员有限的能力范围内去分配工作。
- **项目经理和项目发起人争夺资源，而不是一起合作以实现投资收益最大化**。大型项目的优势在于，不同产品线是通过各自的预算来竞争的，在企业范围内，这种竞争并不能提升交付物的价值。
- **自动化验收测试没有完成**。测试驱动开发也没有完成。在开发周期中，测试启动太迟。
- **在项目结尾才完成集成**。集成成本是很高的，因为团队成员间彼此独立工作了太长时间，一旦集成会花费很大的努力，这样也导致了浪费。
- **代码质量依赖于程序员的个人能力**。众所周知高质量的代码是如何形成的，遗憾的是，大多数公司仍然允许开发人员根据他们的喜好，并且在一套没有质量标准的代码基础上继续做编码。
- **没有积极地寻找和消除问题的根源**。在软件的世界里，缺陷作为日常生活方式的一种被包容。实际上，许多组织利用发布准备状态进行缺陷跟踪。
- **过程的持续改进没有实施或没有价值**。大多数公司都忙着处理最新的危机，没有时间关注过程改进，而这些改进能够防止下次危机的产生。

为了实现敏捷，组织必须克服以上提及的这些挑战。

平衡调整片

我们一直推崇一本具有启发意义的书——《关键路径》，该书的作者是R. 巴克明斯特·富勒（R. Buckminster Fuller），他在书中提出了"地球太空舱"的概念，并发明了多面穹顶。

他在平衡调整片方面的思想被应用在航空和航运业上，将平衡调整片贴在大型平面上（如方向舵上），否则很难移动这些大家伙。

> 富勒写道，一次当他站在甲板上看到一艘轮船经过的时候，他就联想到以个人力量去改变社会是一件多么困难的事情。他认为，应该在改变方向上下功夫。推动船头（前部）是一种方法，但不是十分有效。如果使用方向舵，操作起来并不像看起来那么容易：当具有巨大表面积的船舵在水中被推动时，推动船舵本身所需要的工作量和应力会很大。正如富勒思考的那样："改变大型轮船的过程非常困难。"可是，当船尾经过时，富勒注意到了那些贴在船尾部的平衡调整片。
>
> 一个个平衡调整片就像一个个微型舵。当你移动船舵时，平衡调整片就会创造一个低压区，使舵能够很容易地转动。富勒发现，平衡调整片可以让船员花很少的力气就能转动一艘巨型船只。如果有人想改变这个世界的话，富勒认为，这个人就必须寻找他人生的平衡调整片，也就是说，用微小的力量能产生巨大影响的东西。

转型时期的指南

当企业做敏捷转型的时候，它们也必须考虑下面 3 个问题：

- 最容易清除的痛点是什么？
- 转型过程中的文化态度是什么？
- 转型过程中的尺度是什么？

另外，记住下面的要点也会有所帮助：

- 在刚开始时计划做太多的工作反而会产生不良后果，即使所做的工作都有价值。
- 人们经历转型，通常都怀有某种程度的恐惧。
- 人们始终要明白的是他们的工作范围。
- 给准备做转型工作的团队再去增加关键性工作，可能导致人们放弃转型。
- 我们应该寻找"平衡调整片"去协助平滑过渡。

无须找到对你有用的一切事物，你只需去发现使转型能有效运转起来的少批量但最关键性的几种事物。你也一定要对一些你能去改变的事情保持适当的关注。人们常说:"摘低处的果实。"我们称其为"平衡调整片",它能比少量的努力这样的词语表达更多的内容,也表示了低付出、高回报。

从何处开始

那么从何处开始呢?这其实取决于你在哪里。

为了帮助你思考,我们列举了3个例子,这3个例子都是来自我们帮助公司实现敏捷转型的经典实例。我们合作过的大多数公司可以被分为3类:

- 产品公司,生产软件产品并对外销售。
- IT 公司,具有合理、明确定义的开发团队,开发的软件供内部员工、公司的代理商,以及支持公司服务的客户使用。
- IT—产品公司(上面两种情况的组合),开发的软件供其他公司管理使用,如某公司开发了医院管理系统。

如果你的公司不适合上述的任何一种描述,不必担心。相反,你可以去看看呈现出来的问题和架构,看看我们推荐的转型发生的那些过程。找到哪些问题对你的公司来说是最重要的。在接下来要列出的所有实例中,公司的规模都由 300~4 000 名员工组成,每条产品线或服务线上都有 50~500 名员工在工作。

❑ 产品公司

产品公司生产产品,其产品供个人或其他公司使用。这些产品可以涵盖游戏行业(如个人计算机游戏)、商业领域(如文字处理程序)、安保领域(如导弹制导软件),几乎包括任何行业。产品公司的最大不同点在于,它们编写的软件是否为嵌入式软件(如软件运行的硬件是汽车控制器)。

产品公司的特点是拥有定义良好的开发团队,但是该团队中的成员通常会同时参与多个项目。常见的情况是,团队成员在开发一项新产品或产品增强功能时,他同时作为另一团队的成员也要去支持其他项目的产品开发。这种公司面临的最大挑战就是需要广泛地改进产品质量,并且提高团队效率。虽然,产品公司没有

IT 公司的那种年度周期计划，但是它们经常会制订大范围的产品计划，而这种计划往往会造成开发出过多的功能。

在产品公司中，从最常见的地方入手以提高团队效率，如图 10-1 所示，通过实施 Scrum 或看板（挑选最适合工作的类型）来实现团队效率的提高。通过学习如何分阶段构建软件，确定选择更好的产品增强功能，计划管理人员要为此承担些压力。实施 Scrum 时，我们建议将质量保证体系在过程中前置，这可以改进团队的组织状况和沟通交流状况。

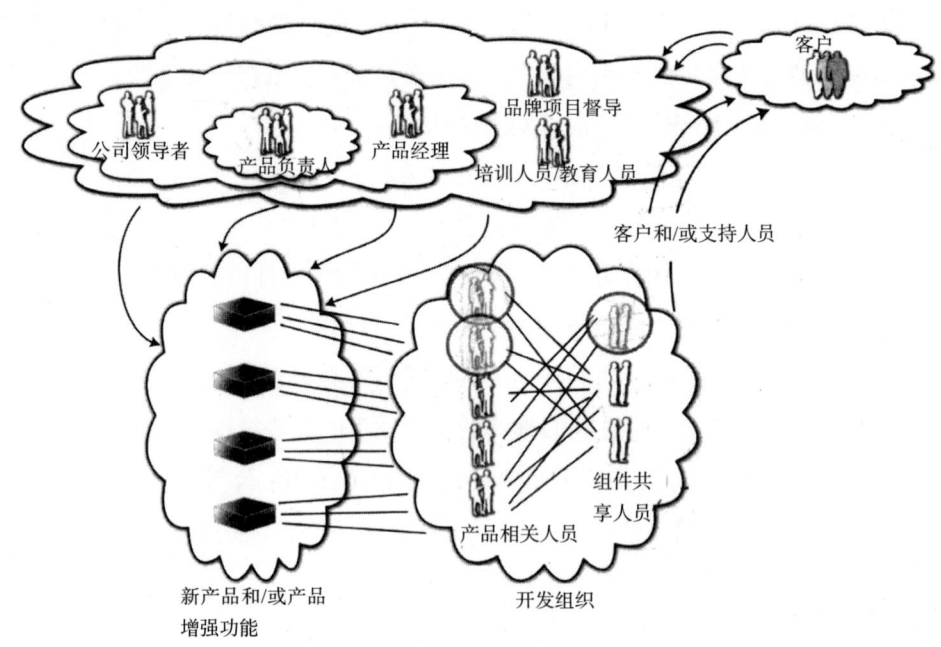

图 10-1　构建敏捷团队

团队在采用 Scrum 或看板后，也会遇到很多的挑战，但它们能够对问题直接进行修正和改进。我们常常发现，将质量保证体系移到开发过程之前是一项有用的改进（请看第 9 章）。这样做之后，团队成员发现，他们能对过程和开发的代码做出重大的改进。然而，过了一段时间之后，团队成员发现，他们被某些在其控制范围之外的事情给羁绊住了。例如，产品增强功能的需求可能被过度定义，或者包含太多功能（如多过必需的功能）。这就需要他们与多个团队一起合作，这会带来系统颠簸的问题。

尽管团队培训限制在 Scrum 和看板的方法上，如果影响团队的问题已经超出团队的控制范围，那么是时候采取下一步行动了。这也是培训团队成员理解更加广泛的精益原则的适当时机——因为在这种时刻，必须有人从高于整个团队角度看问题。

下一步工作是教会计划管理者如何选择开发较小的增值功能，即到了构建最小的可市场化功能的时候了，如图 10-2 所示。

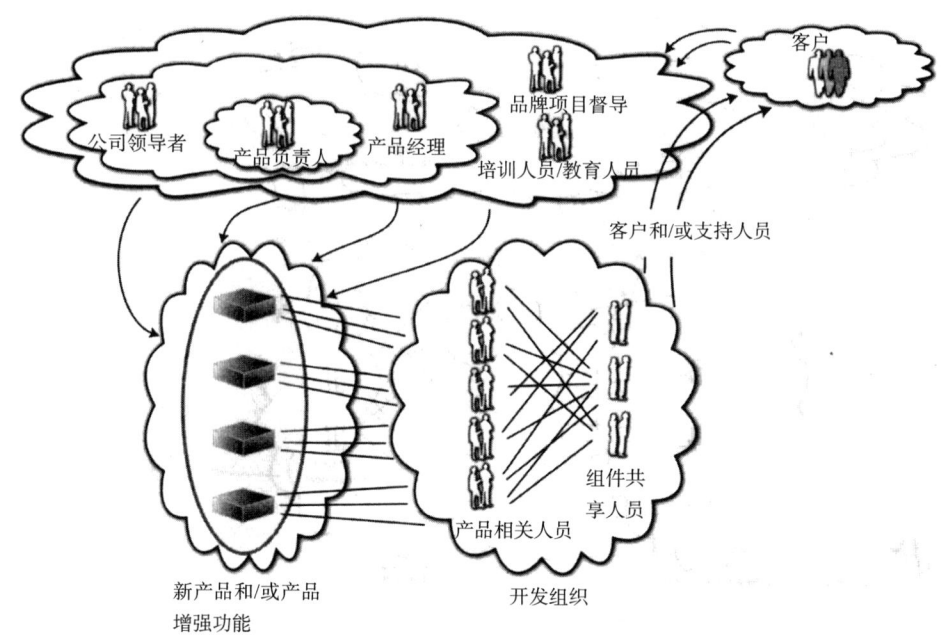

图 10-2 改进选择产品增强功能的方式

这两步在实际工作中一般是同时完成的，直到团队缩短了开发周期之后，计划管理者才能看到它的可行性。一旦一次迭代完成，团队就可以用这次迭代为例演示给计划管理者或他们的代理人观看，在没有沟通障碍的前提下，团队有能力迅速交付高品质产品。

当组织在快速构建最小可市场化功能时，在最大化投资收益率的基础上，为整个组织而非一条产品线使用产品组合管理去选择最小可市场化功能就成了可能。换句话说，计划管理者能看到开发团队实施的较少量的产品增强功能。他们将意识到他们在以一种非常直接的方式竞争资源。计划管理者任何时候都能清晰地看到交付线上少批量产品增强功能的价值所在（确保开发团队效率最大化）。他们明白，选择产品增强功能的需求必须与整个组织的需求目标一致。计划管理者间是合作而非竞争，如图10-3所示。

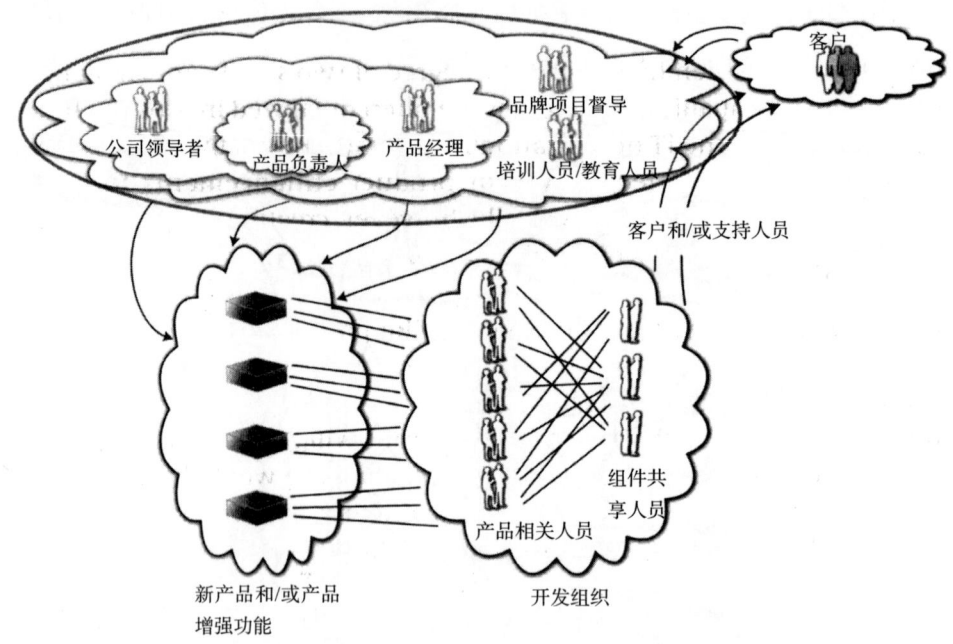

图 10-3　计划管理者合作一起挑选最小可市场化功能

通过这个过程，开发方应该能够在以下两个方面获得改进：

- 团队可以采用最佳工程实践，包括测试驱动开发和为特定环境定制的设计模式。
- 可以组织团队与其他团队一起工作，以降低集成成本和改进迭代循环时间。

"最后"一步是重组团队间的工作方式。这一步通常在其他步骤之后启动，因为它需要一个认识的过程去进行引导。增强团队之间进一步交互的改进过程在第12章中会进一步讨论。

产品公司编写的是嵌入式软件

在嵌入式软件的编写过程中,由于增加了跨软件和硬件团队的集成成本,转型就变得更加复杂,在早期的价值流图上就能够说明许多问题。精益关注的是流程和迭代周期时间最小化,提供团队更好的集成。我们在第 12 章讨论了协调不同团队的方法。

产品公司的转型方法

从本质上讲,转型方法通常是以团队为基础的,使用精益思想作为指导,从头开始工作。前面描述的方法并不表示这是一种具体的可以像指南一样能够指导转型的方法。

❑ IT 公司

相比产品公司来说,IT 公司经常面临更大程度上的挑战,主要集中在两方面:首先,团队首先要在料仓(功能)中组织好素材;其次,由 IT 公司——不是公司的业务方——去决定构建哪些产品增强功能。这两方面要分开考虑。但是,创建组织良好、跨功能的团队将能够解决第一个问题,这对第二个问题也有帮助。

具有讽刺意味的是,在试点项目上实施 Scrum 会对该试点项目有所改进,但同时又会对组织中的其他项目产生负面影响。如果项目总数不变,被选定的团队使用 Scrum 方法在一段时间只推进一个项目中。其结果将是,在结束时没有使用 Scrum 方法的那一组的成员能比以往做更多的工作,这就导致了团队需要在更多的相关项目中来回切换,带来了更多的系统颠簸和更加低下的效率。只看试点项目的结果,敏捷方法看起来非常好,但是从整体来看,软件开发的生产率降低了。如果有人错误地认为,Scrum 方法是有帮助的(因为试点项目的成功),进而"放大"Scrum 的效果到真正的项目中,实践证明 Scrum 的实施是有困难的,甚至会产生适得其反的结果。在 IT 公司中,降低运作项目的数量和定义良好的工作团队是一套组合行为,必须同时进行,以免造成其他 Scrum 团队获得成功的同时,非 Scrum 团队遭遇挫败。

然而,IT 公司倾向于由开发来驱动业务方,而不是像产品公司那样由业务方来驱动开发。它们在构建可供最终用户使用的软件上也存在较大的风险。在产品公司，发布一种产品是要为其业务用户提供一切必要的功能。在 IT 公司，软件是与公司的开发过程紧密相连的。IT 公司增加了一项功能，售后服务小组不需要去实现那些对所服务的公司来说没有价值的功能，因为对所服务的公司来说，软件仅仅可用是远远不够的，所以应该重点关注对客户有价值的功能。

❏ IT—产品公司

IT—产品公司看起来像其他 IT 公司一样，实际上它是产品公司——它向其他公司出售服务。但是，由于它为客户的 IT 部门提供服务，这常常使 IT—产品公司看起就像 IT 公司。我们发现在许多的 IT 公司里，不存在真正意义上的团队。作为替代团队的方式，当某个产品需要升级时，可以承担该角色的人被选出来做这件事情。年度项目预算周期计划在这类机构具有很强的生命力，因此学会如何构建更小的项目是关键。

我们发现对于这类公司来说最好的转型方式是，在开始的时候对计划管理者加以适当的培训。第一步是明确定义可能的最小可市场化功能，接着对这些最小可市场化功能按照投资收益率进行排序。完成以上两步后，就必须开始组建团队并将最小可市场化功能分配出去开始进行开发。这是所有产品线都应该做的事情——让多个团队从开始就能够转型到敏捷。各个团队工作在同样的最小可市场化功能中，从共同产品需求列表中将最小可市场化功能拉出来开发。

通过选择少批量产品做增值开发，每个团队都扮演着重要的角色去开发这些分配的功能。在同一地点工作的团队会比以往任何时候都具有生产力，同时，这对许多公司来说是主要的转型。跨职能团队的创造力将带来生产力的立即提升并带来即时收益，这种收益可以超过并抵消掉转型本身带来的混乱。

持续过程改进的重要性

精益并不是关于帮助企业转型的方法，而是一个让企业学习转型的过程。但是，为了转型而转型的目标是不对的，转型的目的是提高生产力和投资收益率。

团队需要研究如何改进自身过程并改善与其他团队的依赖关系。管理层需要不断地寻找一种方法去减少迭代循环的时间并提高产品质量。团队要学会去发现并改进过程，找到组织结构中的障碍，以便进行修正。

总　结

一家公司如何转型到敏捷软件开发取决于所处的位置和需要克服的挑战。在已经存在的架构中，以它们的能力从业务需要的角度去推动开发，有助于到达转型的目的。

试一试

这些练习最好通过与公司中某位同事的交谈来完成。每次练习完成后，去请教一下其他同事，看看是否还存在其他可以改进的地方，以便帮助你获得进一步提高。

- 在一段时间内，公司员工会同时参与多少个项目？
- 你所在的组织中是哪些部门在推动业务——业务方、市场方，或者开发方？
- 如何影响开发的选择？

第 11 章

精益—敏捷开发中管理者的角色

"管理是把事情做对;而领导是做对的事情。"
——彼得·德鲁克(Peter Drucker)

"你必须管理系统,因为系统本身不能对自己进行管理。"
——W. 爱德华兹·戴明(W.Edwards Deming)

本章概要

本章讨论的是精益—敏捷开发中管理者的角色。管理者帮助团队持续关注结果,不断改进过程。可视化控件是管理者和团队强有力的工具,有助于团队识别障碍。注重长期知识积累也是管理者的重要职责。精益提供了一种模型,在该模型中,管理者能够避免过度管理(微观管理)和只分配任务而彻底放弃管理的情形。

本章的知识点包括以下内容:
- 精益—敏捷管理是领导的艺术,而不是下指令。
- 领导员工包括创建正确的环境,让他们保持对正确事情的关注,相信他们可以完成工作并在他们需要的时候提供帮助。
- 精益—敏捷的领导者运用可视化控件进行管理,重视已完成的工作(根据价值大小排列出优先级)的数量。

第 11 章 精益—敏捷开发中管理者的角色

- 精益—敏捷管理注重缩短迭代循环时间——从最初构想到产品交付使用。

精益—敏捷管理

你如何看待管理是成功转型到精益—敏捷企业的关键这个问题？精益—敏捷重视价值流的管理和对人员的领导。这包括产品知识的构建、开发产品架构的形成和对产品本身的开发。一个透明、可视的工作流能使项目成员目标保持一致，而且可以为用户提升过程的价值。管理层可以清楚地观察到过程中存在的任何障碍或妨碍价值流动的任何事情。当你牢记用价值流来引导项目开发时，功能强大的软件就会在你所在的企业中被开发出来。

例如，管理层通常要跟踪未修复的缺陷的数量。这看上去是评估团队工作的一种自然方式。精益—敏捷思想采取了另一种方式：重视造成缺陷的根本原因。遗憾的是，许多敏捷方法没有一个定义良好的价值流来获得一致的答案。精益授权一个明确定义的价值流为管理层提供新的机会来带领团队发现缺陷产生的原因。缺陷能表明过程中存在的问题，但如何让缺陷产生或将缺陷保留下来呢？通过重视价值流，我们可以检查问题并将其修复。大概是因为直到项目结束测试才会完成，又或者是因为大量的工作被批量处理，这就导致了缺陷的批处理任务延迟，还增加了缺陷的影响。所以，要及时修复过程并减少缺陷。精益—敏捷管理者通过确定和移除价值流过程中的延迟、阻碍和封锁来推动组织去修复过程。修复工作可能只是依靠团队来解决，或者团队也可以依靠与其他团队的良好关系来解决。

构建环境

敏捷开发团队是一个完整且具有超强生产力的团队，它需要一个利于团队成长的环境、健康的团队活力和良好的团队行为。这样的环境不会自己生成，它需要一位具有良好视角、专注力与深刻理解需求的领导者。领导者应该为培养良好的行为做好准备，而不是试图培训团队成员掌握这些行为。

精益文化的开发也使用同样的方式，是领导层在组织上下和整个企业中重视应用精益原则的产物。常常会听到改变企业文化的需求，遗憾的是，企业文化是不可能随意改变的，企业文化来自员工对公司行为的探讨，是员工与管理层接触时的经验和对管理层行为的评论。

变革企业文化包括改变管理系统。幸运的是，精益能够提供帮助。精益建议，管理层可以通过改进员工的工作系统来改变结果。管理层协助团队构建合适的可视化控件，以便团队能够更好地工作。同样，可视化控件能够让管理层看到团队是否需要培训。通过改进管理系统，组织中员工的经验就会得到更新，也就改变了企业文化。

在精益—敏捷中，管理者有两个重要的职责：
- 设定结果或团队预计要达成的目标。
- 协助工作人员改进过程并安排工作区，以方便团队完成工作。

履行这些职责包括协助团队重视持续地改进过程、消除浪费和延迟。其结果是团队能力不断提升并向客户交付有价值的软件。在精益—敏捷软件开发中，管理者应提高对最大浪费——延迟和不必要功能的开发——的认识。当价值流中的障碍被发现时，团队将积极寻找过程中的障碍并进行修正，而且将此工作作为日常工作的一部分。

精益—敏捷兼顾管理的办法

我们行业中的很多人都想知道，为什么"泰勒主义"[1]在今天会如此泛滥？是我们的家庭和学校造成的吗？也许是。当我们长大后，虽然发现这种方法不起作用，但我们仍然坚持使用这种方法。因为当风险增加时，采用指挥和控制的管理方法（Command-and-Control）会让人觉得比较安全。

或许我们懂得授权并支持我们的员工，相信他们能够完成这项工作。这看似民主的方法实际上是一种退步，并且在某种程度上激发了问题的产生。

---

[1] "泰勒主义"是一种趋向于指挥和控制风格的管理方法，在20世纪初，被弗雷德里克·泰勒（Frederick Taylor）所推崇。

精益思想提供了一种替代的方法：对实现目标的工作和方法授权，但仍需团队成员对结果负责。精益建议，运用多种方法和工具将团队面临的挑战可视化。这些方法和工具包括价值流图、可视化控件、走动式管理及 Kaizen[①]等，运用这些方法和工具来解决项目问题。可视化控件让管理者能够协助团队的发展和完善，并不以个人情绪好坏或问责的方式来达到目的。管理层可以就价值流图或可视化控件中的热点问题询问开发人员，并协助他们探索导致问题产生的根本原因。精益思想为管理者提供了一种方法去支持和激励团队——而不是代替团队工作——同时保持过程全程的可视性，另外，管理者通过这种方法可以掌控进度，了解如何贡献自己的力量。同时，精益提供了许多工具，可视化控件由于能够提供过程中的即时信息所以尤其有用。第 8 章讨论了可视化控件。

在精益—敏捷中，管理者最重要的任务就是帮助团队避免浪费。团队常常无法发现自己在工作过程中的浪费（这就像"不识庐山真面目，只缘身在此山中"）；又或者湮没在处理缺陷事务当中（这种困难让人感觉无法克服）。浪费产生的原因可能是问题本身在团队工作范围之外，或者是团队没有权力去解决问题，又或者团队可能看到了问题并有充分的热情和责任感去解决问题，但不知道何时才能完成。

以上任何一种情况的存在对团队的工作能力来说都是一种阻碍。如果团队能够保持更新，可视化控件就能使信息对外部的观察者变得开放、透明，那么当团队在项目实施过程中遇到了阻碍时，外部观察者就会及时发现这种情况。

这给管理者提供了一个有利的机会去干预团队，让团队反思是什么导致了过程的缺失。同时需要管理者注意的是不要提供解决问题的方法，只是引导团队，防止团队掉入问题的深渊，避免浪费。

在团队内部创建知识

技术产品的交付需要多个不同领域的专家共同合作完成。理论上倾向于先组

---

① Kaizen 是一个日语单词，意思是"更好的改变"。Kaizen 是一次高度结构化的头脑风暴会议，酝酿对策，解决具体问题。

建一个组织来分解工作任务，然后将任务分配给各个领域里的专家——这些专家是能够在最短时间内完成任务的人。精益—敏捷管理者必须在组织内部构建知识，并且要清楚地知道通过自己的方式催促团队工作将会产生不利的影响。短期、低效的战术转移违背了在价值流中优化工作过程的原则。精益—敏捷领导力应该在短期效率最大化的技能基础上防止管理者按照逻辑去推动工作分配。

换言之，我们可以通过在专业领域或短缺的技术行业内交叉培训项目成员来节约项目时间。即使新培训出来的人员并不具备专家的开发速度和开发质量，但他们可以缓解庞大的工作量带来的瓶颈。在执行大型项目时，这种方法增加了迭代循环的时间。

"让员工保持忙碌"的经验不仅让管理者头疼，也为创建一个良好的团队环境带来了阻碍。支持敏捷开发的管理者要注意创建一个"教与学"的文化氛围，专家的价值不仅体现在辅导成员完成工作上，还体现在乐于学习自己非专长的领域的知识上。这违反了主流的战略管理思想：充分利用有技能的专家，分解任务并分配任务，使个人以最大效率完成工作。创建大批量未完成的工作以一种非线性的方式增加了迭代循环时间。创建精益—敏捷团队代替了主流的战略管理思想，这就可以调整和适应不断变化的业务需求，重点是优先完成没有技术债务的工作。

寻找根本原因

在家里备有创可贴是非常有用的，尤其是对于有小孩的家庭。在为小朋友包扎伤口时，创可贴上绘制的卡通人物在某种程度上能减轻皮肤疼痛的感觉。在伤口上贴上一片创可贴可以防止感染（如果发现及时）。如果伤势严重，就不能使用创可贴，取而代之的是，你需要进行妥善的处理——这就引入了下面的例子。

一家大型的金融服务公司的 IT 部门需要向所有项目相关方提交每周详细状态报告和最新的项目计划。作为同类最佳的技术部门，它兼顾瀑布型方法和中心流程，创建了软件工厂模型，该模型由过程涉及的各方（如需求业务分析人员、UI 开发人员、中间件开发人员、数据库开发人员、架构师、系统测试人员等）来组织。项目经理组建了一个矩阵型团队，以制度化瀑布过程为方向，指定一个约定的日期，并使用给定数量的资源。为了能够使项目在掌控之中，上一级管理者需要在项目的每个阶段跟踪周报和项目完成计划的状况。

我曾经参与了该公司的项目管理过程专家会议。通过每周有规律的会议，人们分享项目实践中的信息，并改进 IT 项目管理过程。有两名资深的项目经理热心地推荐了一种新工具，并且他们还准备向该公司的所有项目经理进行推广。这两名项目经理加班加点，开发出了一个让人印象非常深刻的应用程序，该程序可以根据项目状态周报同步更新项目计划，这些数据是向上一级管理者汇报的基础。基层成员对于同时维护项目状态周报和项目计划所带来的冗余工作有诸多抱怨。通过使用该工具，项目状态周报和项目计划可以统一维护，并且能够自动生成标准化的电子报表交付给相关人员。为了美化效果，电子报表甚至还为每个瀑布型阶段设计了有颜色的标签。这两名项目经理迫切地想知道该工具价值如何？你的看法呢？

根据精益原则，该工具无论意图多么美好，都不能用于解决项目经理面临的任何问题（除可以自动生成一个状态报告外）。该工具其实仅仅是一片创可贴，它使当前的形势变得可以容忍，让制作状态报告变得容易一些，从而支持了一个有问题的过程。而真正的问题是："这份报告能够提供给客户什么价值？"实际上，它没有提供任何实际的价值。因此我们应该常常询问自己："为什么我们要去做这些事情？"特别是在这个事例中，我们去维护这些文档是因为大量的在制品需要管理。

使用 5 Why 分析法，我们应该一直去问自己："为什么我们有这些在制品？"（答案是因为我们做了大量需要协调的工作。）问："为什么我们要去做大量需要协调的工作？"（答案是因为我们遵循的是瀑布型过程。）这些报告其实是一个装满一系列低效过程和试图减少结果所带来的痛苦的巨大容器。

如何解决这个问题？敏捷方法不需要这样详细的状态报告，它将以更加容易的方式来协调资源。敏捷方法也提供了可视化控件，在一开始就消除了由状态报告所带来的浪费和多余的工作。

作为一名精益—敏捷企业中的管理者，你必须学会这种思考方式——首先找到问题的根本原因，以确保这样的工具能够增加价值，而不仅仅是贴在问题上的一片"创可贴"。精益思想指导我们首先查看价值流，并分配人员不断地去消除任何不增加价值的行为——从构思到产品交付使用的整个过程。

敏捷软件开发不是无政府状态

在敏捷社区中存在一个巨大的群体，它们已经接受了敏捷方法，同时摒弃了管理上的"暴政"，而我们并不包含在这个群体之中。我们相信管理层是任何敏捷转型的基本组成部分。当启动一个敏捷转型项目时，管理层需要被包含在其中。我们确信，唯一可行的精益—敏捷的转型战略是一个自上而下的领导过程和自下而上的实施过程。精益管理为我们设置了愿景和成果，同时培训团队并完善组织架构。管理层构建团队的工作环境，环境的设置会考虑很多因素，但最重要的是根据团队的需要。

我们相信，单独采用 Scrum 方法，甚至辅以 Scrum-of-Scrums 方法都是不够的。应该考虑组建一组救火队员，用行动来扑灭大火。例如，我们有 100 名消防队员，每 10 人一组，分成 10 组。我们会分配这些小组分别去扑灭不同面积的火灾。Scrum 建议每组要尽其全力做到最好，且使用 Scrum-of-Scrums 方法各组协同工作（可以在一定距离内使用对讲机）。精益将会在每个小组中设一名主管，以使团队内行为保持一致并协调团队之间的工作。管理者期望每个小组自己安排好去完成灭火任务——完成除让高层（管理者）来设置目标外的所有任务。这里没有微观管理——除让管理者设定愿景、提供方向和所需要的培训以外。请注意区别，如果有一件正确的事情去做，那就是要牺牲部分利益以便能够和其他人一起协同工作。"Scrum"的消防队员感觉被遗弃了，这意味着他们负责的那部分森林将被烧毁。但是，"精益"的消防队员更加清楚自己是一个大部队的一个分支，更加容易以大局观来确定工作目标。

毫无疑问，在哪里都会有管理者。遗憾的是，某种程度上类似于"斯科特亚当斯"里的迪尔伯特，那个秃头老板。精益表示，必须改变这些老板的思想，而不仅仅是摆脱他们的束缚。Scrum 日常例会的最初意图：

不执行任务的人员和不为交付物负责的人员在例会上不需要发言。他们在例会中属于多余的开销。

如果例会中包括为交付物负责的人员，那么管理层就不应该被排除在外。但是，肯·沃什瓦贝尔（Ken Schwaber）和迈克·比德尔（Mike Beedle）认为项目例会只应由团队成员组成——管理层被明确地从团队中排除——并微妙地暗示了管理层不为交付物负责。无论是有意还是无意，我们所看到的结果是 Scrum 团队倾向于让自己免受管理层的干扰。这些行为也表现在了日常会议中，管理层被排挤或会被嘲弄（称管理层为"鸡"），通过让 Scrum 专家重点扮演一个好的管理者角色，可以发挥出人力资源没有发挥的作用。

缺乏管理等于缺少成功

Scrum 能够发现组织的产品和开发实践中存在的不足或功能障碍。Scrum 的目的是让这些问题都变得开放、透明，使组织能够修正这些问题。遗憾的是，这种状况似乎并不经常发生。Scrum 业界也普遍承认，3/4 的组织实施了 Scrum，但没有得到它们希望得到的结果。原因是，这些组织更改了 Scrum 方法去适应产品和开发实践中的不足或功能障碍，而不是去解决组织中的问题。言下之意就是，Scrum 向组织提供了查看项目过程的工具，但不是修正问题的工具。

是 Scrum 方法不够简便，还是某种程度上问题已经暴露了，但你还没有注意到？如果你已经注意到了这些问题，那么你应该做些什么？如果你认为自己有能力去做些什么，那么你觉得管理层会支持你的做法吗？实际问题得到解决了吗？问题从最初发现到最终解决之间有很多工作要去做。精益—敏捷方法所信奉的管理层参与的原则，为解决许多标准敏捷方法不能解决的问题提出了深刻的见解。

就像股票经纪人所说的那样："这是你的月结单。请注意，看看它是如何显示你在股市中的每个错误的决定的。那么现在要做的事情是，停止继续做出这样糟糕的决定。当你在错误的时机购买股票时，你需要检查并采取措施以便将来做出适当的决定。但我绝对不建议你通过不断的高买低卖来掩饰你的错误决定。"这种比较很可笑而且也并不公平，但它揭示了以上这种说法的错误，因为当你看到一个问题的时候,你会发现某些地方你能够做出修复,或者你知道该如何去解决这个问题。

我们相信,在组织结构内 Scrum 团队的执行会遇到很多障碍。例如,员工要按角色需要组织在一起,这为在一群人中挑选出合适的人员组成团队带来了困难。其实有时候,有些问题很容易被发现而且并不难解决,但更多的时候是,人们很难看到问题的存在,或者只是接受"做事的方式有问题",而并不是问题本身需要去解决。

管理者必须看到,团队是如何被他们制定的那些制度所影响的,这使他们能够做出必要的改进。遗憾的是,Scrum 的基本实践和任务都将管理层隔离在团队工作之外。通过隔离管理层插手团队事务来防止管理不善,具有讽刺意味的是,这种隔离并不能使管理者学会避免微观管理。

亲身经历

有些人是天生的管理者,但我不是。从过去的经历来看,我总是去做细节的管理。因为我擅长处理危机(经常是我制造了危机又去解决了危机),当问题产生的时候,我总乐于跳出来,然后告诉我的团队成员们该如何解决这个问题。我知道这种行为其实阻碍了团队的成长。因此我试着使用授权的方法——让他们自己决定该如何解决问题——可结果常常又很糟糕。

我决定通过授权而退居幕后,但我需要找到一种方法,让团队能够自己处理好问题,自己找到解决方法,并且确保该方法的正确性。幸运的是,精益管理为此提供了一种方式。利用可视化控件我能够看到团队的进度——我也能看到任何时候团队在做些什么——还能够看到最后的结果。如果项目团队遇到了困难,我可以指导他们如何改进结果,而不是告诉他们该去做些什么。精益提供一种方法,让我不用依靠过去习惯的方式就能成为更好的管理者。

用精益思想提高管理

我们都会发现,改变过去的习惯是多么困难。开发人员学习新的编码技术为的是改变熟悉的开发方法,而糟糕的是,在开发的关键时刻,他们又会习惯性地回到熟悉的开发方法上去。这样的事情比比皆是。这其实是正常人的真实反应——在关键时刻用熟悉的、过去的行为方式解决问题。这对管理者而言也一样。管理者能够获得今天的成就，就是因为他们在关键时刻能够比其他人更具有处理危机的能力。例如，当芯片价格下跌的时候，往往是芯片开发管理者带领大家迎接挑战并最终实现目标。现在，他们要让被管理的人也要做到这一点。那么作为管理者的其中一项任务，就是要教会被管理的员工，充分授权给员工，使他们能够实现目标。项目进展顺利的时候，大多数管理者都能做到这些，但当关键时刻来临时，管理者很容易会跳出来，又采用惯用的方式来解决问题。

这造成了微观管理，并且抑制了团队学习和设计解决方案的积极性。然而，通过提供可视化控件，精益管理者可以看到团队开发出来的产品结果，并与团队一起工作对产品进行改进。精益思想为管理者提供了一种方式去监控团队是否达到了所要求的结果并指导团队最终达到目的。

总　结

精益思想旨在帮助你的企业最大限度地完成高品质、高附加值的工作。利用精益和业务驱动原则将工作按照收益率大小排序，无论是按照利润、销售额、客户重要性或其他方面因素，均是由产品牵头人来决定。克制住想要"让员工保持忙碌"的冲动。排队理论的知识体系有助于提升针对优先级更改时跨职能团队快速重组的能力。

试一试

这些练习最好通过与公司中某位同事的交谈来完成。每次练习完成后，去请教一下其他同事，看看是否还存在其他可以改进的地方，以便帮助你获得进一步提高。

- 管理者能够从外部视角帮助陷入困境的团队解决问题。有办法让这样的情况更频繁地发生吗？

- 考虑一下，当由于交付失败或存在挑战的软件而导致需要增加开发进度时，领导者发挥了怎样的作用？他们是解决问题的根本原因，还是难以克服的障碍？是优先考虑对完成工作的影响？还是考虑对迭代循环周期时间的影响？为什么？
- 阶梯式开发过程对于最小化进程中的工作量是增加了困难还是提供了帮助？
- 如果一个过程要求具有可追踪性，你会认为这是一个好的过程吗？为什么？
- 如何让优先完成的工作被组织中的领导者看到？

推荐阅读

以下著作为本章的主题提供了有益的参考。

Kennedy, Harmon, and Minnock. 2008. *Ready, Set, Dominate: Implement Toyota's Set-based Learning for Developing Products and Nobody Can Catch You*. Richmond, VA: Oaklea Press.

Mann. 2005. *Creating a Lean Culture: Tools to Sustain Lean Conversions*. New York: Productivity Press.

Reinertsen. 1997. *Managing the Design Factory*. New York: Free Press.

Schwaber. 2008. *AgileCollab*. www.agilecollab.com/interview-with-ken-schwaber (accessed June 19, 2009).

Schwaber and Beedle. 2002. *Agile Software Development with Scrum*. Upper Saddle River, NJ: Prentice Hall.

第 12 章

产品协调小组

"从理论上讲,理论和实践是一致的,而在实践中,它们是不同的。"

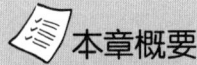本章概要

本章描述了团队之间合作时面临的问题。问题的根源在于各个团队只关注各自利益和工作。开发团队应(适当地)关注即时的需求和工作。Scrum-of-Scrums 是许多组织正在尝试的一种方法。在团队间关系密切的时候,这种方法是有用的,但当团队之间是竞争关系的时候,这种方法就不起作用了。产品协调小组是一个在所有情况下都起作用的更好的选择,从某种意义上说,产品协调小组在跨团队协调的问题上扮演的是产品牵头人的角色。

知识点

本章的知识点包括以下内容:

- 当将没有共同动机和利益的团队绑定在一起的时候,Scrum-of-Scrums 方法不适用。
- 产品协调小组负责跨团队的问题,在需要时将素材分配到各个团队的产品需求列表中。
- 产品协调小组成员包括常任理事和轮值成员。
- 产品协调小组的工作持续整个迭代周期。

让团队协同工作

许多试图在企业中扩大 Scrum 规模的组织都会问同一个问题：如何让各个团队协同工作？标准的方式是采用名为"Scrum-of-Scrums"的 Scrum 技术。Scrum-of-Scrums 是指来自不同团队的成员定期召开会议，以促进合作、交流和分享需求。虽然我们已经使用了这种技术，同时也看到了这种技术能够成功应用于关系密切的团队中，但更多的时候，我们看到的是公司在痛苦中挣扎，尤其是当它们试图协调跨组织团队或协调那些有各自不同目标的团队的时候。换句话说，如果是管理一个具有共同目标的大型团队，那么 Scrum-of-Scrums 的方法很好用，但是，如果是管理几个具有不同目标的小型团队，那么我们认为使用这种方法基本上就是错误的。

❑ Scrum-of-Scrums

Scrum-of-Scrums 是一个产品协调小组，由每个小组的代表（一般都是技术人员）组成。他们在一起定期讨论团队间的合作问题。这种会议一般每周召开一次，但是会议也可以根据需要增加次数。这种会议的典型议程如下所示。

1. 在会议的前 15 分钟，每名与会者围绕下面 4 个问题发言：
  （1）上次会议之后，你的团队做了哪些工作？
  （2）到下次会议之前，你的团队将要做哪些工作？
  （3）什么问题减慢了团队的进程或团队的进度？
  （4）你准备用其他团队的工作方式来工作吗？
2. 会议的剩余时间用于解决遇到的难题和讨论团队需求列表中的问题。

导致 Scrum-of-Scrums 不起作用的因素

是什么导致了 Scrum-of-Scrums 方法不起作用了呢？有 3 个原因：团队的角度、团队的动机和人类的天性。[1]团队通常会从自身的角度出发来思考问题——

---

[1] 我们都是实用主义者。理论上，Scrum-of-Scrums 方法在很多地方没有理由不起作用。我们更关注是阻碍这种方法实现的因素。

强调自己的工作比其他团队更加重要，或者与其他团队的工作有所不同，也就是俗话说的"只见树木，不见森林"。当然团队的动机是重视自己的工作，因为大多数公司的奖励措施是基于团队所做的工作或团队项目的成功来评定的，很少会以一个部门或一家公司作为一个整体去评定。这使团队只是重视自己的需求，而很少关注其他团队是否需要帮助。因此，当团队之间仅限于共享信息，不存在利益冲突时，Scrum 方法可以有效地工作。但是，当涉及团队间工作的协调问题，需要一个团队牺牲自己的工作去帮助另一个团队的时候，Scrum 方法就不起作用了。

那团队为什么不能摒弃这种成见呢？为什么团队成员不能意识到，当他们彼此帮助使整体发展得更好时，能够为公司带来好的影响力？为什么他们不能着眼于大局？衡量工作业绩的方法有错误吗？多数情况下的确是如此，但这并不是唯一的原因。人们往往倾向于找直接与他们一起工作的人合作，而不会选择公司中的其他人。这种现象比比皆是。如果你曾经是一家大型公司的员工，那么这种现象随处可见。人们最感兴趣的是自己的同事正在做的事情；其次才是他们所在部门正在做的事情；接着，是分公司的事情；最后，才轮到总公司。这是人的本性使然。

Scrum-of-Scrums 方法与这一本性相反，它假设来自松散团队的各个成员跨过所有团队为企业创建一个更大的蓝图，所有成员以这个蓝图为共同目标。很少有证据证明这种方法在实践中是有效的，特别是当涉及自身利益的时候。

❏ 协调小组面临的挑战

考虑图 12-1 中的这 4 个团队，位于该图底部的 2 个团队从完全相同的产品需求清单中拉出任务，同时，它们可能还有一些共同利益。作为一个整体，这 4 个团队在大局上没有相同的既得利益。例如，我们不妨来考虑一下，多个团队一起合作可能存在以下问题：

- 整个团队的进度。
- 需要多个团队来实现需求。
- 团队之间的技术依赖。
- 多个团队使用通用组件。

- 需要一个团队修改代码去协助另一个团队的工作。
- 团队的共享代码。
- 一个团队拥有另一个团队所需的知识。

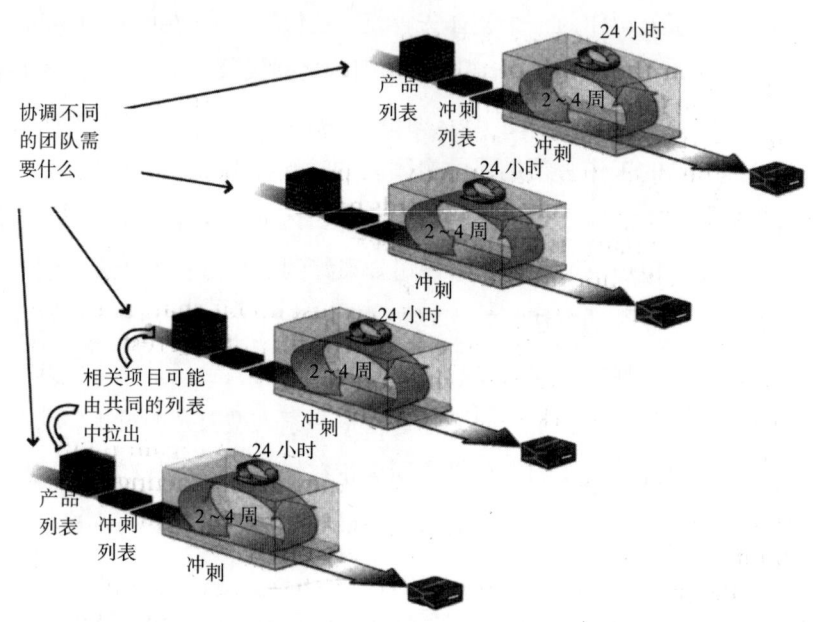

图 12-1　多团队合作

下面是解决以上问题的意见：

- **整个团队的进度**。所有的团队作为一个整体后，管理层需要看到整体的进展情况。除综合向上燃烧图与向下燃烧图呈现出来的大量信息外，管理层通常还会寻找更加全面的信息，以及与整体运作一致的视角，召开团队会议是一个整合各方观点的好办法。Scrum-of-Scrums 此时能够很好地起作用，因为团队成员之间不存在任何利益冲突。
- **需要多个团队来实现需求**。很多时候，为了实现一个具体的素材，需要多个团队的努力。例如，一个拥有数据库团队的开发组织，由于素材的需要，编写素材的团队和维护数据库的团队要一起合作对数据库进行修改。Scrum-of-Scrums 此时能够很好地起作用，因为团队正在一起解决共有的问题。

- **团队之间的技术依赖**。经常发生的事情是，一个团队使用的软件是另一个团队开发出来的。这种服务类的 API 需要两个团队在一起共同讨论。开发模块的时候两个团队需要相互协作；当某个团队正在使用某个组件或某项功能，并且这些组件或功能需要被修改时，团队之间需要相互提醒。这就避免了"Clobberation"[①]的发生。Scrum-of-Scrums 提供了一个混合型跟踪记录。如果一个团队提供的代码作为一种服务被另一个团队使用，那么使用 Scrum-of-Scrums 方法就能很好地起作用。因为对服务组织中的小组来说，这是一种良好的工作方式。但是，如果某个团队想要对编写代码的团队制造不利影响，这就产生了一种利益冲突。Scrum-of-Scrums 方法对解决这样的冲突没有任何帮助。
- **多个团队使用通用组件**。大型组织中常常会有多个团队共享一些通用组件。有必要去识别和定义某种协议，以便大家能够共同使用这些组件。当组件开发团队满足了这种需求时，Scrum-of-Scrums 就是一种促进组件开发团队和其他利用组件工作的团队之间沟通的良好方式。
- **需要一个团队修改代码去协助另一团队的工作**。各个团队经常开发出一些类似的软件。为了防止团队开发出这类重复的软件，团队之间的协作是非常有必要的。这在敏捷软件开发环境中尤为重要，因为软件开发会随着时间而不断进行演变。这意味着团队必须为了软件开发而合作，如果开发出重复（或者几乎相同）的软件时，团队就会接到相应的通知。随之而来的挑战是，当团队 A 编写的代码只要略做修改便可以供团队 B 使用的时候；如果团队 A 没有时间为团队 B 去修改代码，那么团队 B 就只能复制、粘贴这段代码，或者完全重写代码。利用 Scrum-of-Scrums 方法可以发现这种可再利用的潜在代码。即使这些代码的确可以被再利用，也不能保证团队 A 的成员可以为团队 B 去更改这些代码，因为团队 A 的成员也可能正处于抓紧时间完成自己工作的压力之下。
- **团队间代码共享**。有时候，当某个团队开发了某些软件而另一个团队需要

---

① Clobberation 是艾伦·沙络维创建的一个术语，用以描述一个团队对另一个协作的团队造成的影响。当该团队未做沟通就做出改动时，将对协作团队产生不利影响。

使用这些软件的变种时,复制就会发生。如果使用的是前置设计方法,团队就会在早期开发出通用接口;如果使用的是浮现式设计方法,那么开发这些接口的需求在需要开发二次变种的时候才会被发现。建议不同团队之间进行合作,就是为了及时发现这一点。上面提到的例子在相同情况下产生的结果是,一个团队去更新代码给另一个团队使用。

- **一个团队拥有另一团队所需的知识**。这种情况在很多时候都会发生,某个团队所需要的知识正好是另一个团队所拥有的。遗憾的是,对于这些信息团队之间并不总是非常清楚,建立跨团队的频繁沟通对此有帮助。虽然 Scrum-of-Scrums 方法此时也能起作用,但是经常被遗漏。

从理论上来讲,Scrum-of-Scrums 方法应该起作用。因为它提供了一种方法,让团队间能够彼此交流,使整体获得全面的成功。现实情况是,Scrum-of-Scrums 没能建立起一个更宽广的视野,使人们除关注自身外,也去考虑更多人的利益——在跨团队工作时,一项工作可能对某个人或某个团队不利,却对更多人或团队有用。

产品协调小组

导致团队不能协同合作的根本原因:视野过于狭窄,仅仅关注自身的需求。如果要想实现协同合作,那么团队需要改变从自身利益出发的视角。

我们需要的是一个协作的架构,把基本的关注点放在企业的视角上。这与 Scrum-of-Scrums 那种散漫的联盟组织不同,它会标出涉及团队问题的素材,并排列出开发的先后次序,它能将素材分配到最适合完成该素材开发的团队。我们称这个协作架构为"产品协调小组"。

从某种意义上来说,产品协调小组成了团队的另一个产品牵头人,一个产品牵头人负责对素材进行优先次序排序(不包含团队正在开发的素材);另一个产品牵头人则主要负责让团队合作。

产品协调小组和 Scrum-of-Scrums 之间也有很多相似之处,从动态的角度看又呈现出极大的不同。产品协调小组的工作重点是站在更高的角度——"全局优化"。产品协调小组是一个真正意义上的团队,它是由来自不同团队中的成员组成的,为了达到一个共同的目标而团结在一起;Scrum-of-Scrums 是在一个大局观的前提下,将团队的问题交给团队自己去解决。

> **案例分析:产品协调小组**
>
> **公司介绍:** 大型医疗保险公司的 Web 应用程序
>
> **面临挑战:** 利用 Scrum-of-Scrums 多个团队无法协调合作
>
> **深刻见解:** 多个跨职能团队的合作在协同工作上存在着挑战,当它们从合并的工作列表中拉出任务的时候,就进一步加强了团队之间的合作,因为它们接触到的是相同的基础代码——由产品牵头人构建,以架构和技术为先导,多个团队同步执行的迭代计划,在同一时间表上启动和停止。这使团队可以一起进行程序演示、计划和回顾。(以产品协调小组的方式)组织团队协同工作,使团队能够向产品协调小组展示出将实施的迭代计划,当团队在介绍各自承担的素材任务时,就更加容易为需要封装的工作找到机会。当产品协调小组识别出重复工作的时候,将构建素材并分发给合适的团队,以便每个团队都能以最少的重复工作去开发代码。这种方法还能发现团队正在做或潜在的重复工作。产品协调小组可以指导有效的抽象开发,以防止重复代码的产生。

❏ 产品协调小组成员

产品协调小组成员是由固定成员和轮值成员组成的。

- 固定成员。固定成员对于保持一致性和确保团队目标被理解是有用的。
- 轮值成员。产品协调小组轮值成员包括来自开发团队的轮值成员,帮助产品协调小组不偏离开发团队的需求,识别需求。产品协调小组是一个头等重要的服务团队。虽然它构建素材表面上是为了让团队能去开发素材,但它真正的目的是改进团队功能使其可以作为一个整体来运作。这些团队成员为了实现某些迭代计划,需要在一起待上 1~2 月的时间。
- 计划成员。计划成员来自开发团队和在迭代计划阶段参与产品协调小组的成员。

❑ 产品协调小组指南

产品协调小组最重要的工作目标是实现企业价值最大化,主要体现在以下两个方面:

- 确定和协调如何让开发团队在技术上发挥最大的协同合作作用,特别是要找出通用组件,避免冗余开发,协助浮现式设计,防止"Clobberation"情况产生。
- 验证拔高的计划(请看第 7 章的内容)。

在迭代期间,产品协调小组的业务活动是不相同的。表 12-1 和表 12-2 提供了产品协调小组的业务活动指南和行为指南。

表 12-1　产品协调小组的业务活动指南

时　段	业务活动
迭代计划制订之前,或者第一个计划制订之前(如果协调两个团队的计划是在不同日期)	产品协调小组与产品牵头人共同讨论可能需要协调开发的素材。产品协调小组全部成员都要出席会议,包括至少有 1 名以上来自开发团队的成员,无论是固定成员还是轮值成员均可 讨论每个团队需要开发的素材。如果一个素材与已经在列表中的素材直接有关,那么该素材的完成就取决于列表中素材的完成情况 注意,虽然下一次迭代的素材尚不能确定,但是在执行下一次迭代之前,让团队明确知道接下来要做的工作任务
制订迭代计划期间	每个产品协调小组成员在这个阶段开始进入团队并参与团队的策划会议。在这个时间点上,产品协调小组成员向团队介绍与团队相关且需要开发的素材,新的产品协调小组素材也可以在这个时间构建出来
迭代计划之后	产品协调小组成员一起检查已经开发的素材任务,并查看是否需要增加新素材、删除素材或推迟开发素材
在迭代期间	固定成员和轮值成员与开发团队沟通,以基本需求为准绳,展望未来需要协调配合的素材任务

表 12-2　产品协调小组的行为指南

主　题	指　南
主管部门	产品协调小组之上没有一个去协调控制与管理团队的主管部门。产品协调小组可以将素材放置在任一团队需求列表中的任何位置。很多时候，产品协调小组和产品牵头人扮演着相似的角色——都可以决定下一步需要完成什么任务。产品协调小组的角色是决定团队间完成各项任务的优先次序，产品牵头人决定某个团队内部工作的优先级别
架构	产品协调小组不是一个架构团队，虽然它的许多成员来自架构团队。产品协调小组不是迫使团队采用特殊设计方法的载体
过度管理团队	产品协调小组只是将素材放置在团队的产品需求列表中。它们不能告诉团队必须去做，哪怕"只多开发一个素材"
自己去做开发	产品协调小组是典型的不由自己去做开发工作的团队。它们写出一个团队需要的素材而后由另一个团队去完成

❏ 指导

产品协调小组也能向指导机构提供一种框架。产品协调小组的特点是，其成员可以为团队提供良好的个性化指导。它可以作为团体实践的基础，也可成为知识管理或分享的方法。

本章描述了团队间协同合作时遇到的挑战。自身利益是根本问题：团队应该（适度地）关注当前的需求和工作任务。对团队来说，很难从企业的角度看待问题。这并不是一件坏事，这是人类本性所致。产品协调小组是一个真正的团队中的团队，它拥有特有的视角和充分授权去关注跨团队的问题。产品协调小组成员包括固定成员和轮值成员。从某种意义上来说，产品协调小组是跨团队协调问题的产品牵头人。同时它的功能与 Scrum-of-Scrums 类似，但目的各不相同。

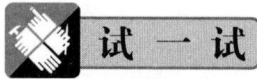 **试 一 试**

这些练习最好通过与公司中某位同事的交谈来完成。每次练习完成后，去请教一下其他同事，看看是否还存在其他可以改进的地方，以便帮助你获得进一步提高。

- 团队之间协同合作时，你发现它们遇到了哪些挑战？
- 谁最有可能成为产品协调小组的候选人？
- 讨论在你的组织中如何去协助团队的配合，或者哪些行为损害了团队间的合作？

第 13 章

精益—敏捷中的软件架构和设计角色

"如果程序员以建筑商建造房屋的方式来编写程序，那么随之而来的第一只啄木鸟将首先摧毁现有的文明。"

——杰拉尔德·温伯格（Gerald Weinberg）

"预测是非常困难的，尤其是对将来的预测。"

——尼尔斯·玻尔（Niels Bohr）

本章概要

在敏捷行动的最初阶段，软件的架构和设计通常被认为是互不相干的。虽然大多数敏捷从业者已经放弃了对这一理念的支持，但还是有一部分人坚持该理念。在敏捷开发中，软件架构和设计依然不能被很好地理解。本章讨论的是改进的软件架构与设计的角色——从一个拼凑的框架到一个随需求发展而变化的框架。我们还将讨论设计模式和测试驱动开发的需要。

软件架构和设计从某种程度上来说属于技术问题，但这不是一本研究技术的书。虽然如此，了解该主题还是很重要的，因为这是精益—敏捷软件开发的一个重要方面。有很多书详细描写了软件设计的细节。例如，《设计模式解析：从一个新的视角描述面向对象设计》（沙洛维和特罗特，2004）、《浮现式设计：专业软件开发演变特性》（贝思，2008）、《敏捷软件开发：原则、模式与实践》（马丁，2002）和即将发表的《敏捷开发人员的基本技能：编程与设计指南》（沙洛维和贝恩，2010）。

> 注意：本章中我们将参考简单的软件架构和设计知识去做"软件设计"。

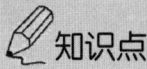知识点

本章的知识点包括以下内容：
- 软件设计不是静态的，它必须随着我们的认知不断地发展变化。
- 为了在需要的时候能够提供快速变化的软件系统，开发人员必须参与软件质量和自动化测试。

避免过度或过少设计

我们无法很好地预测未来的需求，[①]这就带来了一个开发人员关心的问题：如何避免过度设计或过少设计。也就是说，你不想过度开发系统，也不想系统被黑客攻击。那么对策就是：

> 只开发在此刻需要的功能，并且以这种方式——当有新问题产生时，系统可以快速升级——来做开发。

多数开发人员都有这方面的经验，在开发过程中，客户常常提出一些额外的需求，而这些额外的需求与之前的需求很难兼容。在经历过一两次这样的痛苦之后，我们中的大部分人就会试着去预测将来的需求，这就使开发出的功能总是多于实际需求，这也导致系统比需要的更加复杂。长此以往，这种复杂性就会减慢团队的进度。

为了解决这个问题，需要开发人员做到以下几个方面：
- 快速编写代码。
- 修改代码但不会破坏代码。
- 能够安全地修改代码。

通过以上几方面开发人员能够快速、安全、有效地在系统中增加功能。接下来你可以使用以下3个问题做一下自我评估，你的团队是否可以安全、有效地更

[①] 艾伦常说："我们有预先认知障碍。"每个人预测未来的能力都是有限的。

改代码：

- 你能比较容易地修改你的代码吗？
- 如果你修改了代码，那么你会破坏代码吗？
- 如果你破坏了代码，你能自动地检查出断点吗？

刚刚接触敏捷的人员可能认为，是敏捷带来了修改代码的问题，因为敏捷面向的就是快速变化。事实上，无论你怎样去做开发，修改代码已经成了一种工作方式。开发人员必须比以往任何时候都要快速地去响应需求，软件行业更新升级的速度是如此之快，以至于持续升级系统已经成了软件开发企业日常工作的一部分。如果不能持续升级系统，那么我们就会落后。

敏捷使这个问题突出出来，因为敏捷重视有效性。自动回归测试是敏捷的通用做法，可以检测代码修改后的结果。这个做法安全、有效。

但是，自动验收测试只是部分解决了快速更改代码的问题。兼容系统的更新也需要良好的设计。这就是为什么设计模式会成为任何一个称职的开发人员工具箱中的一个重要组成部分。遗憾的是，设计模式几乎不被大众所理解。①

在与我们合作过的几十个客户的案例中可以看到，我们总是担心软件不能达到测试标准。之所以这么说，是因为对下面的这个问题，我们几乎得到了统一的答案：

> 设想你在一个构建良好的系统中工作，你需要添加一些新功能。你会在什么地方花费大部分时间？是编写新功能代码，还是集成新功能到系统中？

过去 10 年，我们一直在问这个问题，答案是至少 95%的时间花在"集成新功能到系统中"。

大部分公司的软件都不能通过测试。总的来说，开发人员无法编写出可改变的代码。相反，他们只关注手上任务的执行情况，没有认识到什么时候他们应该投放精力到设计代码层上，什么时候又不应该这么做。将精力投放在代码层上，无论什么时候，都是一种克服过度开发的方法。当你需要而程序中又没有放置代

---

① 改进遗留代码和解决更改代码的问题也是应该重点需要考虑的，但这超过了本书的范围。《修改代码的艺术》（费瑟斯，2004）对这个重要的议题提供了极好的处理方式。

码层的时候，更改编码就会变得非常困难，并且代码也会很脆弱。

为改变而设计

那么，你将如何为了适应改变而去做系统开发呢？

一个解决方式是运用一个简单的问题："如果将来发现曾经设计的功能到了现在并不是最好的解决方案时，那么我将如何设计系统呢？"我们在培训设计模式方面的经验使我们相信，多数开发人员并不喜欢抽象思维。结合他们承受的压力就不难理解，为什么开发人员通常只关注解决手头上的任务，而不是去寻找一个综合的解决方案。当给了开发人员时间去思考的时候，遗憾的是，他们又会走向另一个极端——过度开发，以解决将来可能出现的问题。解决问题的关键在于，要意识到在开始阶段是不太可能做出正确决定的，也就是说，你必须编写可以改变的代码以满足变化的需求，但你还不可能知道需求将如何变化。不仅是开发人员，还包括用户或用户代言人——有太多的未知和太多的东西需要学习，由于系统的进度是由开发速度来决定的，因此会有更多的想法将脱颖而出。编写高品质代码使系统具备可更改的特性是解决问题的关键，同时要做全面的验收测试，使系统能够安全地升级更新。另外，还需要管理层支持并鼓励开发团队去完成这些工作。

下面这种看法是基于多数开发人员已经逐步意识到的编程特点：

不要投放精力去开发过于复杂的功能，而应该特别去处理函数的耦合（而非处理函数本身）。

适度的准备

敏捷软件表明，在项目早期不要做任何设计工作。敏捷方法迅速发展的部分原因是作为过度设计的一种平衡，不要设计得太超前。从设计的观点来看，早期所需要的是一个大的框架，方便我们能够定义问题领域中的主要概念，并且确定它们之间的关联关系。这给我们提供了一个"刚好够用"的细节，在问题的思考领域内创建一个概念性框架。然后，当发现新概念的时候，我们可以

> 看到如何将新概念添加进去，如何与原有框架搭配。相反，过度设计由于提供给我们太多的细节和过于复杂的需求，反而使大体框架变得模糊起来。

如果你对如何构建高水准设计（能在问题领域中识别概念）感兴趣，可以翻阅《设计模式解析：从一个新的视角描述面向对象设计》一书。

软件开发中的设计角色

在软件开发中，设计能够让代码的更改变得简单，将改变对系统带来的影响最小化，可以通过组合解耦（隔离）、封装和防止冗余达到。换句话说，软件架构的目的不是尽可能多地定义每项功能，而是妥善处理好功能之间的关联关系。

当需要的时候，我们为程序注入更好的设计，遵循"准时制设计"原则。防止因为预测而过度设计，因为开发人员通常都会过度预测需求。

软件设计中的管理角色

管理层在大多数情况下都会支持软件开发团队，同时提供开发愿景。所谓支持，是指在不给团队过多压力的前提下，协助团队了解什么是需要团队做的工作，特别是什么时间应该开始构建自动化测试。这并不意味着管理层只能安静地接受开发人员想要做的任何事情，管理层需要做出对开发团队工作的成本判断。但是，他们应该相信开发人员做出的关于如何构建软件产品质量的判断。

总 结

软件设计的目的不是设计一个满足所有需求的软件框架。它只是去定义系统主要概念之间的关联关系，因此，当出现新的需求或新的变更时，让系统做出的修改对系统本身的影响有限。

试一试

这些练习最好通过与公司中某位同事的交谈来完成。每次练习完成后,去请教一下其他同事,看看是否还存在其他可以改进的地方,以便帮助你获得进一步提高。

作为一名管理者:

- 问问自己:"一个灵活度高的系统具有的商业价值是什么?"
- 你相信团队只会去开发它们需要的功能吗?
- 为什么?

作为一名开发人员:

- 问问自己:"使用何种方法可以改进系统的基础架构?"
- 你觉得通过管理层的支持能够开发出具有高品质的软件吗?
- 你认为管理层能够理解软件质量的价值吗?

推荐阅读

以下著作为本章的主题提供了有益的参考。

Bain. 2008. *Emergent Design: The Evolutionary Nature of Professional Software Development*. Boston: Addison-Wesley.

Feathers. 2004. *Working Effectively with Legacy Code*. Upper Saddle River, NJ: Prentice Hall.

Martin. 2002. *Agile Software Development: Principles, Patterns and Practices*. Upper Saddle River, NJ: Prentice Hall.

Shalloway and Bain. Forthcoming, 2010. *Essential Skills for the Agile Developer: A Guide to Better Programming and Design*. Boston: Addison-Wesley.

Shalloway and Trott. 2004. *Design Patterns Explained: A New Perspective on Object-Oriented Design*. Boston: Addison-Wesley.

第 3 部分
回顾过去，展望未来

"我无法改变风向，但是我能调整船帆，它使我总是能够抵达我想要去的地方。

——吉米·迪恩（Jimmy Dean）

为精益—敏捷思想提供一个更为全面的视角，这部分提及的所有重要的知识点都是我们在指导和培训精益—敏捷过程中收集到的。这些素材是以贯穿全书的原则为主线。精益—敏捷的底线就是要高速、高质地开发最重要的功能，使产品能够尽快进入市场，为客户带来更多的利益，同时降低企业的成本。

本部分也为精益—敏捷思想未来发展方向提供了一些建议。

第 14 章

认识精益

"名字有什么重要的？玫瑰如果不叫玫瑰，但它依然会芳香如故。"
——威廉姆·莎士比亚（William Shakespeare）

本章概要

本章总结了本书的中心思想，精益—敏捷思想适用于我们目前所在的软件开发环境。精益思想源自制造业——丰田就是最好的例子，但是目前这种方法已经应用于更加广泛的领域。我们通过学习 3 种主要的知识体系了解精益思想：

- 精益"科学"（拉动原则、约束理论、流动性）。
- 精益管理（管理层与开发团队一起工作）。
- 精益知识管理工作（如何学习、指导和保持知识的生命力）。

这是将精益思想应用到软件产品开发中的方法，本章介绍的很多案例均来自我们顾问的亲身经历。

本章描述了精益宣言的原则—快速—机动—灵活地协助组织开发出更好的软件。作为结论，对下一步的建议你也可以应用到你所在的组织中。

知识点

本章的知识点包括以下内容。

- 以更少批量的交付、更快速开发明确定义的功能为团队带来更高的效率。
- 快速交付迫使产品经理彼此加强合作。
- 精益以各种实际应用情况为基础,并且不断地持续发展。
- 精益结合多层次的思想。
- 改进流程的因素包括:
    — 进行少批量、明确定义、高价值功能的开发。
    — 限制在制品数量。
    — 消除延迟。
    — 找出产生浪费的原因并持续改进过程。

丰田:首个伟大的精益实例

20世纪50年代,多种因素结合在一起促使丰田在公司内推行精益生产。丰田当时面临的局面非常困难。首先丰田公司并没有生产汽车的经验,并且它还需要与美国的汽车公司竞争——美国在当时已是规模化生产的强国。丰田没有能力去直接参与竞争,只好被迫在小众市场中去寻找商机,因此它更加关注普通家庭的需求。这意味着丰田公司不会在某个时候去大量生产同一款产品,丰田需要做的是小批量生产多种型号的汽车,从而取代大批量对某种单一型号汽车的重复生产。这么做遇到的障碍是巨大的。例如,压铸设备的周转时间需要几周,如果要参与竞争的话,那么这些周转时间必须进行压缩。

丰田公司不知道该如何入手去解决这些问题。

具有讽刺意味的是,这些不利因素反而成了一种优势。丰田人知道他们需要去重新思考一切。因为他们没有在这方面投入过大量的时间和成本,所以一切都可以从零开始。

W. 爱德华兹·戴明——伟大的质量改进体系的先驱者——抵达日本帮助丰田公司处理了这个难题。丰田的生产方式(Toyota Production System,TPS)就是基于他的想法而构建出来的。

大野耐一(Taiichi Ohno)——丰田的精益项目实践家曾表示:

丰田生产方式的根本就是要绝对地消除浪费。支持这套系统的两个支柱：

- 准时制。
- 自动化，或者说是以人为本的自动化。

准时制的意思是，在生产过程运行过程中，必须在需要的时候按需要的量生产需要的产品。

自动化要求过程平稳运行。当过程遇到问题时，不能只简单地去解决问题，而要找出问题的根源所在。只要发现了阻碍生产过程运行的障碍，就去消除它。这就是管理层必须参与自动化的原因：几乎所有问题，究其根本原因都会触及多个系统或跨组织壁垒。这些问题不是单靠管理者自己就能够解决的，也不是单靠员工自身就能够完成的，应该由管理者来率领并引导团队去实现改变。

在戴明原理的基础上，丰田的生产方式有了新的发展，新的理论由3部分构成：精益实践、质量管理、持续的学习与改善，如图14-1所示。

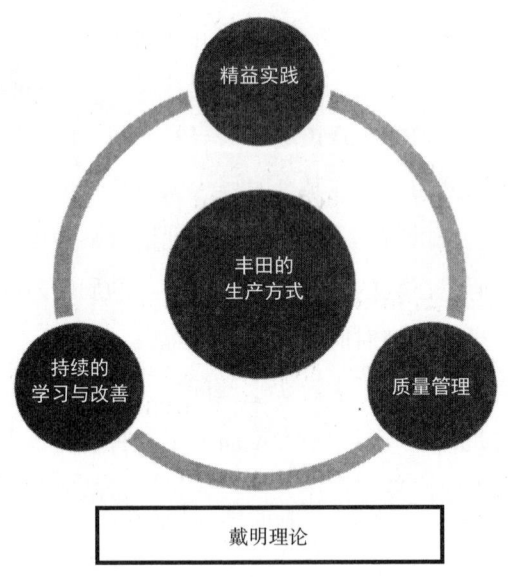

图14-1　丰田的生产方式

精益重视用户价值，但是，其真正的含义要依赖具体情况而定。在制造业中，你或多或少地会了解客户想要的产品是什么，重点是向客户交付如客户所期望的（产品）价值。另外，在产品开发过程中，你不必在开发之初就明确客户的需求，你的重点是学习和改进你对客户需求的理解。在丰田公司，其中一个深刻的领悟就是，精益原则在制造业中的实施，与其在产品开发中的实施是不同的。

这就引出了另一个精益的伟大的实例——丰田产品开发系统，对我们来说，在软件开发中它更具参考价值。

我们认为丰田是一个典型的精益思想的例子。重要的不是丰田公司精确地做过些什么，而是如何在丰田公司的实际情况中应用精益原则。看看丰田产品开发系统中的工作，将会为我们提供更好的参考。

例如，在丰田产品开发系统中常常会提及的一种做法是"多方案同步进行的开发工程"（Set-Based Concurrent Engineering，SBCE），这是一种很好的降低风险的做法。在开发实物产品的过程中，确立正确的开发方法通常是很关键的但同时又是困难的。在软件开发中情况又如何呢？不要问"如何应用 SBCE 到软件开发中去"这样的问题；应该想一想"什么是最好的风险管理策略，我们可以应用来开发软件产品"（降低风险是隐藏在 SBCE 做法之后的最终目标）。这会引导你走向不同的地方，你可以认为 SBCE 仍然是一种合理的方法，也可以选择对未知问题和其他方法进行恰当的封装处理。

精益的 3 个主体

在过去 60 年中，精益思想被应用于许多公司和各种环境中，也包括后来应用到软件开发领域。我们已经知道，不能将精益思想看作具体做法的集合，而应该是 3 种重要知识体系的组合（见图 14-2）。

- 精益"科学"（拉动原则、限制原理、流动性）。
- 精益管理（管理层和开发团队一起工作）。
- 精益知识管理工作（如何学习、指导和保持知识的生命力）。

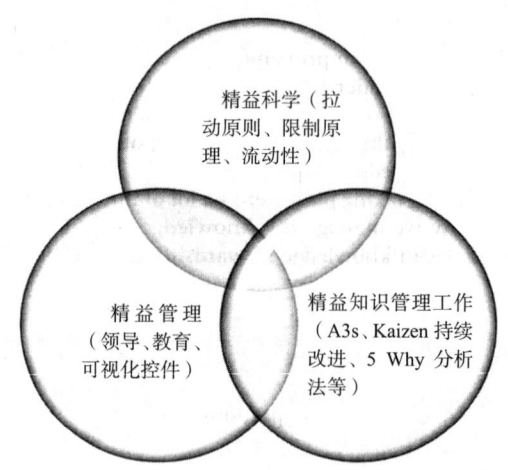

图 14-2　精益思想是以科学、管理和知识为一体的管理科学

❑ 精益科学

精益科学展示了在软件开发中要遵循的规则：

- 准时制。
- 使用原理：
  — 少量队列和批量型号。
  — 限制在制品数量。
  — 少许法则[①]。
  — 系统颠簸的原因。
- 拉动管理。
- 实际选项。

我们称其为精益科学，就是要强调这是一种惯例（就像地心引力一样），违反这种惯例我们就会有危险。学习这些规则能够增强我们完成工作的能力。我们可以先假设如何在工作中应用这些规则，接着查看最终的工作成果以检验这些假设是否成立。

---

① 少许法则确立了迭代循环时间、在制品数量和产能之间的关系：循环时间=在制品数量/产能。重点是要通过减少在制品数量来降低循环时间。

❏ 精益管理

精益管理强调了管理者对团队绩效应承担的责任。远离事无巨细的微观管理方法，管理者教会团队去执行一种新的过程，包括团队需要遵循的具体的工作流程。此时，管理者就变成了领导者、教练和培训师。他们不是"公仆式的领导者"，而是以一种积极的方式去帮助团队，或者说，在团队中他们是负责做引导工作的团队成员。

由于精益是一门已经构建好的科学体系，所以它能够为管理者提供一个机会去帮助员工学习这门科学，并且将这门科学应用到实践中去。

❏ 精益知识管理工作

精益关注的是持续的过程改进，涉及开发的多个方面，包括理解如何完成产品\软件开发工作，理解我们所在的领域、面临的挑战，以及关注团队应该如何处理这些相关问题，理解我们客户的需求（包括内部客户和外部客户）。

很明显，还有很多知识需要学习——必须吸收大量的信息。我们如何管理这些知识对提升我们的工作效率有很大的影响。精益知识管理工作包括以下内容：

- A3s。
- Kaizen 持续改进。
- 工作后的检查与回顾。
- 5 Why 分析法。
- 价值流映射。

我们不打算深入研究更多的细节，因为已经有大量现成的资源可以使用。但是，应该清楚的是，这些知识的获取、保留和运用是关键，就如同教会人们如何学习这些知识一样重要。

来自精益—敏捷教练们的深刻见解

从一个高层次的角度来看待这些问题也许是有益的，让我们暂时先把目光拉回到现实生活中。在课堂上与教练互动的过程中，常常会有些让人惊叹的时刻，给我们提供了对精益—敏捷思想更加深入的理解。同时我们希望本章中的案例对您有所帮助。

这些案例都源自真人真事，为了保护当事人的隐私，文中隐去了当事人的姓名。

❑ 一次只关注一个项目

- **公司简介**：开发供保险公司使用软件的公司。
- **面临的挑战**：很多项目交织在一起，需求不清晰，截止日期逼近，超负荷工作的开发团队。
- **见解**：一名来自软件开发部的主管说："我手上有两个项目。一个是来自关键用户，他们明白自己的需求，我们正在开发增强功能，这些增强的功能将会在很大程度上改变他们现有的工作方式。另一个项目的用户和第一个项目的用户相比要小一些，但是更重要。他们不像第一个项目的用户那样很清楚自己的需求。在我看来，代替同时工作在两个项目中的方法是，让项目组优先工作在需求清晰的项目中，并且保持对最小可市场化功能的关注，以便尽快完成这些功能。同时，产品经理应该明确与客户进一步沟通，让需求更加清晰，接着我们就可以去进一步开发这些已经明确的需求。那么我们就可以更快地向我们最重要的客户交付有价值的软件，同时我们的工作也会更加有效率。"

❑ 启动较少的项目

- **公司简介**：疾病保险公司。
- **面临的挑战**：很多项目交织在一起，项目成员在异地工作，非矩阵结构的团队。
- **见解**：软件开发中的精益思想提供了快速—灵活—机动的工作方式，强调了由于启动过多的产品开发项目而造成的浪费。一位公司副总裁声明："我明白了，我们应该给予开发团队更少的项目而不是要求它们工作更加努力。"

❑ 缩短批处理时间

- **公司简介**：大型软件开发公司。

- **面临的挑战**：太多的缺陷，太长的缺陷修复周期。
- **见解**：精益方法的真正目的是要找出缺陷存在的根本原因。两名项目主管正在试图决定该如何处理发现的缺陷，并且要排列出处理缺陷的优先次序，还要找到产生缺陷的根本原因。这样的任务让他们觉得压力很大。他们发现，如果给他们 3 个月的时间而不是 6 个月去做缺陷的批处理工作，他们可以对很多优先级高的缺陷进行修复并且可以尽快发布。虽然仅是修复缺陷而不能够找到缺陷产生的原因，但是通过简单地更改发布批次的型号也能够对此有所改进。

❏ 探寻缺陷产生的根本原因

- **公司简介**：大型 IT 公司的支持团队。
- **面临的挑战**：大量内部用户的需求。
- **见解**：一旦认识到系统本身的问题常常多于用户使用系统时产生的问题，作为团队中的一名成员，就应该重新考虑如何去做系统支持工作。不要只被动地回答问题，应该主动询问："什么是产生问题的根本原因？"由于不能更换这套正使用户陷入麻烦的计算机系统，因此回答用户问题的支持系统是为解决用户问题而单独设计的。支持系统人员发现可以通过探寻缺陷产生的根本原因来对这套支持系统加以改进——例如，为什么支持系统需要人工介入呢？在坚持了 1 年之后，支持系统改为自动回复，发现仅仅是这项改进就实现了只需花费一半的时间就可以处理用户提出的两倍问题——这为用户所在的团队带来了 4 倍的价值增长。

❏ 知道你在哪里：最小化可发布的功能

- **公司简介**：为大型医疗机构设计管理软件的公司。
- **面临的挑战**：在委托公司交付大型程序（项目时间两年以上，项目经费数百万美元）之后，该大型医疗机构在 4 个月之后就对软件开发公司的进度失去了信心。
- **见解**：软件开发公司关注的只是项目两年后的截止日期，对所做的工作没有做先后次序的划分，基本上就是"所有的事情都应该做"，没有设置任务的优先级别（业务功能的序列）。对于团队开始做多少任务没有控制，已经完成了多少任务也不可见。一旦公司参与进来，将业务功能的序列明确定了下来，开发团队就可以利用迭代交付去一项项地开发这些功能。通过这种工作方式，该公司就无须等到遥远的截止日期到来时才看到发布的产品。相反，他们对业务功能排列出优先次序，让较小的功能先被开发出来，这么做可以让用户感觉安心，使用户无须由于要等待两年才获得交付的系统而对项目的进度失去信心。

❏ 优先事项和工作进程

- **公司简介**：开发大型医疗机构报表软件的公司。
- **面临的挑战**：集成的跨业务区域和技术债务。
- **见解**：经过不同功能区域的集成之后，公司发现了大量延迟所造成的浪费。在每个开发周期结束的时候，它们通常会发现大量的缺陷（系统漏洞或技术债务）。缺陷产生的部分原因是没有事先做好集成测试，到后来时间又太迟了以至于什么都已经来不及做，只好被动地管理这些发现的缺陷。公司的目标是让缺陷的数量保持在某种可接受的范围之内。

公司下一次发布结合了包含优先次序功能列表的精益组合套件，利用敏捷发布计划的方式来制订项目计划。一旦发现团队只是关注开发优先级最低的功能时，公司们就会清楚地知道项目出现问题的原因。改进的方法是将职能部门改组为跨职能的团队，并实现较短周期的迭代周期循环。这是公司首次能够做一个完整的回归测试，并且在发布软件前完成用户验收测试。

❏ 生产力及质量

- **公司简介**：为大型企业存储阵列网络开发管理软件的公司。
- **面临的挑战**：寻求高生产力和高质量的产品，交付功能必须满足各种操作系统、数据库和硬件环境。
- **见解**：在重组成为跨业务团队后，团队从良好管理的产品组合中拉出工作任务。团队开始关注增加的全部功能——以用户（管理员）的视角定义功能的优先次序。产品团队能够很容易地对具体的流程做出检验并快速提供反馈信息。以 10 天的迭代周期为例，团队比正常分配的项目开发时间提前了 3 个月，完成了软件的发布委托，该系统存在 1/3 的缺陷。

❏ 跨职能团队

- **公司简介**：开发医疗数据智能软件的公司
- **面临的挑战**：不断增长的业务，难以形成规模。
- **见解**：日益增多的发布产生了数量惊人的缺陷。开发人员人数显著增长，甚至超过了核心开发成员的数量。但他们对代码库的认识仍然没有跟上，个别开发人员还躲在自己单独的开发领域里。日益复杂的系统正日渐变得庞大，大批量思想就像空气一样无处不在。

我们选定了一个最小的发布功能，接着定义了素材和需要开发这项功能而必须完成的任务。开发团队围绕这个概念凝聚在一起，积极讨论对项目需求的认知，并为发现软件开发领域中的盲点——这些地方往往会存在较高的缺陷数量——做出贡献。

精益宣言：快速—灵活—机动

在做出结论之前，我们想提出一个精益思想的更深层次的观点，通过沃马克和琼斯（Jones）在《精益的特征》中表述的"快速、灵活、机动"来表达（沃马克和琼斯，1996）。

可以将软件开发价值流看成一条流水线。在流水线的开始端有许多零件。我们挑选出最合适的零件去生产加工，为企业提供最高价值。为了使零件在流水线上能够良性流转，零件的大小和数量要合适。我们的目标是在两个主要过程发现如何生产零件的过程和实际生产零件的过程——中实现生产效率最大化，使流水线尽可能达到最高流速。

为了完成这些活动，我们需要优化整个价值流。重点不是在每步的生产效率上，而是要关注总体花费的时间，从构思产生到最终实现完成，从最初概念到最终变成用户手中消费品的整个过程。

- **短队列** 想象我们去一家银行,在银行外面看到每小时都不断有人进进出出,这看起来像秩序井然。但是,当你走进银行时,看到排着长长的队伍,人们循环(等待)的时间非常长,尽管在外面看到人们进出的数量(随着时间推移离开银行的人数)很多。应该让每个人都有尽可能短的循环等待时间。
- **消除浪费** 对功能进行优先级排序和运用准时制方法可以消除浪费。当发现系统出错的时候,我们查看系统并找出问题的根本原因所在。

虽然整个过程描述起来很简单,在真实生活中却很难做到。它需要自上而下的指导(领导)和自下而上的实施发生结构性的变化。重点是不断完善系统,同时以较少的浪费和较低的成本交付更快、更好的价值。

❑ 快速—灵活—机动示例

这是一个关于如何恰当地制订计划的例子,重视快速—灵活—机动有益于小型开发组织变得高效。当你读完这个案例的时候,你可能想起你曾经也有过这样的亲身经历,又或者此时你正在经历着这样的事情!

试试专业化

该公司开始是由 1 名相关方和一支 12 人的开发团队组成。相关方提出 1 项需求,需要该团队工作 1 个月完成,项目计划如图 14-3 所示。

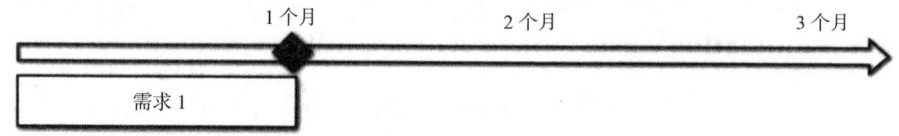

图 14-3 1 名相关方,1 项需求,1 个月

公司管理层增加 2 名相关方,但同样是由一支 12 人的开始团队来做支持。每名相关方都有 1 项需求,每项需求都需要团队花费 1 个月时间完成,团队的工作是同时进行的。最好的情况是他们可以通过一份 3 个月的项目计划来完成任务。项目计划如图 14-4 所示。

最初的那名相关方想知道,为什么之前只需要 1 个月的时间就能完成的工作现在要花费 3 个月！这会带来很多问题。现在他必须提前 3 个月预测他的需求，而不是像以前那样只需提前 1 个月。

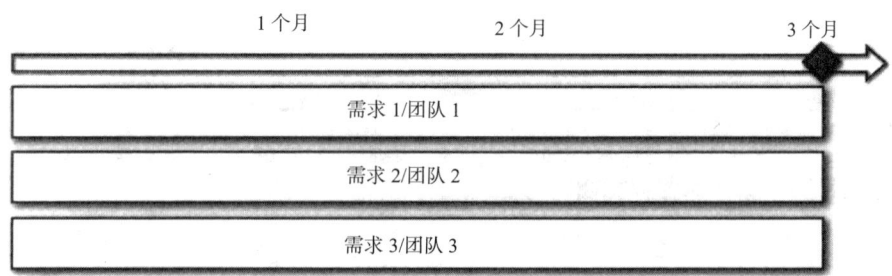

图 14-4　3 名相关方，3 项需求，3 个月

团队试着建立工作小组——UI、中间件、数据流和企业数据——以提高生产效率。这起到了一些作用。图 14-5 展示了每名相关方在工作小组中的工作任务，图 14-6 展示了当按照工作小组来制订项目计划后发生的事情。团队在流程上缩短了几周的时间。

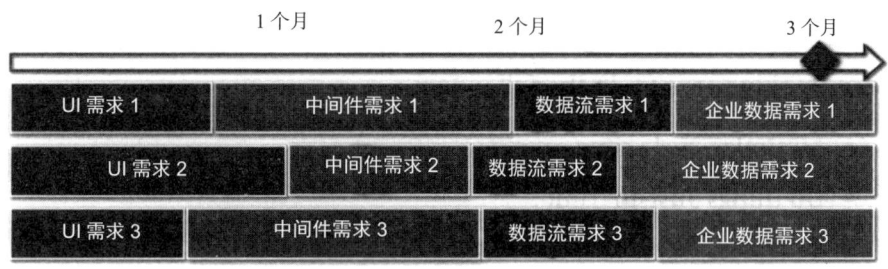

图 14-5　团队同时响应 3 个需求

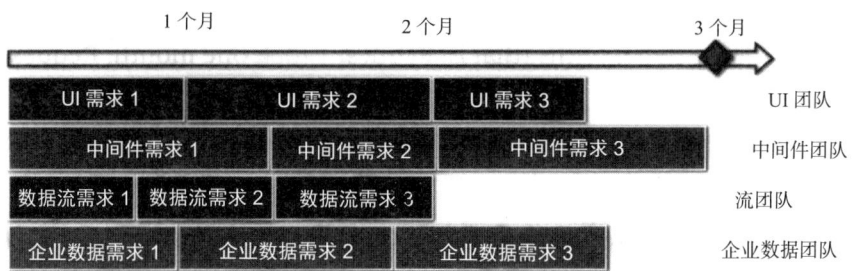

图 14-6　团队按顺序响应 3 个需求

遗憾的是，行动不起来不像看起来那么容易。团队发现，工作小组不能简单地按照顺序来完成工作任务。这里还存在迭代。现在，他们不得不提前制订计划，并推算集成各个工作小组完成的结果所花费的时间。最终结果如图 14-7 所示。这花费了更长的项目时间！也许专业化终究不是最合适的方法。

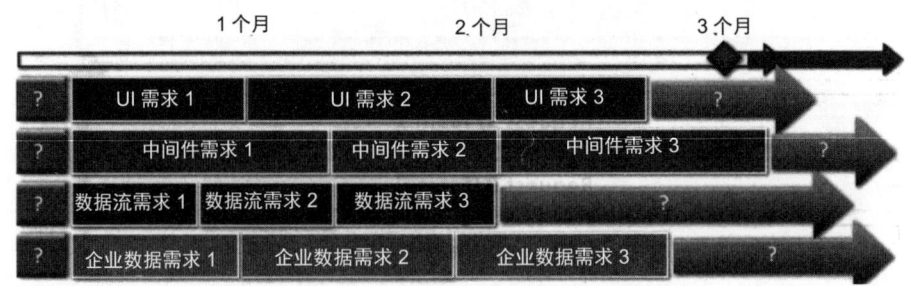

图 14-7　需要额外的计划和集成

试试精益思想

精益思想包括以下内容：

- 最小化循环时间。
- 遵循准时制原则。
- 做下一次任务前要完成前一项任务。

最好的方式是通过团队集群的力量，集中一次时间去处理一项需求，如同我们在开始时所做的一样。图 14-8 说明了这种情况。

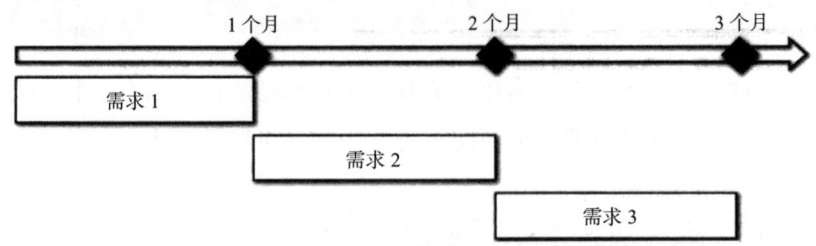

图 14-8　一个团队做多项工作，每项工作按顺序排列

很明显这种方法优于我们之前的做法。在图 14-7 中，平均循环时间是 3 个月，而在图 14-8 中，平均循环时间缩至 2 个月（也就是说，第一项任务花了 1 个月的时间，第二项任务花了 2 个月的时间，第三项任务花了 3 个月的时间）。这显示

了良好的改进[1]。

然而，你很容易就能想到，需求 3 的相关方肯定会不高兴，如果开发工作进展得不顺利，前两项需求就用去了所有的项目时间，那么会有什么事情发生呢？这将导致需求 3 的相关方的任务永远都没有机会实现！

如果没有方法上的创新，这 3 名相关方所要求的任务将很难完成。当这 3 名相关方在一起讨论项目计划的时候，他们必须就各自的任务达成妥协。先开发最小且仅满足当前所需要的功能，然后再做其他的工作，这种开发方式获得了每名相关方的同意。当然，这就明确了每个人应该做的工作：产品牵头人与每个人讨论实际需要的最小功能，该功能更倾向于优先开发对企业来说最具价值的功能。

这看上去是一个简单的例子。但从这个例子中，我们发现精益原则再次得到了有效的应用，组织也因此变得更加高效。

下一步

如何掌握更多的方法呢？这里有很多现成的方法可供使用。首先，我们希望，你已经学到了一些原则，并且能够从你自己的经验中发现这些原则的有效性，在遇到挑战时应用这些原则。通过自己的经历会加深对这些原则的理解，它们会帮助你处理过去无法解决的问题。如果当前你正在运用敏捷过程而没有采用精益原则，我们建议你做一份整个过程的价值流映射图——从客户需求到完成软件部署，确定问题所在。不要认为构建一个敏捷团队就能使企业成为一个敏捷企业。你要注意问题的来源，不要因为当前敏捷方法流行而盲目跟从。

有很多获得知识的方法：用户群、书和网站。我们收集了很多这方面的信息，可查看网址：www.netobjectives.com/lasd。

---

[1] 注意改进程度应按实际情况而定。例如，如果我们同时承担 10 项需求的开发任务，平均循环时间将增加到 10 个月，如果按顺序开发这 10 项需求，平均循环时间只需要 5 个月。

❑ 用户兴趣小组

精益—敏捷用户组是由艾伦·沙洛维主持的，里面包括很多精益高手。欢迎你参与任何有关精益和敏捷问题的讨论。Http://tech.groups.yahoo.com/group/learnagile。

精益开发是由波彭代克负责的栏目，主要关注精益软件开发的问题。Http://tech.groups.yahoo.com/group/leandevelopment。

看板开发栏目关注的是看板软件开发的问题。由戴维·安德森负责。很多看板从业者在这里"潜水"。

❑ 阅读的书籍

表 14-1 根据你在组织中的角色，分类列出了一些必须阅读的书籍，请访问 Net Objectives 网站查看最新信息。

表 14-1 必读书籍

如果你是	必读书籍
中层以上管理人员	*Lean Thinking:Banish Waste and Create Wealth in Your Corporation*(Womack and Jones 2003) *Implementing Lean Sofware Development:From Concept to Cash* (Poppendieck and Poppendieck 2006) *Product Development for the Lean Enterprise:Why Toyota's System Is Four Times More Productive and How You Can Implement It*(Kennedy 2003) *Ready,Set,Dominate:Implement Toyota's Set-based Learning for Developing Products and Nobody Can Catch You*(Kennddy, Harmon,and Minnock 2008)
团队总监或带头人	*Lean Thinking:Banish Waste and Create Wealth in Your Corporation* (Womack and Jones 2003) *Managing the Design Factory* (Reinertsen 1997)

续表

如果你是	必读书籍
团队总监或带头人	*Implementing Lean Software Development:From Concept to Cash* (Poppendieck and Poppendieck 2006)
产品经理	*Software by Numbers:Low-Rish,High-Return Development* (Denne and Cleland-Huang 2003) *Managing the Design Factory* (Reinertsen 1997)
团队主管或对看板感兴趣的人士	*Scrumban:Essays on Kanban Systems for Lean Software Development* (Ladas 2009) *Kanban:Successful Change Management for Technology Organizations* (Anderson,Forthcoming 2010)
对精益知识管理工作感兴趣的人士	*Learning to Fly:Practical Lessons from one of the World's Leading Knowledge Companies* (Collison and Parcell 2004) *Managing to Learn:Using the A3 Management Process to Solve Problem,Gain Agreement,Mentor,and Lead* (Shook 2008)
对精益科学感兴趣的人士	*Managing the Design Factory* (Reinertsen 1997) *Lean Thinking:Banish Waste and Create Wealth in Your Corporation* (Womack and Jones 2003) *The Principles of Product Development Flow:Second Generation Lean Product Development* (Reinertsen 2009)
对精益管理感兴趣的人士	*Creating a Lean Culture:Tools to Sustain Lean Conversions* (Mann 2005) *The Leader's Handbook:Making Things Happen,Getting Things Done* (Scholtes 1997)
身处团队变革中的人士	*Managing Transitions:Making the Most of Change* (Bridges 2003)

❑ 其他资源

本书的 3 位作者来自 Net Objectives 公司。在 Net Objectives 公司，我们提供包括评估、咨询和培训在内的服务，我们积累了服务于不同公司的丰富经验，能够协助公司快速实现软件开发投资的价值回报。我们的客户正在尝试扩展敏捷应用，从最初的团队敏捷运用到包括管理层所关注的问题和业务优先次序上的敏捷运用。我们的服务范围包括精益、敏捷、看板、Scrum、验收测试驱动代码开发、测试驱动开发、设计模式等。我们所有的培训师和顾问均是来自这个行业里经验丰富的从业者、创始人和思想领袖。

为了帮助用户，我们收集、整理并维护了一整套资料，里面几乎涵盖了全部精益原则。你可以访问 www.netobjectives.com/resources 获得这些信息。网站还为用户提供了多天免费的在线培训（网络研讨会会议的形式），以及几十篇在线文章。

总　结

精益—敏捷软件开发是用比从前更低的浪费和成本，快速、优质地开发软件的方法。它需要以一种与我们过去完全不同的心态去做软件开发。精益原则结合了科学、管理和知识管理工作，我们行程的终点并不是精益，这是一个持续的过程，持续改进意味着总是在寻求更好的转变。

精益—敏捷思想是基于日复一日、真实的软件开发的过程形成的。它是一种针对软件开发的思考方法，要强于遵循一种固定的开发方案。你可以将精益—敏捷运用到你所在的环境中，随着时间的推移，你会发现它带来的好处——你能够高效、快速地开发出最重要的功能组件，为客户增加价值并降低成本。

试一试

这些练习最好是通过与公司中某位同事的交谈来完成。每次练习完成后，去请教一下其他同事，看看是否还存在其他可以改进的地方，以便帮助你获得进一步提高。

- 作为一名管理者：确认哪些延迟已经影响了你的工作，为什么会产生延迟？消除这些延迟能够为客户增添价值吗？
- 作为一名开发人员：确认在你的开发过程中存在一些延迟，如果无须管理层同意你就能够消除这些延迟，这么做对你的开发过程有帮助吗？
- 哪些精益思想可以应用到整个组织之中？
- 你能消除延迟吗？或者其他人能够通过一些变革来消除它们吗？
- 请举出一些组织中产生浪费的例子，你能够减少这些浪费吗？

附录 A

团队评估游戏

团队评估游戏［是由史蒂夫·博克曼（Steve Bockman）创建的］帮助团队在相对复杂性的基础上衡量功能和素材的大小。人们发现可以比较容易地对一个功能或一个素材的复杂性做比较，即使当时他们对素材的所有方面还不够了解。这个游戏做起来快速、简单且十分有趣。它能够防止人们陷入太多细节之中，评估过程总会存在风险。相对于排名的方法，评估为团队提供了需要的信息去决定要开发哪些功能或素材，以及在当前计划水平上团队可以承担多少开发任务。

记住，评估是基于我们对当前情况的了解，代表了我们对所需工作量的猜想。当我们获得更多经验的时候，我们就能得到更多的信息，也就可以使这些评估更加准确。

考虑功能或素材复杂性的一个好的方法是功能或素材的关联程度，或者是自身如何进行内部连接，或者是与多少其他功能或素材相关联。

传统的做法是在迭代计划会议上玩这个游戏，去评估下次迭代任务素材的大小。游戏中卡片的移动如图 A-1 所示，游戏细节展示在表 A-1 中。

游戏注释

首先将一张卡片放在游戏平台面上，然后取出另一张卡片放在游戏平台面上，卡片的位置表示卡片代表的工作量的大小。如果工作量大致相等，就将这张取出的卡片与游戏平台面上的卡片放置在同一列中；如果工作量少很多，就将这张取出的卡片放置游戏平台面上的卡片的左边；若是多很多，就放在右边。在排列完所有的列之后，可以使用表中描述的斐波那契数列（Fibonacci Sequence）排列工作量的大小。我们之所以要使用这种排序法，是因为每张卡片的点数显著大于它前面的一张，它们之间点数相差很大，因此没有连续。当点数变得更大的时候，它们之间差异的精确度也会下降。

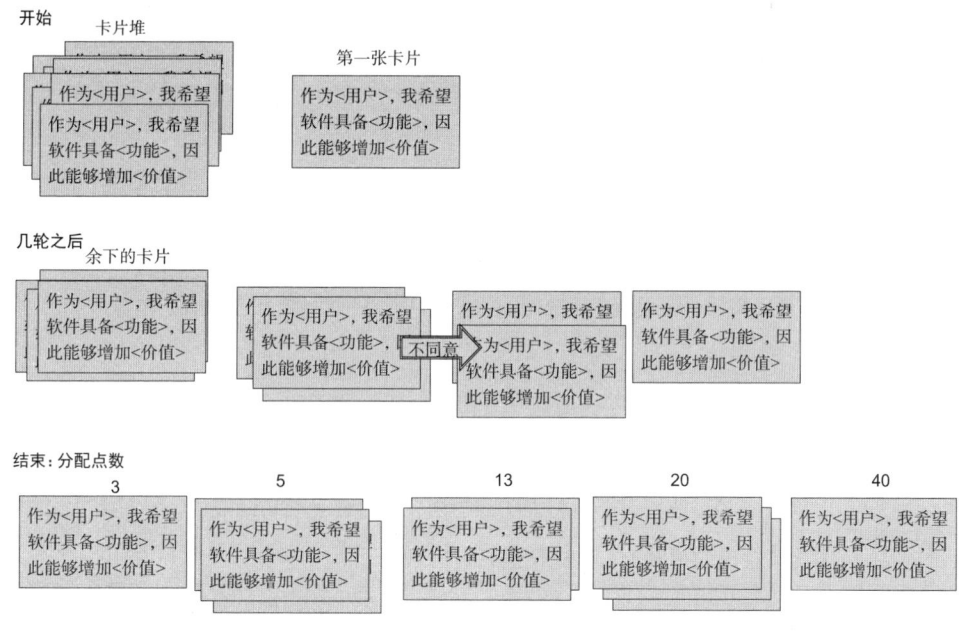

图 A-1　在团队评估游戏中移动卡片

我们发现，比起用玩扑克牌决定由哪个团队来实施敏捷的方法而言，团队评估游戏更简单，更容易掌握，而且很少有争议。无论你有没有用过其他方法，我们都强烈推荐你试一试团队评估游戏。

表 A-1　团队评估游戏

步骤	执行动作
准备	把素材卡片堆放在桌面上。拿起最上面的一张卡片，放在游戏平台面上。与卡片堆放位置相距 1 英尺左右

续表

步骤	执行动作
开始	玩家从素材卡片堆中取出一张卡片，放在游戏平台面上的任何位置，通过卡片的摆放位置表示这张卡片的工作量大小。与第一张卡片比较，如果放在第一张卡片的左边，表明这张卡片上的工作比第一张卡片要容易做一些；如果放在第一张卡片的下边，表明这张卡片的工作量与第一张卡片相比具有相同的工作量；如果放在第一张卡片的右边，表明这张卡片上的工作比第一张卡片来说要复杂一些
评估	每个人按下面的步骤轮流玩： 1. 按照上面描述的方法，从卡片堆上取出最顶上的一张卡片来进行对比。 2. 移动一张已经在游戏台面上的卡片，声明不同意它的摆放位置。 3. 通过。 游戏结束的时候，卡片堆里不再有卡片，也就不再需要调整卡片的位置了。 注意：在游戏的过程中，任何人都可以提出异议，关于他们移动卡片的原因，或者是他们对于素材大小的想法。目标就是要得到澄清，而不要太过拘泥于精确的估算上。要记住这只是在评估
分配点数	团队成员一起为每堆卡片去分配点数，每堆卡片都表示了一类素材工作量的规格（工作量等级）。利用序列：0，1，2，3，5，8，13，20，40，100，200，400，800，完成后在每张卡片上写上点数

附录 B

精益—敏捷软件开发模型

> "当数学原理应用于现实时,它是不确定的;当它确定时,又不适用于现实。"
>
> ——阿尔伯特·爱因斯坦(Albert Einstein)

我们一直发现,为精益思想构建模型非常有用。它使我们的理解变得更加清晰,也为我们提供了很多机会去检查精益的正确性。我们不应该在没有完全理解模型时就把它当作真理来运用。很多时候,一个模型能够为我们带来很多意外的收获,因为它能够帮助我们将直觉的认知变成实体的模型。与所有模型一样,这种模型也会发生变化。请查看本书的网站(www.netobjectives.com/lasd)

像精益思想这样复杂的东西,我们应该从不同角度来审视。每种视角都会包含多层理解。这些理解不是冲突的,而是相互支持的。图 B-1 说明了如何从实践中归纳理论知识、培养积极态度、形成不同的观点和原则,最后构成了精益的思想基础。

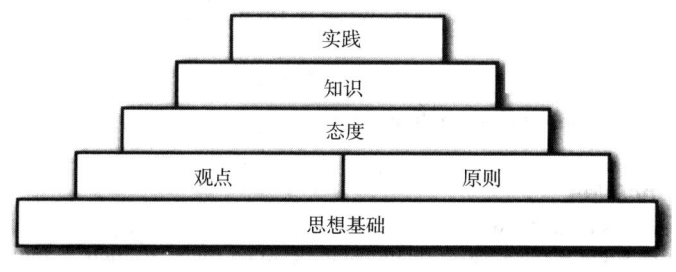

图 B-1 积木模型

精益的思想基础

这是一个以精益生产为基础的基本体系,大多来自爱德华兹·戴明做出的贡献。

- 多数错误是系统性的。
- 人们的本性是好的,都想把工作做好(因此要以人为本)。
- 当企业为客户提供了最大价值时,企业也实现了自身利益的最大化。

精益生产带来了实现精益的可能性,通过员工的努力工作,结合管理者的指导与引领来实现持续的过程改进。

❑ 观点

你可能认为,观点就是看待事物的一个角度而已,这个角度本身不会教你该如何去工作。但是如果你对正确的事情不加注意,就有可能失去解决问题的力量。我们经常看到这样的事情发生,却不十分了解这些事情的重要性,甚至我们还常常做出错误的理解。精益思想是戴明渊博的知识体系与丰田所推崇的准时制原则的完美结合。

- 看看时间,已经没有多少资源可用了。
- 使开发过程快速、灵活、机动。
- 增加过程可见性。
- 消除浪费的最佳方式是不开发不需要的功能。
- 过程就是变革的基础。
- 把过程中的阻碍当作浪费看待。

❑ 原则

有两种类型的原则——一种是法律原则,另一种是指导原则。很明显这两种类型有一定的关联性。因此对两种原则的介绍会存在一些冗余的内容。

❏ 原则（法律）

下面的内容我们认为是开发的法定原则。违反这些原则会给你自身带来危险，同时还会产生浪费。但这并不意味着你永远不能违反这些原则。如果有紧急情况发生的时候，也可能存在例外。但是要记住，没有采用精益的法定原则就会有相应的成本产生。

- 缩短循环周期时间，减少浪费并提升质量。
- 你往往会产生浪费和获得低品质的产品，当你在下列时段中耗费了过多的时间：
  — 当你需要信息的时候和当你获得信息的时候；
  — 当你发生错误的时候和当你发现错误的时候。
- 决策过早增加了浪费的风险。
- 超额的在制品数量增加了风险和浪费。
- 对流程的阻碍造成了浪费。
- 并行项目数量增加而没有增加可为项目工作的资源，延长了项目的时间长度。
- 参与多个项目，降低了人员的效率。
- 大批量生产造成浪费。
- 任务切换产生的系统颠簸会造成浪费。
- 忽视风险会造成浪费。
- 快速交付有价值的软件可以提高投资收益率。

原则（指南）

以下这些是应该遵循的原则，即提供给我们的指导原则（精益的 7 条原则）。详细内容请参考《实施精益软件开发：从概念到实现》一书。

全局优化

- 注意从概念到产品开发完成整个过程中缩短循环时间。
- 不能花费总体的周期循环时间去做局部的改进。

消除浪费

- 分配的工作要限制在能力范围之内。

- 消除人员或信息等待过程中产生的延迟。
- 消除从发生错误到错误被检测出来这个过程中的延迟。
- 重视消除产生错误的根源。
- 找到方法，消除阻碍团队进程的事物。
- 使团队在一个时间段内只开发一个项目。

构建知识

- 查看系统错误。
- 遵循科学的方法找到改进过程的方法。
- 挑选最重要的事情去工作。
- 尽可能地定义出可行的工作流，将其作为变更的基准，这能够带来管理的可见性。

品质构建

- 质量问题经常造成工作流上的延迟，消除这类延迟可以改进产品质量、提升交付速度、降低成本。

推迟委托

- 在适当的时候做出决策。
- 如果可能使决策可逆。

快速交付

- 开发具有最小可市场化功能的产品增值功能。
- 遵循指南，通过移除延迟来"消除浪费"。

尊重员工

- 让具有丰富知识的员工常常感到挫败的事情是，提出的解决方案常常无人理会。
- 通过改善管理系统去构建企业文化。
- 制定过程持续改进的目标，员工将朝着这个目标去完成工作。

❑ 态度

态度非常重要。态度决定了我们看待事物的方法，也有益于我们确定所做的工作是否有价值。我们态度是我们持有的信仰体系所产生的结果,会影响我们对所有事物的看法。

- 管理者是重要的。他们需要为团队设置目标,并允许团队以自己的方式去筹划该如何实现目标。
- 要设定在尽可能短的时间里交付尽可能多的价值的目标。
- 通过消除浪费移除延迟,提升产品品质和降低成本。
- 要改正错误,不要让错误从你手边溜走,或者至少要把错误标识出来,待到开发后期再去探寻产生错误的根本原因。

❑ 知识

- 知识是经验的积累,也可以称为从教训中学习的知识。
- 如果你测试和修复循环计划占用的时间很长,那么你前期就不会有足够的时间做前置测试。
- 只注重优化组件而不关注全局的目标会造成浪费。
- 重视降低成本往往会带来低劣的产品质量,并且需要花费更长的项目时间。
- 只注重产品质量又可能造成项目需要更长的研发时间,从而交付给用户更低的价值。
- 通过消除延迟来提升开发速度将缩短交付时间、提升品质、降低开发成本。
- 实际的开发人员比管理者对系统有更大的认知能力。
- 在制品通常表示系统经历过很多系统颠簸,是颠簸过程中的产物。

❑ 实践

你必须非常仔细地运用这些实践,要有效地发挥实践的作用必须根据不同的环境运用不同的实践;要确保运用的实践与你所在的环境兼容。但是,不管怎样,认识到实践首先就是一个良好的开端。运用原则指导实践在不熟悉的领域内的运用是一种创造新实践的好方法。

- 运用价值流图找到延误。
- 运用可视化控件管理项目。

- 分阶段开发项目。
- 持续的过程改进。
- 将测试行为移到开发过程之前进行。
- 挑选风险最小的素材进行开发（注意：最大的风险就是去开发不需要的功能）。
- 使用最小可市场化功能来制订发布周期计划。
- 跨职能团队完成一个项目后再转入另一个项目。
- 进入"工作现场"（就是进入正在开发软件的工作之中）。

只是一个开始

这里展示的模型只是一个开始。精益产品开发并不是一个新鲜事物。当我们将精益展开来学习时，这种模型将得到进一步的拓展。已经有很多资源可供我们使用，我们非常激动地看到唐·赖纳斯坦的《产品开发流程的原则：第二代精益产品开发》（2009）一书出版，他在书中详细介绍了175条精益产品开发的原则，并按照以下领域对这些原则进行了划分：

- 经济上的考虑。
- 排队队列。
- 变化性。
- 批次型号。
- 在制品约束。
- 流程控制。
- 快速反馈。
- 授权。

唐在他另一本书——《管理设计工厂》（1997）中介绍了大量的模型，这是一本精益产品开发者的必读书籍。

我们会继续在网站上发表我们学习本书的体会。您可以访问 www.netobjectives.com/lasd 找到这些内容。